罪犯教育学

（第二版）

主　　编：魏荣艳

副 主 编：边文颖　王顺弘　余蕊娅

参编人员：（以撰写章节先后为序）

魏荣艳　王顺弘　边文颖

马瑞娟　刘　燕　刚　彦

周　涛　余蕊娅

法律出版社
LAW PRESS · CHINA
——北京——

图书在版编目(CIP)数据

罪犯教育学/魏荣艳主编. --2版. --北京:法律出版社, 2020(2023.8重印)
ISBN 978-7-5197-4426-7

Ⅰ.①罪… Ⅱ.①魏… Ⅲ.①犯罪分子-教育学 Ⅳ.①D916.8

中国版本图书馆CIP数据核字(2020)第061780号

罪犯教育学(第二版)
ZUIFAN JIAOYUXUE(DI-ER BAN)

魏荣艳 主编

责任编辑 李 群 陈 熙
装帧设计 贾丹丹

出版发行 法律出版社
编辑统筹 法规出版分社
责任校对 张红蕊
责任印制 耿润瑜
经 销 新华书店

开本 710毫米×1000毫米 1/16
印张 16 **字数** 311千
版本 2020年7月第2版
印次 2023年8月第2次印刷
印刷 永清县金鑫印刷有限公司

地址:北京市丰台区莲花池西里7号(100073)
网址:www.lawpress.com.cn
投稿邮箱:info@lawpress.com.cn
举报盗版邮箱:jbwq@lawpress.com.cn
销售电话:010-83938349
客服电话:010-83938350
咨询电话:010-63939796

书号:ISBN 978-7-5197-4426-7
定价:39.00元
凡购买本社图书,如有印装错误,我社负责退换。电话:010-83938349

前　　言

《罪犯教育学》课程是监狱学科中的一门重要课程，是专门研究在监禁场所中如何有效地开展罪犯教育工作的一门学科。该课程既注重理论教学，又突出罪犯教育的过程和技能，是一门具有理论基础的实践课程。本书编写在继承以往教材和理论成果的基础上，充分吸收监狱教育改造罪犯的成功经验，紧密结合监狱教育改造罪犯实际，在罪犯教育理论性、系统性、应用性、规范性和科学性方面做了进一步探索，同时在教材结构和编写体例上作了创新性安排。本教材的编写着重培养学生的教育改造意识，夯实学生教育罪犯的基本功。该书既可作为司法警官学校的教材，也可作为司法工作者自学的参考书。

《罪犯教育学》由魏荣艳任主编，边文颖、王顺弘、余蕊娅任副主编。各章撰稿人为（以撰写章节先后为序）：

魏荣艳（黑龙江司法警官职业学院）：第一章、第六章

王顺弘（山东政法学院）：第二章

边文颖（山西警官职业学院）：第三章、第八章

马瑞娟（湖南司法警官职业学院）：第四章

刘　燕（河北司法警官职业学院）：第五章

刚　彦（河北司法警官职业学院）：第七章

周　涛（辽宁警察学院）：第九章

余蕊娅（云南司法警官职业学院）：第十章

目　录

第一章

绪　论

第一节　罪犯教育学概述

一、罪犯教育学的概念

我国的罪犯教育学，是在总结新中国成立半个多世纪以来罪犯教育改造工作的实践经验的基础上，逐步研究探索出来的专门研究对服刑罪犯实施教育和改造的应用学科，是我国研究同犯罪作斗争的监狱法律学科的重要组成部分。学习和研究罪犯教育学，必须弄清楚罪犯教育学的概念。

（一）罪犯教育

1. 罪犯

在罪犯教育学中，作为接受教育改造对象的罪犯，专指因犯罪经人民法院审判，依法被判处有期徒刑、无期徒刑或死刑缓期二年执行，正在监狱接受惩罚和改造的受刑人。作为一个法律概念，罪犯的基本特征有以下三点：第一，罪犯是特定条件的自然人，即达到法定责任年龄且有刑事责任能力的自然人。第二，罪犯是实施了依照法律规定应受刑事处罚的行为的人。第三，罪犯是被依法剥夺自由的人。

2. 教育

教育是培养人的一种社会活动，是传递生产经验和社会生活经验的必要手段。教育对人的发展起主导作用，它既可以发挥个体遗传上的优势，又可以利用和发挥环境中积极因素的作用，限制和排除环境中消极因素的影响，以确保个体发展的正确方向。教育有广义和狭义之分。广义的教育是指一切能增进人的知识和技能，影响人的思想品德的活动，包括家庭教育、社会教育和学校教育；狭义的教育是指教育者根据一定社会的要求，有目的、有计划、有组织地对受教育者的身心施加影响，把他们培养成为一定社会所需要的人的活动，主要是指学校教育。教育作为一种专门培养人的社会实践活动，与其他社会活动的不同表现在：首先，教育必须由教育者、受教育者、教育影响三个方面的要素构成；其次，它对人的影响具有目的性、全面性和系统性；最后，教育者对受教育者所施加的影响既要反映社会的要求，又要适应受教育者身心发展的规律，经过教育影响使受教育者身心发生预期的变化。

3. 罪犯教育

罪犯教育是阶级社会的一种特有现象，是以依照国家法律对被判处徒刑和死刑缓期执行的罪犯为教育对象的一种特殊的社会活动。罪犯教育是我国监狱机关在依法对罪犯实施惩罚的前提下，从改造人、教育人的目标出发，结合生产劳动，有目的、有计划、有组织地强制实施的转变世界观、矫正恶习、灌输文化科学知识和培养生产技能的活动。半个多世纪以来，我国的罪犯教育工作极为活跃，日臻完善，在改造罪犯成为新人方面发挥了积极的作用，取得了巨大成就。实践证明，我国监狱的罪犯教育是一项科学的、系统的、效果显著的、意义深远的社会活动。罪犯教育作为以罪犯为特定对象的一种特殊教育，与普通教育相比有明显不同：

（1）教育机构不同。社会上普通教育，其主体是各类学校和文化教育机关；罪犯教育的主体则是监狱等刑罚执行机构。虽然在必要时可邀请社会上的有关机构或个人参与对罪犯的教育，但必须是在监管改造机关统一组织之下进行。

（2）教育对象不同。普通教育的对象是奉公守法的公民和适龄学生，他们接受教育，参加学习是积极主动、目标明确的；而罪犯教育的对象是失去自由，因犯罪受到刑罚惩罚的特殊公民。他们是在强制的前提下接受教育，因而缺乏正确的学习动机和自觉的学习态度。只有经过一定时期的教育，才能逐步进入自觉接受教育的阶段。

（3）教育目的不同。普通教育的主要目的是为国家培养德智体美劳全面发展的建设人才；罪犯教育的目的则是以改造人为主，培养造就人为辅，即通过系统的思想、文化和技术教育，矫正罪犯的心理和行为，将绝大多数的罪犯改造成为自食其力的守法公民和社会主义建设的有用之材，目的是达到预防和减少犯罪。

（4）教育内容侧重点不同。普通教育的侧重点在于系统地传授科学文化知识和培养技能；罪犯教育的侧重点则在于罪犯思想的转化和品行的矫正。也就是说，在罪犯教育中，思想教育是核心，文化、技术教育必须围绕思想教育这一中心来进行，即以法制、道德、形势、政策和前途教育为中心，同时辅以文化知识、职业技术教育。

(5) 教育过程不同。社会上的普通教育是在受教育者自觉自愿的情况下进行的；罪犯教育则是监狱执行刑罚的一项执法活动。罪犯是在惩罚管制的条件下被强制要求接受的一种教育，这也是罪犯在服刑期间必须履行的一项法定义务，罪犯不得拒绝接受教育。

(6) 教育方式不同。普通教育可根据学制长短，文化知识水平高低，在较集中的时间内进行，有较为固定的教育制度和组织形式。罪犯教育则因对象的特殊性，包括刑期长短不一，恶习深浅不同，文化程度高低参差等，需要有一套较为机动灵活的、符合罪犯教育规律的、独特的教育制度和教育方式。

(二) 罪犯教育的主要特征

1. 刑罚的惩罚性

罪犯教育是一项由国家刑事法律所规定的、由国家刑罚执行机关来强制性实施的教育，也是一项执法活动。《监狱法》第62条规定，“监狱应当对罪犯进行法制、道德、形势、政策、前途等内容的思想教育”。同时第7条第2款还规定，“罪犯必须严格遵守法律、法规和监规纪律，服从管理，接受教育，参加劳动”。因此，罪犯教育具有刑罚惩罚性。

2. 教育改造的目的性

罪犯教育是贯穿罪犯服刑始终的一项教育活动，服刑过程就是接受教育改造的过程。罪犯教育目标明确：罪犯教育内容始终紧紧围绕罪犯改造目标进行，始终坚持以罪犯的思想转化和品行的矫正为重点，化消极因素为积极因素，引导罪犯形成正确的人生观、价值观、道德观，使罪犯能沿着改恶从善的轨迹改造。

3. 适应罪犯变化的灵活性和针对性

罪犯教育对象的复杂性决定了罪犯教育任务的艰巨繁重。必须根据罪犯的情况变化采用针对性的教育内容和灵活多样的教育方法。

(三) 罪犯教育学

教育学是研究普通教育现象及其规律的一门社会科学。罪犯教育学是研究和揭示罪犯教育现象及其规律的科学。它是按照国家意志和要求，以我国罪犯改造成功经验为发展基础，同时吸收了多种学科的先进理论而建立起来的一门改造罪犯、造就新人的应用学科。它是我国几十年来罪犯教育的经验总结和理论概括。

罪犯教育学是马克思主义与中国罪犯教育工作实践相结合的产物。马列主义、毛泽东思想、邓小平理论、“三个代表”重要思想、科学发展观、习近平新时代中国特色社会主义思想是我们党和国家的指导思想和理论武器。马克思主义的刑罚观和关于物质与精神、存在与意识、实践与认识、阶级与国家、经济基础与上层建筑的理论，以及无产阶级改造社会、改造人类的思想，是罪犯教育理论构建的重要理论依据，为罪犯教育学的建立提供了坚实的基础。因此，罪犯教育学是以马克思主义基本理论为指导、深深扎根于我国罪犯教育实践经验沃土之中，具有中国特色的、系统的、独立的学科。

罪犯教育学的出现，是源于教育改造罪犯实践的需要。改造教育罪犯的实质就是消除罪犯的犯罪意识，矫正其恶习；同时，使他们树立正确的世界观、人生观、道德观，培养他们的劳动技能，使之成为自食其力的守法公民。要实现这一改造目标，不仅有赖于对罪犯实行惩罚管制、严格管理和强制生产劳动，而且必须进行有目的、有计划、有组织的罪犯的教育工作。罪犯教育的地位重要，任务繁重，因此教育者必须掌握罪犯教育的基本理论，必须有科学性的理论指导。只有这样，罪犯教育才能取得预期的效果。罪犯教育实践遇到的新问题，也同样需要理论来答疑与指导。罪犯教育学正是适应我国罪犯教育的迫切需要建立起来的。

二、罪犯教育学的产生与发展

随着罪犯教育实践的不断发展，我国罪犯教育工作积累了丰富的经验。罪犯教育学正是在我国长期罪犯教育的实践中，在创造和积累了丰富经验的基础上形成发展的。

我国罪犯教育学的形成与发展大致经历了实践阶段、形成阶段、发展创新阶段。

（一）实践阶段（1930—1980 年）

我国罪犯教育实践，始于 20 世纪 30 年代苏维埃政权时期。当时，陕甘宁边区民主政府非常重视罪犯的教育改造工作，在有关法律、法令、条例中，以立法的形式对罪犯教育作出了明确的规定，并进行了积极实践探索。由于当时战争环境特殊，特别是开展游击战争，当时监狱、看守所对罪犯不可能开展系统的、形式多样的教育活动，只能采取较为单一的教育形式进行内容比较简单的教育。到了 1949 年，中华人民共和国成立后，毛泽东提出的改造罪犯思想为创建社会主义监狱制度提供了依据，特别是 1954 年《劳动改造条例》的颁布实施，标志我国罪犯教育工作进入了一个新的阶段。几十年来，我国监狱先后成功改造了大批日本战犯和历史反革命分子。在教育改造的指导思想、教育改造的方针政策、教育改造的内容方法、教育改造的组织管理方面，积累了丰富的实践经验。这些经验，通过法律法规、政策文件等形式固定下来，为罪犯教育学科的诞生奠定了基础。

（二）形成阶段（1981—1985 年）

以党的十一届三中全会胜利召开为标志，我国罪犯教育开始进入形成阶段。党的十一届三中全会以后，在邓小平理论指导下，我国的理论研究工作蓬勃发展，监狱科学研究有计划、有组织地开展起来。进入 20 世纪 80 年代，随着我国政治、经济的不断发展，社会生活的不断变化，我国关押犯构成发生了很大变化，青少年刑事犯罪的罪犯成为主要的关押对象，监狱工作发生了很大变化，对监狱工作干部的理论水平要求越来越高。1981 年 8 月，第八次全国劳动改造工作会议召开，大会对新中国成立以来的劳动改造工作进行了系统总结。这次会议总结出的基本经验为罪犯教育学的理论研究提供了有利条件。随后，监狱主管部门为了提高监狱民警政治、业务素质，指导罪犯教育实践，于 1983 年组织一批法学工作者、教育工作者和一线民警着手编写监狱专业教材，把长期积累的实践经验上升为理论化、系统化的科学理论，并于 1985 年 7 月成立中国法学会劳改法学研究会（现监狱学会），1985 年 11 月出版发行我国第一部罪犯教育理论专著——《改造教育学》。由此，我国罪犯教育学以一门独立的学科问世。这大大推进了罪犯教育实践的向前发展。

（三）发展创新阶段（1986 年以来）

罪犯教育学的诞生使罪犯教育实践有了科学的指导，也使我国罪犯教育进入了发展创新时期。尤其是《监狱法》的颁布实施，罪犯教育有了新的突破和发展。譬如，对罪犯政治教育、文化教育、职业技术教育实现了课堂化、正规化、系统化；同时，针对罪犯管理实行科学分押、分管、分教；运用心理学的行为差异相关知识和原理，有针对性地开展罪犯心理矫治工作；广泛借助各种科技手段，提高教育改造效率；等等。总之，随着罪犯教育实践的不断发展，罪犯教育新经验的不断涌现，监狱理论工作者的不断探究，全国一些院校的各种罪犯教育教材的不断推出，全国罪犯教育研究机构的成立，我国罪犯教育的理论研究和实践都进入了一个全面发展的新阶段。

三、罪犯教育学的学科定位

科学的不断发展，产生出一个个新的学科，这些新学科或依赖于原有的学科群，或由几个新学科组成新的学科群。某一学科的学科定位，是由它和其他学科的关系决定的。罪犯教育学的学科地位取决于其与相关学科的关系。

（一）罪犯教育学与教育学的关系

教育学是研究社会教育现象，揭示社会教育规律的科学。其研究范围包括教育的本质、目的、方针、制度，各项教育工作的任务、过程、内容、方法以及教师与学生等问题。教育学研究的教育现象，就广义而言，包括一切有目的地增进人们的知识和技能、改进人们思想意识的活动。罪犯教育无疑是属于广义教育的范围。虽然罪犯教育属于强制教育类型，但教育学所阐明的带有普遍性的根本原理、原则，对罪犯教育仍具有普遍的指导意义，并是罪犯教育学创立形成和发展的理论基础和依据。由于罪犯教育的对象是罪犯，是在执行刑罚过程中的教育，教育内容侧重于认罪服法、改造思想、矫正恶习等，这又使罪犯教育有别于社会上一般教育、普通教育。因此，罪犯教育在遵循教育学的基本原理、原则的基础上，必须从教育对象的特殊性出发，灵活运用，解决自己所要解决的问题。因此，罪犯教育学是整体教育的一个组成部分，是一般教育学的理论、原则在罪犯教育中的运用和发展。罪犯教育依托一般教育，罪犯教育又不同于一般教育，二者是特殊和一般的关系。

（二）罪犯教育学与心理学的关系

心理学是研究人的心理现象及其活动规律的科学。心理是人脑的机能，是个人在现实生活活动中对客观事物的主观反映活动。心理现象由心理过程、个性心理特征和心理状态等部分组成。由于心理学以个人为对象，通过对个人心理活动的研究，掌握人类心理活动的普遍规律，所以一切有关人类的学科都会与心理学发生密切的联系。

研究罪犯教育学必须以学习掌握罪犯心理为前提。罪犯教育学研究如何对罪犯实施教育，促使其心理、行为转化。心理学所揭示的人的心理现象的发生、发展和变化的客观规律，是指导罪犯教育学研究转化罪犯心理、行为的方法论，也是研究罪犯教育改造规律、罪犯特征以及对罪犯进行各种教育活动的心理学依据。同时，罪犯教育学对罪犯心理的研究也为心理学的研究提供了新的课题，比如确定个别人心理发展偏离一般发展方向的原因，制定诊断这种倾向的方法等。这就要求心理学开辟新的分支学科领域——罪犯矫治心理学，它与罪犯教育学共同构成了监狱学体系中的一个分支学科。

（三）罪犯教育学与刑法学、刑事诉讼法学的关系

罪犯教育学与刑法学、刑事诉讼法学的关系十分密切。刑法学是以犯罪和刑罚为研究对象的科学。它是以国家的名义颁布的关于什么行为是犯罪和对罪犯处以刑罚的法律。罪犯教育学是对罪犯执行刑罚过程中的教育改造进行研究的学科。教育改造的首要任务是使罪犯认罪服法、改善从恶、悔过自新，最终成为自食其力的守法公民。因此，罪犯教育只有以执行刑罚为前提条件，才能有效地教育罪犯。同时对罪犯实施教育改造，又是实现刑罚的特殊预防目的的关键环节。所以，罪犯教育学的研究和阐释，必须以刑法学为依据。

刑事诉讼法学所研究的内容就是依照法定诉讼程序，揭露犯罪事实，解决被告人是否有罪，应否判处刑罚所进行的侦查、起诉和审判活动。罪犯教育的首要问题是解决罪犯认罪服法问题，在刑事诉讼程序中正确解决了罪犯的定罪量刑问题，就为罪犯教育工作创造了良好的前提条件，教育改造工作的向前延伸，在一定意义上是指通过刑事判决过程对罪犯产生教育影响。

总之，罪犯教育的实施，罪犯教育原则、规律研究和确立的重要依据就是刑法、刑事诉讼法的有关原理。因此，罪犯教育学与刑法学、刑事诉讼法学有着密

切的联系。

（四）罪犯教育学与监狱学科的关系

罪犯教育学在监狱学科体系中，占有十分重要的地位，与其他监狱学科有着很密切的关系。

首先，罪犯教育学是监狱学群体中的骨干学科。罪犯教育学与监狱法学、狱政管理学、罪犯矫治心理学等共同构成监狱科学的理论体系，它们有着共同的发展前提和基础，有着共同的服务对象。罪犯教育学作为监狱学群体中的骨干学科，是由它在监狱工作实践中的地位作用决定的。我国监狱对罪犯执行刑罚的终极目标，就是将罪犯改造成自食其力的守法公民。为了实现这一目标，必须在对他们实行严格管理的前提下，结合生产劳动，对罪犯实施思想教育、文化教育和职业技术教育，尽力提高他们的文化素质，培养和提高他们的劳动技能。在改造罪犯思想，造就社会新人的活动中，罪犯教育发挥着不可替代的主导作用。同时，罪犯教育学研究的成果对推动监狱各项工作有着普遍的指导意义，这就在客观上使罪犯教育学成为监狱学科的骨干学科。其次，罪犯教育学与狱政管理学、罪犯心理学等相关学科相互渗透、互为依据。我国狱政管理学的突出特点就是要在管理中渗透教育感化因素，寓管于教，管中有教。因此，罪犯教育学有关问题的论述与狱政管理学具有一致性。同时，罪犯教育学的一些原理，也是狱政管理学深入发展的客观依据。特别是随着我国监狱工作法制化、科学化、社会化进程的不断深入，狱政管理学的学科内容必将进一步丰富起来。罪犯心理学所揭示的原理、规律是罪犯教育学的理论基础和科学依据。研究罪犯教育学必须以学习掌握罪犯心理为前提，只有这样，才能使罪犯教育工作有的放矢。同时，罪犯教育学在理论研究和实际运用中，还为罪犯心理学研究提供新的课题，使其体系更加完整、内容更加充实。

罪犯教育学作为监狱法学体系中的一个分支学科，在监狱工作中具有实体性、主动性、指导性作用，罪犯教育活动渗透于罪犯的惩罚、管理、劳动等各个方面，而且罪犯教育学的研究成果、理论发展又对监狱各项工作有着极为重要的影响，所以从客观上使罪犯教育学在监狱学体系中起到举足轻重的作用。

四、研究罪犯教育学的意义

在新的历史时期，以政治改造为统领，统筹推进监管改造、教育改造、文化改造、劳动改造五大改造新格局，为新时代监狱工作提供了指导思想和行动指南。研究罪犯教育学，学习和掌握我国罪犯教育的基本理论、基本内容和基本方法，就是要适应监狱工作新形势、新要求，全面推进监狱工作法治化、科学化、社会化建设进程，确保罪犯教育攻心治本功能的发挥，具有十分重要的现实意义和深远的历史意义。

（一）有利于推进监狱工作法治化、科学化、社会化进程

监狱工作法治化、科学化、社会化建设的推进，为罪犯教育工作的发展提供了新的发展机遇。罪犯教育学就是研究罪犯教育活动的实践经验，并且进行科学的抽象和概括，从中找出规律性的东西，形成系统的理论，然后回到教育实践中去，指导罪犯教育活动的开展。随着我国监狱的“三化”建设及监狱体制改革的不断深入，监狱工作开始向法治化、规范化、文明化、效率化、科学化方向迈进。但是，在社会犯罪恶性化趋势日趋严重、在押犯构成复杂化趋势日益明显的今天，罪犯心理需求畸变、改造动机日趋功利、服刑意识趋向淡化、改造过程趋向曲折等新时期出现的新问题，为罪犯教育改造工作提出了新的挑战。现行教育内容陈旧、空洞，教育形式呆板；文化教育忽视教育规律，忽视有针对性的个别指导，对罪犯教育不够扎实；思想教育主要通过集体大课教育，队前讲话教育方式进行。这种教育模式显然不符合罪犯思想多元化发展的实际，也必然使罪犯教育变得空洞、单调、乏力，不能为罪犯所接受。因此，要适应罪犯教育的新形势、新情况就要使罪犯教育科学化，就要用罪犯教育学指导监狱工作“三化”建设进程。否则，不仅影响罪犯改造质量，而且还影响到整个监狱工作能否适应和谐社会发展要求。所以罪犯教育学的研究对于促进监狱工作法治化、科学化、社会化具有极为重要的推动作用。

（二）有利于强化监狱警察队伍专业化程度，增强工作自觉性、创新性

罪犯教育学是罪犯教育多年实践经验的理论概括，是对罪犯教育现象及其发展规律的科学总结。监狱民警学习和掌握罪犯教育学这门学科理论，有助于胜任越来越复杂的罪犯教育工作。能够根据不断发生变化的在押犯构成成分、构成特点，确立科学认识罪犯、科学改造罪犯的认识理念；能够主动遵循罪犯教育规律，练就一身“庖丁解牛”的本领，提高罪犯教育的针对性、有效性；能够避免狭隘的经验主义，提高自觉性、发挥创造性，适应罪犯教育工作的新形势，做好罪犯教育工作。

（三）有利于提高罪犯改造质量

罪犯教育是我国监狱机关对依法服刑罪犯进行的转变思想、矫正恶习的系统影响活动。在改造罪犯的所有措施中，罪犯教育居于核心地位，对其他改造内容起统领作用。罪犯教育经过几十年的探讨和实践，取得了巨大的成就，逐渐形成了适合我国国情的教育改造罪犯的原则、内容和方法，罪犯教育工作获得长足的发展。同时，由于监狱体制改革的不断深入，在转轨时期，许多原来行之有效的策略、制度和方法或失去或减少了其原有的效用，而犯罪领域的新变化，增强了罪犯的抗改性和难改性。这对监狱民警的工作质量提出了更加严格的要求，罪犯

教育工作迫切需要重大改革和创新。

罪犯教育学作为监狱学科体系中的骨干学科、应用学科，既要总结历史经验，又要研究新的历史时期罪犯教育工作的规律、特点、方法；既要研究我国罪犯教育，也要研究国外的罪犯教育。这将有助于监狱民警提高对罪犯教育工作的认识，增强罪犯教育工作的针对性、适应性和实效性，发挥监狱民警做好罪犯教育工作的自觉性和创造性。这对于指导罪犯教育工作，提高改造质量，有着现实的积极作用。

第二节 罪犯教育学的研究对象和方法

一、罪犯教育学的研究对象

罪犯教育学是研究罪犯教育这一社会现象及其规律的科学。研究罪犯教育这一特殊社会现象及其规律，具体包括以下几个方面的内容：

（一）研究罪犯教育的基本原理

原理是科学的核心。罪犯教育学作为一门科学，首先，要科学地阐述罪犯教育这一特殊社会现象的内在矛盾、外部联系、基本观点、本质属性以及罪犯教育的发展变化规律等方面的问题，这样才能全面、准确地把握罪犯教育的本质属性。其次，上述问题得到了正确的回答和解释才能展示研究对象的基本任务、活动原则、基本方法、达到的目标。最后，要探索和揭示研究对象运动、变化的规律，为各种矛盾的转化和处理创造条件。所以，罪犯教育的基本原理是罪犯教育学首先应当研究和认识的问题。

（二）研究罪犯教育的主要内容

《监狱法》明确规定，罪犯教育的主要内容包括政治、文化、技术等方面。这是依据我国罪犯教育性质、任务确定的，是反映罪犯教育性质和趋向的实体性因素，是完成教育改造任务，达到教育改造目的所必需的最基本的一些内容。罪犯教育内容不仅要符合社会主义市场经济发展的基本要求，还要考虑社会的政治、法律制度及教育对象等因素，既要适应客观需要，又要切实可行；既要有一定的稳定性、系统性，又要与时俱进，与社会发展相适应。

（三）研究罪犯教育应遵循的原则

罪犯教育原则是依据罪犯教育的性质、任务、指导思想而确定的。罪犯教育原则是指导罪犯教育工作、规范罪犯教育者实施教育改造的思想和行动法则。例如，理论联系实际、因人施教、以理服人、言教与身教相结合、循序渐进等原则都是监狱机关改造罪犯工作的实践经验的总结，对于指导教育改造工作有着十分重要的意义。罪犯教育工作者在实际改造工作中必须认真贯彻执行，并不断使其丰富、完善。因此，罪犯教育学有必要对教育改造原则进行深入的研究和阐述。

（四）研究罪犯教育的基本方法

教育方法是教育者与受教育者在共同活动中采用的途径、程序和达到目标的必要手段。毛泽东同志指出："我们不但要提出任务，而且要解决完成任务的方法问题。我们的任务是过河，但是没有桥或没有船就不能过。不解决桥和船的问题，过河就是一句空话。不解决方法问题，任务也只是瞎说一顿。"① 在教育内容确立之后，教育方法便是指向目标和达到目标的关键因素。因此，罪犯教育的基本方法也是罪犯教育学的重点研究课题。

罪犯教育是一种特殊的教育，其教育活动具有与普通教育不同的特点。普通教育是以课堂教育为主，教育内容是以进行科学文化知识和理论的传授为主，同时进行思想品德教育。而罪犯教育是以思想教育为核心，文化教育为基础，技术教育为重点，并针对不同的罪犯进行不同内容的教育，在教育方法上是多种方式并重的，从整体上来说是一般教育法和课堂教育法。一般教育法又包括集体教育法、个别教育法、社会教育法和辅助教育法等。课堂教学法又包括课堂讲授法和政治思想、文化技术等分科教学法。诸多教育法构成一个互相联结、互相补充的方法体系，推动罪犯教育活动有计划、有组织地展开，最终实现教育目的。

罪犯教育对象是情况千差万别的个体和群体，在刑期、犯罪性质、个性差异、年龄、文化程度等方面都存在巨大的差异，而罪犯教育又具有法律强制性、时限性和目的性特征，因此，必须要研究罪犯教育方法的针对性、有效性、灵活性及艺术性，只有采取科学的教育方法，才能实现罪犯教育目标。

（五）研究罪犯教育的组织实施情况

罪犯教育的组织实施，包括罪犯教育的基本制度、行政管理体制和有关基本措施，是完成罪犯教育任务、达到罪犯教育目的所必需的制度保证和组织、措施保证；罪犯教育又是一项针对性和灵活性很强的活动，它所面临的对象、问题、背景、条件总是在不断变化的，比如，在押犯构成的变化，改造任务的艰巨等，只有与时俱进，不断研究新情况、解决新问题，才能提高罪犯教育效果。

① 《毛泽东选集》（第1卷），人民出版社1991年版，第139页。

二、罪犯教育学的研究方法

（一）理论联系实际的方法

理论源于实践，而理论的意义又在于指导实践，并在实践中检验和发展。罪犯教育学产生于监狱行刑和改造罪犯的实践，是实践经验的科学总结和理论概括。研究罪犯教育学必须以监狱工作的实践为基础，从客观实际出发，既要总结过去的经验又要研究现实的情况，紧密联系监狱工作的实际，从不断变化的新情况、新问题中揭示监狱工作的新特点和规律，提出新对策。

运用理论联系实际的方法，一方面要学习和掌握罪犯教育的基本理论，以及相关的法律、法规制度；另一方面要深入监狱调查研究，了解监狱工作新情况、新问题、新经验，并将经验不断升华为理论。

（二）调查研究法

罪犯教育学作为一门实践性较强的学科，其丰富资料主要来源于惩罚和改造罪犯第一线。研究罪犯教育学，就要深入监狱作实地调查，只有这样，才能在占有大量实践材料基础上进行综合和分析，找出罪犯教育的规律。而且要对罪犯做好教育工作，也必须经过调查研究，了解罪犯的实际情况，摸清问题，对症下药，有的放矢地进行教育，实事求是地解决问题，只有这样才能收到罪犯教育的实效。调查的方法多种多样，主要有问卷调查、个别谈话和座谈会等。

问卷调查即研究者通过设计一系列书面问题来征求回答者的书面意见，以获取研究资料的方法。问卷调查的关键是问卷的编制、调查对象的选取，对统计结果的解释。

个别谈话是指研究者事先拟定一定的问题与相关人员进行交谈，以获取必要的信息资料。个别谈话有利于挖掘被研究人较深层次的问题。

（三）统计研究法

统计研究法主要是通过观察、测验、实验和调查，把得到的大量数据材料进行统计分类，以求得对新研究的罪犯教育现象作出数量分析的方法。在罪犯教育实践中，可以使用描述统计的方法，把通过实验或调查得来的大量数据加以整理，找出这些数据分布的特征，计算出集中趋势或相关系数等，然后将统计分类的数据绘制成统计表，从而揭示罪犯教育的特点和规律。例如，《中国盗窃犯心理研究》通过对大量的调查数据进行统计分析，最终得出关于盗窃犯罪的相关现象，为改造盗窃犯罪提供了翔实材料。统计法一般分为两大步骤：一是进行统计分类，整理数据，列出系统，绘制出统计表和统计图；二是数量分析，通过数据进行计算，找出集中趋势、离中趋势或相关数据，从而找出改进工作措施。

（四）比较研究法

比较研究法是对某类现象在不同情况下的不同表现进行对比研究，借以找出特殊本质和普遍规律的方法。进行比较研究的步骤主要是：（1）描述。即把要进行比较的罪犯教育现象的外部特征加以描述，为进一步分析、比较提供必需的资料。（2）整理。该步骤就是把收集到的有关资料进行整理。（3）比较。即对资料进行比较，找出异同和差距，提出合理运用的意义。运用比较研究法研究罪犯教育现象可以克服罪犯教育学研究中的狭隘性，有利于人们获得新的认识和发现，特别是通过中外罪犯教育比较、研究，能帮助认识本国罪犯教育状况、特点及发展方向。

三、罪犯教育学的学科体系

罪犯教育学是以马列主义、毛泽东思想、邓小平理论、“三个代表”重要思想、科学发展观、习近平新时代中国特色社会主义思想为指导，遵循普遍教育规律，研究和揭示罪犯教育现象及其规律的学科。罪犯教育学的体系是我国罪犯教育理论的一系列内容的有机构成。本教材所讲的罪犯教育学体系体现为本书的内容构成。本书分为五个部分，共十章。

第一部分：第一章至第四章。主要是对罪犯教育学的概况、历史发展、研究对象、学科体系、学科地位，以及罪犯教育的性质、任务、基本规律、基本原则、客观对象和主导因素进行了论述。领会和掌握这部分内容，对于全面学习、研究罪犯教育学具有指导意义。

第二部分：第五章。这一部分主要阐述罪犯教育的基本内容、作用及实施途径，揭示罪犯教育内容的必要性、先进性、合理性。

第三部分：第六章。主要阐述罪犯教育方法。掌握罪犯教育方法，能提高罪犯教育效率，取得良好的教育效果。

第四部分：第七章、第八章。这部分主要阐述不同犯罪性质、不同类型罪犯的分类教育。掌握这部分内容，可以提高罪犯教育的针对性、实效性。

第五部分：第九章、第十章。主要阐述罪犯教育效果评估、罪犯教育管理问题。

第三节　罪犯教育的性质和任务

一、罪犯教育的性质

罪犯教育的性质，是指我国监狱罪犯教育活动本身所固有的根本属性或本质属性。监狱作为国家刑罚执行机关，是国家机器的组成部分，担负着对罪犯执行刑罚的重要职责，在贯彻依法治国基本方略，维护社会和谐稳定和国家进步发展中起着不可替代的重要作用。监狱的安全稳定，罪犯教育质量的不断提高，是建设社会主义和谐社会的基石和有力的司法保障。罪犯教育作为监狱的一项重要职能，体现着刑事司法本质属性。罪犯教育不但具有“刑罚执行”特性，还具有再塑性教育属性。

（一）罪犯教育具有法律强制性

《刑法》第46条规定：“被判处有期徒刑、无期徒刑的犯罪分子，在监狱或者其他执行场所执行；凡有劳动能力的，都应当参加劳动，接受教育和改造。”《监狱法》总则部分、第61条至第68条专门规定了对罪犯必须进行教育以及教育的内容、原则和方法。国家法律关于罪犯教育的具体规定表明，监狱是国家的刑罚执行机关，让罪犯接受劳动和教育是监狱行刑的基本要求，对罪犯进行教育改造是我国监狱执行刑罚所固有的法定内容和要求。依法接受教育既是罪犯的法定权利，同时也是罪犯必须履行的义务，具有明显的强制性。

（二）罪犯教育具有适应罪犯变化的灵活性和针对性

《监狱法》以法律条文的形式，明确了监狱对罪犯实施惩罚改造的三个基本手段，即狱政管理、教育改造和劳动改造。狱政管理是改造罪犯的前提和保证，生产劳动是改造罪犯的基础，它们不仅具有维护正常改造秩序、确保监狱安全、保证各项教育改造措施正确施行的功能，而且还对罪犯思想转化有着潜移默化的影响作用。罪犯教育与之相比，其改造人的作用更为明显、突出。教育在人的身心发展中起主导作用，罪犯教育是我国监狱工作的基本特色和传统优势，贯穿于罪犯改造的全过程，对罪犯改造同样具有定向性的主导作用。这是因为，一切犯罪行为的发生，都有其社会因素和个人思想因素，其中个人思想因素是内因，是决定罪犯是否犯罪的关键。个人思想因素属于精神世界方面的问题，是不能靠严格监管、强迫命令、压服解决的，要解决这方面的问题，必须通过系统的、经常的、内容丰富的、形式多样的、专门的教育活动才能解决。罪犯教育的目的正是要化消极因素为积极因素，消除罪犯的犯罪思想，矫正罪犯恶习，把罪犯改造成为守法公民。罪犯教育可以针对罪犯不同的情况因人施教，根据罪犯情况的变化采用不同的内容和方法，灵活运用。因此，罪犯教育在转化罪犯思想中起着主导作用。

（三）罪犯教育是有明确目的的再塑教育

人的成长过程就是不断社会化的过程。人从出生开始，社会通过各种教育方式使自然人逐渐学习社会知识、技能与规范，从而形成自觉遵守与维护社会秩序和价值观念的意识，取得社会人的资格，这一教化过程即社会化。如果在社会化过程中由于种种原因出现了社会化问题缺陷，就有可能导致人的偏离行为，甚至是发生犯罪行为。这是社会化过程中的病态现象，意味着社会化的失败。需要社会将他们置于特定环境、特定条件下进行再社会化，使其成为合格的社会成员。监狱就是对罪犯进行再社会化的场所，就是重塑罪犯的社会角色。这种再塑性教育始终围绕“改造罪犯犯罪思想和不良品德，矫正犯罪恶习和不良生活习惯这一中心进行”。再塑性教育是一项从“负数”开始的教育活动，对教育者的要求相对更高。

二、罪犯教育的任务

监狱作为国家的刑罚执行机关，依法对判处有期徒刑、无期徒刑、死刑缓期二年执行的罪犯执行刑罚，实施惩罚与改造，把他们改造成为守法公民。依据这项总任务，罪犯教育要着重完成以下具体任务：

（一）转变思想，矫正恶习

转变思想是通过教育活动转变罪犯错误的思想观点，清除各种犯罪思想意识。即用马克思主义的世界观和方法论去冲击他们的思想阵地，从根本上促进罪犯世界观、人生观的转化，在改造中逐步树立科学的世界观和方法论。罪犯之所以走上犯罪道路，究其原因主要是个体人生观的根本错误和扭曲的结果。罪犯错误的世界观、人生观一经形成，具有一定的稳定性，要把罪犯改造成守法公民，必须通过强有力的法制教育、认罪教育、劳动教育及形势政策等教育，转变罪犯错误和反动的立场、观点，从思想上消除其享乐腐化、损人不利己、无视公共秩序和法纪、违背社会公德的犯罪思想。罪犯思想转化在行为上的表现是服从判决，接受处罚，遵守法律法规，遵守监规纪律，接受改造。

矫正恶习是通过严格的纪律要求及行为养成训练，帮助罪犯克服恶劣的不良行为习惯。一个人的思想与行为是互相联系和互相影响的。思想活动支配行为，行为实施的结果又强化思想观念。罪犯犯罪行为的发生是在犯罪意识的支配下，逐步形成发生的。一般是从不良行为习惯逐渐发展成违反道德规范、法律规范的错误行为。因此要彻底改造罪犯，必须把世界观问题和恶劣习惯问题予以同步解决。恶习不仅是导致罪犯犯罪的重要因素，也是妨碍罪犯自觉改造、积极改造的严重障碍。必须进行有意识、有目的的系统矫治。恶习的矫正不是一朝一夕能完成的，所谓“冰冻三尺，非一日之寒”。矫正恶习除了结合狱政管理等多种手段外，主要靠教育的手段。教导社会规范是必不可少的内容，帮助其认识恶习的危害，下定矫正恶习的决心。用社会主义法律、道德等社会规范去指导、制约和矫正罪犯的行为习惯。

（二）传授知识，培养技能

文化是人类在社会历史发展过程中，所创造的物质财富和精神财富的总和，是人类在社会实践中积累起来的丰富经验，是文明、进步的象征。教育则是传授知识的主要途径。

从罪犯构成状况来看，罪犯的文化程度比较低，有相当一部分是文盲和半文盲，无知和愚昧不仅是他们走上犯罪道路的重要因素，而且也不利于开展教育改造。因为缺乏文化知识，他们认知狭窄、偏执，对党的方针和政策不了解、不理解，思想保守、愚昧，目光短浅，粗暴野蛮，从而逐渐走上犯罪道路。在服刑期间，一些罪犯也表现为思想固执、不服管教，对监狱开展的教育活动表示厌烦，抗改性明显。让罪犯通过教育增长知识是彻底改造罪犯的必然要求。一是可以促进罪犯的思想改造；二是可以促使罪犯成为有用之才；三是可以促使罪犯适应社会。

培养罪犯劳动技能，是监狱教育改造工作的法定任务。《监狱法》第 64 条规定："监狱应当根据监狱生产和罪犯释放后就业的需要，对罪犯进行职业技术教育，经考核合格的，由劳动部门发给相应的技术等级证书。"对罪犯进行技术教育首先是改造罪犯思想的需要，好逸恶劳，缺乏劳动意识、劳动技能和劳动习惯是多数罪犯的犯罪原因，只有组织罪犯学习劳动技能，才能让罪犯在学习过程中体验劳动的艰辛，懂得劳动成果的来之不易，才能逐渐转变好逸恶劳的思想，树立正确的人生观、价值观。培养罪犯的劳动技能，可以将罪犯的精力和聪明才智引导到钻研技术上来，挖掘罪犯潜能，把原来对社会消极的破坏因素转化为积极的建设因素；对罪犯进行劳动技能的培养，使罪犯掌握一技之能，可以使罪犯能够在刑满释放重返社会时，依靠自己的技能谋生，自立于社会，服务于社会，做一个守法公民和有用之人，不至于因生活无着落而重新犯罪。事实证明，监狱开展文化、技术教育，对罪犯适应社会，做自食其力的守法公民起着重要作用。

（三）完善人格，促进身心发展

罪犯教育效果最终体现在罪犯的人格上。罪犯人格包括个性倾向性（需要、动机、兴趣、理想、信念和世界观）和个性心理特征两个方面，是一个人整体心理面貌的反映。罪犯犯罪行为的发生，与其缺乏良好的心理管理能力及良好的人格有关。所以要从根本上转变罪犯的犯罪思想，矫正其恶劣的行为习惯，除了进行思想教育、文化技术教育外，还要进行针对性心理健康教育，从完善罪犯人格，提高其心理管理能力入手，增强罪犯的社会适应能力，对罪犯进行心理教育，让罪犯学会自我调节。此外，逐渐完善罪犯人格还有利于监管改造秩序的稳定，提高改造质量。罪犯在改造中普遍存在抑郁焦虑、人际关系敏感、恐怖、烦躁等心理状态，在监狱中表现出不愿参加集体活动、逃避劳动、厌学、混刑度日等问题。这些不健康心理，严重阻碍着罪犯接受惩罚和改造。为此，罪犯教育活动的一个重要任务就是对罪犯进行心理教育，以各种手段提高罪犯的社会适应性，使其行为方式符合社会要求，具有更充分的社会性。

第四节　罪犯教育的规律

规律是客观事物和客观现象内在的、本质的必然联系。宇宙间无论任何事物和现象都有自己运动、变化的规律。罪犯教育也有自己内在的和本质的必然联系，即罪犯教育规律。认识和掌握罪犯教育规律，是直接关系改造人、造就人的一个重要问题，探索它非常必要。罪犯教育规律归纳起来有：

一、强制教育与自觉改造相适应的规律

强制教育是强迫罪犯改造的基本手段之一。强制教育与自觉改造相适应的规律，就是罪犯由强迫改造到自觉改造这一客观斗争过程的反映。

强制教育的强制性，从实施教育的主体来看：一是罪犯教育是在惩罚管制的前提下进行的；二是教育方法和教育制度是法定的；三是教育的内容是定向的。从实施教育的客体看：罪犯在受到国家法律制裁，失去自由，行动上受限制以后，导致其犯罪的思想意识并不会自动消失或发生转变，不会也不可能主动接受教育改造，甚至时刻都有可能进行破坏和捣乱。因此必须通过强制教育进行正确思想的灌输和行为引导。由于强制教育的内容具有定向进攻性的特点，加上组织制度上的保证，强制教育既具有强大的矫正思想作用，也有积极的引导和指示作用。强制教育是罪犯接受改造的必经阶段。然而，辩证法认为，事物发展变化的根本原因不在事物的外部而是在事物的内部，在于事物内部的矛盾性。内因是变化的根据，外因是变化的条件，外因通过内因而起作用。强制教育的主导作用或深刻的正面影响，只有通过罪犯本身内在因素，通过罪犯的自觉改造才能收到显著效果。

自觉改造是罪犯认识到被改造的必然性和改造的必要性以后的主观能动性。是罪犯自愿接受教育，联系实际，主动学习，自觉清除犯罪思想，矫正恶习，并能用社会道德规范、法律规范控制、支配和鉴别自己行为的活动过程。从强制改造到自觉改造，是一个艰巨的斗争过程，是罪犯从被迫改造逐渐发展为自觉改造的过程，是罪犯入监改造到成为自食其力的公民的转变过程。在教育过程中，不管他们是否愿意，都要坚持强制教育。通过教育，接受改造的罪犯从思想开始转

化到有比较深刻的认识，由完全强制到半强制，由根本不自觉到半自觉，再由半自觉逐渐转化为自觉改造。尽管这种变化是缓慢的、渐进的，但还是促使罪犯向好的方面转化的必不可少的过程。

二、转化罪犯思想与传授知识相促进的规律

转化思想、矫正恶习与增长知识、培养技能是罪犯教育的任务，是罪犯教育的统一过程，只有将两者结合起来，保持两者之间的协调，使之互为因果、互相促进，才能切实解决好罪犯知罪悔罪和明途知进问题，调动罪犯改造的主动性和自觉性，才能提高罪犯教育的质量。如果片面强调转变思想，忽视知识技能传授，那么思想转变就会成为无源之水，无本之木。如果只强调传授知识技能，忽视转变思想，就不能达到改造罪犯成为新人的根本目的。转变罪犯的思想是教育工作的中心环节，传授知识是转变罪犯思想的必要条件，也是罪犯思想转变的重要因素。要转变罪犯的思想，只有通过深入细致的思想工作，通过传授多方面的知识，促进罪犯思想的新陈代谢，新思想、新知识才能从无到有、由小到大、由弱到强，逐步上升为支配罪犯言行的动力。也只有这样，罪犯才能逐步转变成为新人。

三、反复教育与罪犯思想反复相一致的规律

反复教育是指罪犯教育过程中对罪犯多次反复进行教育。罪犯思想反复是指罪犯在改造过程中，经常处在一种矛盾斗争状态，表现出时好时坏的样子。

反复教育是罪犯教育过程的必然反映。监狱机关要把罪犯改造成为守法公民，是一个艰巨而复杂的过程，在这一过程中，要转变罪犯的思想，提高罪犯的认识，不是一帆风顺的。辩证唯物论的认识论认为，人的正确认识并非一次完成的，而是经过由实践到认识，由认识到实践这样多次反复才能完成的。罪犯教育活动在提高罪犯认识方面所显现出来的情况也是如此，而且由于罪犯思想反复的情况和现象的复杂化而显得更加曲折、艰难。罪犯教育是重新塑造罪犯灵魂的工程，本身就是一个加工、复制的过程，已经包含着反复性。监狱民警在转变罪犯思想的工作中，要有长期作战的思想准备，要不断地、反复地对罪犯施加影响，使罪犯在不断除旧布新的过程中，反复地受到正面教育，不断地接受和逐步巩固新的思想。

罪犯思想反复是罪犯认识过程的必然反映。必须正确对待罪犯的思想反复，针对罪犯的思想反复，有的放矢地进行反复教育，从反复中抓反复。既要在罪犯思想反复之前进行反复教育，又要在罪犯思想出现反复之后坚持反复教育。把原则性、坚定性和灵活性结合起来，持之以恒，反复教育、反复巩固、反复提高。

延伸阅读

这是一封服刑罪犯写给亲人的信件，从这封信件中我们可以看到服刑罪犯经过监狱教育改造后的心理转化历程。

“我学会了写信，也学会了怎样做人”

尊敬的妈妈：

近来您的儿子，在这里一切如故，请勿挂念。进入监狱后，儿子已经开始积极地投入文化、技艺学习，连下棋、娱乐的时间也几乎全部用在读书学习上。您可能不会相信，我们大队开展了“爱我中华”读书活动和“庆祝建队一周年”诗歌作文征集活动。有幸的是您儿子的一篇记叙文也被选中并录用，这对我无疑是一种鼓舞。妈妈，从小我就因贪玩没有很好念过几年书，又学了一些不该学的东西……最终受到坐班房的惩罚。在这里，我接触到的人大多是一些文盲，斗大的字不识几个，然而那些人并不自惭形秽；相反，对自己的犯罪生活津津乐道，夸夸其谈。我没能洁身自好，反而与他们臭味相投，很快这些人成了我学习犯罪伎俩的“高师”。虽然我比起他们还算念过几年书，但这时，我在他们面前却显得那么的“无知”，老是感到自己比别人“差一截”。就是因为这样，自己吃完官司释放以后丝毫没有收敛，相反却利用在“庙里”学到的一些犯罪手段，大肆地参加违法犯罪活动，终于再次锒铛入狱，受到法律的严惩。妈妈，我真是后悔莫及，我对不起您老人家，我是一个不孝的儿子。通过改造学习，今天我清醒过来了。妈妈，过去我总是对您说我不爱读书，然而，我现在想读书，我要读书！这是我发自肺腑的真心话。今天我真正体会到没有文化的痛苦和烦恼，是的，自己每次参加这里的政治学习，一看到写体会稿件，头就会痛得发胀，有时甚至呆愣半天。好在这里的警官看出了我的心思，多次与我促膝交谈，让我参加文化补习班的学习。警官的支持和帮助，加上自己不懈的努力，我终于攻克了写作上的一道道难题，一个平时连写一封家信都需要别人代笔的人，终于也能写东西了。今天您看到的这封信，就是儿子自己一个人，除了个别几个字是问别人外，其他都是自己下功夫写出来的。

儿子很感谢这里的警官，他们的精心教育与启迪，使我终于重新确立了对文化学习的信心，懂得了做人的道理。警官在看过我写的几篇文章后，给予了肯定，并希望我以此为良好开端，在今后的学习中再接再厉。我开始重新认识自己了。

第二章

罪犯教育的原则

原则是我们观察问题、处理问题和做人的基本准则，它是从自然界和人类社会实践中抽象出来的。每个人在社会实践活动中都会受到一定的原则的影响，正确反映事物本质的原则，能够对我们的社会实践活动起到积极促进作用；反之，则会起到消极阻碍作用。在我国有史以来长期的罪犯教育过程中，监狱机关及相关人员通过罪犯教育改造实践及对相关教育理论的借鉴，总结出了一系列的适用于罪犯教育的原则。这些基本原则是根据不同时期的罪犯教育目的、实践和基本规律总结出来的，是我们开展具体的罪犯教育活动时所必须遵循的基本要求。

中华人民共和国成立后，监狱机关在教育改造罪犯实践中所形成的罪犯教育原则，有的被以法律、法规的形式确定下来，如《监狱法》第61条规定："教育改造罪犯，实行因人施教、分类教育、以理服人的原则，采取集体教育与个别教育相结合、狱内教育与社会教育相结合的方法。"《监狱教育改造工作规定》第4条规定："监狱教育改造工作，应当根据罪犯的犯罪类型、犯罪原因、恶性程度及其思想、行为、心理特征，坚持因人施教、以理服人、循序渐进、注重实效的原则。"《教育改造罪犯纲要》中规定教育改造罪犯的基本原则为："以人为本，重在改造""标本兼治，注重实效""因人施教，突出重点""循序渐进，以理服人"。有的虽然没有写进法律、法规条文中，但一直是我们国家开展各项活动的重要原则，如理论联系实际原则；有的是教育学中的重要原则，如在集体中教育的原则。

因此，自觉学习、贯彻和落实这些罪犯教育原则，既是监狱依法治监、严格执行刑罚的本职要求，也是增强工作自觉性、顺利做好罪犯教育工作、提高罪犯教育改造质量的客观要求，同时也是新时期监狱民警开展罪犯教育工作的行为准则和工作规范。

第一节 理论联系实际原则

一、理论联系实际原则的含义

理论联系实际原则，是指人们在认识世界与开展实践活动的过程中，要把理论知识与实际情况结合起来，理论为实践服务，在实践中检验与丰富理论，做到理论与实际的有机统一。

理论联系实际原则，是马列主义、毛泽东思想的重要内容和根本观点，是辩证唯物义和历史唯物主义的灵魂，也是中国共产党一贯坚持的优良作风之一。理论是实践活动的产物，它是在实践的基础上，人脑对实践经验进行科学加工、抽象的结果。反过来，理论作为一种个人的直接经验或他人的间接经验，又会对人们的实践活动具有重要的指导作用。同时，已经形成的理论在指导实践的活动中又会不断得到验证、丰富与提高。脱离实践的理论是空洞的理论，不以理论为指导的实践是盲目的实践。

理论联系实际原则，也是中国传统文化中的核心理念。孔子在讲学过程中经常要求学生把学习与实践结合起来，如“学而时习之，不亦说乎”①。“诵诗三百，授之以政，不达。使于四方，不能专对。虽多，亦奚以为?”② 明代心学大师王阳明提出了“知行合一”哲学命题和“事上磨炼”教育方法，“如言学孝，则必服老奉养，躬行孝道，然后谓之学，岂徒悬空口耳讲说，而遂可以谓之学乎!”③ 近代教育家陶行知提出“教、学、做合一”教育理念，“教学做是一件事，不是三件事。我们要在做上教，在做上学”。④ 近代佛教高僧印光法师批评那些只知空谈经义，而不按照佛法要求去实际修行的学佛人为：“说食数宝，饥寒莫济。”⑤

在罪犯教育过程中运用理论联系实际原则，一方面，是指我们利用马克思主义政治理论与哲学（马列主义、毛泽东思想、邓小平理论、“三个代表”、科学发展观、习近平新时代中国特色社会主义思想等）、相关学科知识（犯罪学、社

① 《论语·学而》，这里的“习”字，以前曾被人理解为复习，以练习、实践来理解更为确切。
② 《论语·子路》，这段话强调学以致用、把理论知识与实践结合起来。
③ 转引自孙培青主编：《中国教育史》，华东师范大学出版社 1992 年版，第 432 页。
④ 转引自孙培青主编：《中国教育史》，华东师范大学出版社 1992 年版，第 746 页。
⑤ 印光法师：《增广印光大师文钞（上）·复戚智周居士书二》，弘化社，第 167 页。

会学、心理学、教育学等）和中华民族的优秀文化（儒、佛、道、兵等），去观察、分析、研究罪犯的思想、行为和问题及其教育途径和方法，即用丰富的理论知识来指导监狱民警的教育实践活动；另一方面，是指监狱民警在教育过程中，要结合社会实际和罪犯的实际情况，对罪犯进行相关理论知识的传授，提高罪犯的认识水平。同时，引导罪犯，把所学的理论知识与他们的日常改造活动结合起来，用理论作为指导来解决现实中遇到的问题。切实运用理论联系实际原则，既能够有效防止只讲实践而不以理论为指导的莽撞瞎干，又能防止只讲理论而不联系实际的空洞说教。

二、贯彻理论联系实际原则的要求

（一）重视理论研究和理论教育

重视理论研究与理论教育是理论联系实际的前提，没有充分的理论研究作为基础，我们就无从对罪犯进行理论教育；没有充分的理论教育，监狱罪犯就无法用科学的理论来指导自己的改造实际。

从目前的罪犯教育改造实践情况来看，虽然中华人民共和国成立后形成的一系列有效的罪犯教育改造理论与方法，但是这些理论与方法已经远远不能满足当前罪犯教育改造工作的实际需要。我们在继承中华人民共和国成立后形成的罪犯教育改造经验的同时，更必须结合罪犯教育改造实践的时代需要，拓展自己的视野，从博大精深的中外优秀文化中撷取各种教育资源，创新罪犯教育改造理念与方法、改革罪犯理论教育内容。如目前利用传统文化对罪犯进行思想品德教育，就要求我们监狱民警要首先研究、掌握传统文化知识；在对“法轮功”等邪教犯罪罪犯进行教育时，就必须了解、把握、运用相关宗教、心理学知识来对他们进行教育，而不是一味地进行政策教育。

从罪犯的实际情况来看，他们往往文化水平比较低、缺乏正确的价值信仰、厌恶单纯的理论教育。这些特点也是导致他们走上违法犯罪道路的重要原因和根源之一。因此，在日常罪犯教育改造过程中，我们应该通过将理论内容与实际情况相结合的方法，来提高罪犯的学习兴趣，并把理论学习与日常考核结合起来，充分调动罪犯理论学习的积极性。

（二）重视调查研究，了解当前社会及监狱罪犯的实际情况

罪犯的教育改造，是在社会大环境中的教育改造，我们的教育改造活动不能够也不应该脱离具体的社会环境的影响。因此，须对整个社会的政治、经济、文化现状及其发展趋势有一个相对真实、客观的总体把握。在此基础上，分析罪犯教育的总体方向，选择适应社会发展的，罪犯在改造中急需的理论内容。

同时，还应该通过查询档案、问卷调查、现场观察、侧面了解等手段，对教育

对象——罪犯的犯罪经历、社会经历、心理特征、兴趣爱好、家庭状况、改造表现等资料进行客观了解和完整把握，从而为有的放矢地进行教育创造前提条件。

（三）注意理论与实际的有机联系

在充分掌握理论知识与实际资料的前提下，在日常罪犯教育改造过程中就要把二者有机地结合起来。

首先，应该注意对症下药、有的放矢。对罪犯所开展的理论教育，应该是他们在改造过程中最欠缺的内容，如法律知识、心理知识或伦理道德知识等，这些理论知识既有利于罪犯当前的改造，也符合罪犯顺利回归社会的需要。

其次，理论知识往往具有抽象性、枯燥性。为此，在理论灌输过程中应该穿插具体、形象的事例和故事，以使理论知识通俗化、生动化，从而做到深入浅出，提高罪犯的理论学习兴趣及对抽象理论的理解能力和掌握能力。

最后，要引导罪犯学用结合，自觉地利用所学理论知识来解决日常改造过程中遇到的各种问题和指导改造生活。罪犯在服刑期间往往会遇到奖惩、婚姻、家庭、疾病等问题，监狱民警应该运用相关理论帮助罪犯、引导罪犯去合理地解决这些问题，从而使罪犯渡过难关得到成长。另外，要引导罪犯利用所学到的理论知识来指导他们的改造实践，做到学以致用。使罪犯把所学到的理论知识，与他们转变犯罪思想、遵守监规纪律、参加劳动生产的实践结合起来，提高思想觉悟，转变不良思想，养成良好习惯。同时，还应该引导罪犯运用相关理论来正确认识社会发展形势，与社会发展保持一致，为回归社会做好准备。

第二节　因人施教原则

一、因人施教原则的含义

因人施教原则，又称因材施教原则，是指根据罪犯个体的不同情况、不同特点，采取不同的教育内容和教育方法，而对罪犯进行有针对性的教育。

因人施教原则，是中国教育文化中的一条重要的教育原则。在春秋时期的大教育家孔子的教育活动中处处体现着这一原则，孔子提出要通过各种方式来了解学生："视其所以，观其所由，察其所安，人焉瘦哉？人焉瘦哉？"① 他在教育过程中注意分析学生的特点，如"由也果""赐也达""求也退""由也兼人""柴

① 《论语·为政》。

也愚”“参也鲁”“师也辟”，并根据学生的特点而采取不同的教育方式。《论语》中记载了这样一则故事：

子路问：“闻斯行诸?”子曰：“有父兄在，如之何其闻斯行之!”冉有问：“闻斯行诸?”子曰：“闻斯行之。”公西华曰：“由也问：‘闻斯行诸?’子曰：‘有父兄在。’求也问：‘闻斯行诸?’子曰：‘闻斯行之。’赤也惑，敢问。”子曰：“求也退，故进之；由也兼人，故退之。”①

在这则故事中，孔子因人施教的风范栩栩如生。朱熹评论孔子时曾经说过：“圣贤施教，各因其材。小以小成，大以大成，无弃人也。”现代心理学研究也为因人施教原则提供了科学依据，因人施教原则已经成为重要教育思想与理念。

从罪犯的实际情况来看，他们的情况千差万别：年龄、社会经历、受教育程度、职业、身心特点、违法犯罪经历，服刑期限、改造表现等。如果在服刑过程中不分具体情况，采用同样的教育内容与教育方法搞“一刀切”，就难以收到好的教育效果。我们在教育过程中，必须因人而异，对症下药，“一把钥匙开一把锁”，针对每个不同的罪犯采取不同的内容和教育方法。实践证明，只有认真贯彻因人施教原则，才能真正改造每一个罪犯，提高教育改造质量。

二、贯彻因人施教原则的要求

（一）深入调查研究，掌握罪犯情况

“知己知彼，百战不殆”，了解和掌握每一个罪犯的具体情况，是因人施教的前提条件。监狱民警，要通过查阅档案，心理测量，与罪犯谈话，深入罪犯劳动、学习、生活现场进行观察等途径来掌握罪犯的全面情况：（1）罪犯的姓名、出生年月、籍贯、文化程度、性格特点、体貌特征、宗教信仰等；（2）罪犯的社会经历、违法犯罪事实和服刑改造期限；（3）罪犯的家庭情况和主要社会关系；（4）罪犯的日常改造表现。

罪犯的上述情况，有些是相对固定不变的，如罪犯的姓名、出生年月、籍贯等；有些是随时会发生变化的，如罪犯的改造表现及家庭成员的情况以及罪犯的心理状况等。这就需要我们随时观察罪犯的各种变化，及时地把握罪犯的各种变化信息。

（二）针对罪犯的不同情况，进行不同教育

在了解掌握某一罪犯的全面情况的前提下，就应该对罪犯的违法犯罪原因等情况进行分析，根据其改造表现、兴趣爱好、需要等个性特点，选择相应的教育内容与方式、方法，制订详细的个别教育矫正方案，来对罪犯进行有区别、有针

---

① 《论语·先进》。

对性的教育。例如，对法律知识缺乏、法律观念淡薄的罪犯，加强法律知识、法律观念教育；对自控能力差，行为习惯不良的罪犯，进行日常行为养成教育；对邪教犯罪分子，除了要通过政策教育，引导其正确认识邪教的危害外，还可以进行宗教知识、心理学知识教育，使其正确认识宗教；对性格倔强者，不宜简单从事，应多摆事实、耐心疏导，使其认罪悔过等；对自尊心强的罪犯，多表扬少批评并尽量不在公开场所批评，以调动、利用其自尊心促使其自觉改造。

（三）区别情况，妥善处理各种问题

罪犯在服刑改造过程中经常会出现打架斗殴、抗拒改造、情绪低落等行为。遇到这些问题时，监狱民警应该认真调查，在了解实际情况后，采取相应的措施。如抗拒改造，有的可能是因为对平常奖励有意见，有的可能是对前途悲观，有的可能是不良习惯使然；罪犯打架，有时是因为自控力差这一习惯难改，有时可能是因为其他罪犯故意挑衅。因此，对待不同罪犯的同一种行为表现，应该区别对待。另外，在不同的改造阶段或时间，因思想反复或其他原因，同一罪犯往往也会表现出外表类似的行为，这需要监狱民警深入了解情况，并采取不同的教育措施。

在罪犯改造过程中出现问题时，监狱民警不仅要从罪犯方面来分析原因，还要善于从监狱教育管理工作及监狱民警的工作方式等方面寻找不足，通过改造教育管理方式与内容来促进罪犯改造，而不能一味地从罪犯方面找原因。

第三节　以理服人原则

一、以理服人原则的含义

以理服人原则，是指在罪犯教育改造过程中，监狱民警不以势压人，不以力服人，坚持通过摆事实、讲道理的方式和方法，对罪犯做耐心细致的疏导和说服工作，从而使罪犯心悦诚服地接受改造。

在罪犯教育改造教程中坚持以理服人原则，既是罪犯教育改造法律、法规和政策的要求，也是切实提高罪犯教育改造效果的现实要求。罪犯教育改造，是通过教育、劳动等教育手段，使罪犯逐渐提高认识、改变不良思想与行为习惯。而人的认识与思想的转变，只能通过认识真理、服从真理、内心自觉地否定旧我、塑造新我来完成。对罪犯的教育，只能通过说服，而不能靠压服，压服往往会增加罪犯的抵触情绪，恶化监狱民警与罪犯的关系，从而影响教育效果甚至引发其他不利问题；压服只能使罪犯表面服从，而内心不服，不能从根本上真正解决罪犯的问题。罪犯一旦脱离监狱民警的监控或离开监管改造环境，他们被压服的思想和行为，又会重新表现出来。

由于“左”的思想的影响及对自身法律地位的误读，在罪犯教育过程中，监狱民警以力服人、言行粗暴的现象还时有存在。这一方面违反了国家法律和监狱法律、法规，另一方面也不利于罪犯改造。

二、贯彻以理服人原则的要求

（一）充分掌握相关教育理论和事实

运用以理服人原则对罪犯进行教育，首先，要求监狱民警学习、掌握相关的教育知识和理论。教育学、心理学、犯罪学、法律知识、社会学、伦理学、宗教学、哲学等学科知识，是监狱民警在罪犯教育改造过程中应该掌握的知识。如果不根据罪犯教育改造工作的具体需要来掌握充分的理论，就无从对罪犯进行说理教育。其次，监狱民警要通过各种途径，广泛了解国内外发生的诸多社会事件和罪犯改造中的实际事例及实际表现。

（二）始终坚持摆事实，讲道理

客观事实中蕴含着道理，道理来源于具体的客观事实。在教育过程中，通过摆事实与讲道理结合，能够使罪犯直观地掌握道理，也更能够充分地证明道理的合理性。不论集体教育、分类教育还是个别教育，也不论所面对的罪犯的素质与改造表现状况如何，我们都应该坚持摆事实，讲道理的教育原则。

1. 坚持摆事实

摆事实，一方面，会使理论教育更充分。事实胜于雄辩，在事实面前，罪犯无法为其错误观念、思想、行为进行辩护，也更容易认识到其错误所在，从而有利于罪犯思想观念的转化。另一方面，无论是让罪犯了解社会，还是让罪犯了解自己的违法行为原因和日常改造表现，具体、生动的事例会增加教育工作的趣味性。

2. 坚持讲道理，并对各种事实进行抽象概括

首先，监狱民警要对罪犯讲真理。不能对罪犯讲歪理，更不能强词夺理，我们讲的道理，要符合国家法律、法规的要求，要符合社会主义道德的要求。其次，监狱民警不仅要知理，而且还要行理。在日常工作中，监狱民警要勇于坚持原则、坚持真理；在工作中出现失误时，要勇于承担责任、承认并改正自己思想与工作中的不足；在对罪犯日常管理、教育过程中，应该严格按照法律、道德规范的要求来做，不因罪犯法律地位的原因，而对其歧视、虐待或采取其他不文明的行为。监狱民警要善于通过“其身正，不令而行”的身教作用，通过自己的

高风亮节来对罪犯产生潜移默化的影响。最后，摆事实，也是为了讲道理。掌握了抽象的道理之后，罪犯就可以根据外界具体条件的变化，自由地运用所学的相关理论来改造自己的思想与行为。如果在罪犯教育工作中仅仅停留于摆事实，而不对零散的事实进行抽象与归纳，罪犯往往只会就事论事，难以将学到的知识进行迁移应用。

（三）坚持疏通、引导

疏通、引导是指监狱民警与罪犯间进行思想、情感方面的交流，帮助罪犯解决其思想、情感困扰，并将其不良思想和行为引导到正确的轨道上来。对罪犯进行疏通引导，要做到以下几点：

1. 注意情感交流

俗话说“亲其师，信其道”①，通过与罪犯进行情感交流，建立起亦师亦友般的情感联系，有利于提高监狱民警在罪犯心目中的威信，从而提高罪犯教育效果。在日常教育管理活动中，监狱民警应该注意尊重罪犯的人格，关心罪犯的学习、生活，切实保证罪犯的各种合法权利和满足罪犯的正常需要，这样才有利于在监狱民警与罪犯间建立良好的关系。罪犯只有在消除了与监狱民警间的心理隔膜、在情感方面接纳监狱民警后，才能切身体会到监狱民警的真情实意，才能对监狱民警产生情感上的依赖和信任，进而自觉地按照监狱民警的教育和要求去做。

2. 允许罪犯表达自己的意见

在教育过程中，还应允许罪犯对监狱民警的工作及改造中的某些问题如奖惩等，表达自己的真实看法，允许罪犯为他们的言行做出申辩。只有允许罪犯表达自己的想法，罪犯才能向监狱民警汇报真实情况，监狱民警才能真正了解罪犯的需要，从而根据罪犯教育改造需要对罪犯教育内容与方式做出调整或及时处理罪犯反映的实际问题。监狱民警不仅要允许罪犯表达他们的意见，还要善于引导和鼓励罪犯讲真话、讲心里话。在教育过程中，对罪犯暂时不能授受的观点和问题，要允许他们保留不同意见，不能强制罪犯接受。

3. 注意思想和行为上的引导

对待罪犯思想方面的疙瘩，不能用强制的方式来解决，只能通过耐心引导来逐步解决，做到“道而弗牵，强而弗抑，开而弗达”②，通过启发诱导，来让罪犯自觉、主动地发生改变。为达到这一要求，可以通过变换教育方式的方法来开展具体教育活动。如变单纯的课堂讲授、说理教育为讨论、辩论、游戏、竞赛

① 《礼记·学记》：“夫然，故安其学而亲其师，乐其友而信其道。是以虽离师辅而不反。”

② 《礼记·学记》：“道而弗牵则和，强而弗抑则易，开而弗达则思。”

等，通过这些活动，提高罪犯的主动性，使罪犯在活动中不知不觉地发生变化。

除了指导罪犯学习、实践罪犯日常行为规范外，还要引导罪犯将所学的理论，运用到日常生活中，在罪犯学习、生活、家庭中遇到问题的关键时机，要及时进行思想和行为上的引导。

第四节　循序渐进原则

一、循序渐进原则的含义

所谓循序渐进原则，是指在罪犯教育改造过程中，根据罪犯思想、行为的实际水平和发展顺序以及教育内容自身的内在逻辑体系，由易到难、由简单到复杂、由低级到高级、按部就班地施加相应的教育影响，以逐步改造罪犯的思想行为，最终达到把罪犯改造成为守法公民的教育目的。

人的身心发展，具有一定的顺序性、阶段性，不同年龄阶段在生理、心理方面往往会表现出不同的发展水平。人们对客观事物的认识，也有一个由简单到复杂，由低级到高级，由直观到抽象的过程。人的动作、技能及行为习惯形成或改变，也具有由简单到复杂、由不熟练到熟练的渐进过程。

早在几千年前，中国的教育家就提出并在教育实践中应用了循序渐进原则这一教育原则。老子讲："上士闻道，勤而行之；闻道，若存若亡；下士闻道，大笑之。不笑不足以为道！"① 孔子认为："中人以上，可以语上也。中人以下，不可以语上也。"② 世界上最早的一篇教育专著《学记》提道：教育者要根据受教育者的水平"不陵节而施"，否则就会"杂施而不孙，则坏乱而不修"③。

罪犯从进入监狱接受教育改造，到刑满释放结束教育改造，其思想和行为变化具有一定的发展规律。监狱民警在罪犯教育过程中，要考虑到教育对象的某一具体时期的实际情况和发展水平，从而采取适应这一水平的教育。否则，只能是揠苗助长或对牛弹琴，既不可能改造罪犯，也容易使罪犯产生厌烦、抵触情绪；既浪费教育资源，又带来消极后果。

---

① （春秋）老子：《道德经》，徐澎、刘浩注译，安徽人民出版社1990年版，第115页。

② 《论语·雍也》。

③ 孙，即循序渐进的原则。

二、贯彻循序渐进原则的要求

（一）制定科学、系统的教育计划

根据罪犯的实际情况、罪犯教育内容及社会要求，制定科学、系统的教育计划，是具体开展罪犯教育活动的前提条件。教育计划首先要科学，要符合相应的教育学、心理学、社会学规律，要符合罪犯的实际水平与发展倾向。其次要体现教育的一致性，使教育内容与教育目的一致。教育各阶段的教育目的一致，使各阶段的教育内容间既有差别，又能相互衔接、层层提高。

在实施教育计划的过程中，我们还要随时发现问题，根据罪犯实际情况的变化及社会形势的变化，来调整教育计划，使教育计划更符合实际情况。

（二）正确处理一般教育与特殊教育的关系

在教育活动过程中，我们既要开展面向全体罪犯的一般教育，使全体罪犯得到教育和改造；同时也要根据不同罪犯的实际认识、思想和行为水平，来开展个别教育。通过一般教育，使全体罪犯不断提高自己的思想与改善自己的行为；通过个别教育，使每一个罪犯得到改造。

（三）坚持不懈，逐步提高

罪犯的不良思想与行为，是在长期的社会影响和主观意志的作用下形成的。要克服这些缺点，需要长期的、大量的、连续的正面教育影响，不可能一蹴而就。而且，罪犯的不良思想和行为习惯一旦形成，往往与他们的需要与情感结合在一起，监狱民警对罪犯进行教育改造时，往往会遇到罪犯需要、情感等方面的抵触。因此，改变罪犯的不良思想与行为，将是一个长期的工作，不可能通过突击式的教育运动来完成。只有一步一个脚印，坚持不懈、逐步影响，不断影响罪犯的情感需要和思想、不断矫正罪犯的行为，才能使罪犯逐步提高并最终达到改造目的。

第五节　在集体中进行教育原则

一、在集体中进行教育原则概述

（一）在集体中进行教育原则的含义

在集体中进行教育原则，是指监狱民警在对罪犯进行教育时，要依靠罪犯集体、培养罪犯集体、教育罪犯集体，并通过罪犯集体对每一个罪犯个体进行教育，充分发挥罪犯集体在罪犯教育中的作用；同时，又通过教育罪犯个体来影响罪犯集体的形成和发展，把教育罪犯集体与教育罪犯个体结合、统一起来。因此，这一原则又被称为集体教育与个别教育相结合原则。

人是社会化的动物，其成长、发展离不开一定的群体和社会，心理学家马斯洛认为，个体的人加入、归属一定的群体，是人的一种基本需要，即归属的需要。如与他人建立友谊、有安全和谐的人际关系、被团体所接纳等。罪犯集体，是提高罪犯的思想品德、改造罪犯行为习惯、培养罪犯技能的最佳环境和手段。我们对罪犯开展的教育活动，除了对罪犯个体的直接影响外，还会通过罪犯集体这一中介，作用到罪犯个体身上。罪犯集体是罪犯学习、劳动、生活的基本社会环境，罪犯的活动大部分时间是在罪犯集体及其影响下进行的。罪犯集体对罪犯思想品德的形成具有特殊作用。罪犯在集体生活中，会感受到归属、自尊、友谊，会自觉或不自觉地模仿集体中其他成员的行为，集体对他们的评价和要求，会促进他们的自我教育。苏联教育家马卡连柯非常重视集体教育的作用，他说："教育了集体，团结了集体，加强了集体，以后，集体自身就能成为很大的教育力量了。"① 因此，马卡连柯认为，教师要影响个别学生，首先要去影响这个学生所在的集体，然后通过这个集体和教师一起去影响这个学生，使教育集体和教育个人同时平行地进行。同理，教育罪犯个体，监狱民警首先要去影响罪犯个体所在的集体，通过罪犯集体一起共同影响罪犯个体。因此，某一个罪犯所在集体的性质与水平，往往也会直接影响到该罪犯的发展水平；而该罪犯的行为，又会对该罪犯所在的集体产生积极或消极的影响。

（二）影响罪犯改造的群体

罪犯在服刑改造期间所接触的群体多种多样、性质不一，有正式群体，有非正式群体，有对罪犯改造有利的群体，有对罪犯改造不利的群体，或某一群体既对罪犯有利也对罪犯有害。按照不同的分类标准，我们可以把这些群体分为以下几种：②

1. 血缘群体、地缘群体和业缘群体

血缘群体，以血缘关系为纽带，家庭、亲属群体都是血缘群体。虽然罪犯在服刑期间的大多数情况下，无法与家庭、亲属直接接触，但这些血缘群体仍然会对罪犯产生影响，我们应该通过亲情电话、亲情接见等活动方式，来利用血缘群体对罪犯施加正面影响。地缘群体，以地缘关系为纽带，它是随着社会生产、生活的发展和社会流动的出现而产生的，表现为同一地域中的个体具有大体相近的

---

① 胡守棻主编：《德育原理》（修订版），北京师范大学出版社 1989 年版，第 134 页。

② 参见吴方桐主编：《社会学教程》，华中师范大学出版社 2002 年版，第 53 ~ 55 页。

语言、风俗习惯和价值观念和心理认同等。罪犯在服刑过程中，会因地域关系，而自发形成老乡团体。如管理不当，罪犯间会拉帮结派，影响监管改造。业缘群体，以业缘关系为纽带，它是罪犯入狱前或入狱后，因职业分工相近、相同而形成的群体。如每一个罪犯入狱前、入狱后所从事的具体工种，以及车间、班组等，这是他们在生产过程中形成的群体。

2. 正式群体和非正式群体

正式群体和非正式群体主要是根据群体中社会关系的规范化程度来划分的。罪犯中的正式群体如监区、分监区、犯人小组等，监狱组织为了执行刑罚而依据有关法律、法规建立起来的群体，这类群体有稳定的结构和明确的规范。非正式群体及其内部关系则具有非规范化的特点，如罪犯间的朋友、兴趣小组、老乡等是非正式群体。非正式群体多是人们在相互交往的过程中，由于有共同的兴趣、共同的观点、共同的情感、共同的目标等而自愿结合而成的一种群体。一般说来，正式群体对罪犯的教育改造起主要作用，非正式群体如能引导得当，也能起到辅助作用，引导不当可能起到消极作用。在罪犯教育管理中，我们既要发挥正式群体的主导地位，又要注意协调正式群体同非正式群体的关系，发挥非正式群体对于正式群体的补充和辅助作用。

3. 我群体和他群体

我群体和他群体是以罪犯个体与所在群体的关系及对所在群体的态度作为划分标准的。一般来说，罪犯都是把与自己关系密切、能带来利益的群体看成是我群体，而把与自己关系并不亲切、利益上并不直接相关或关系不大的群体看成是他群体。如果监狱的各级组织不能让罪犯感觉到共同利益存在，罪犯就会把所在群体看成是他群体，而对这一群体漠不关心。罪犯对某些群体休戚与共的心理被称为我群感，对另一些群体漠不关心的心理被称为他群感。因此让罪犯感到有共同利益存在，使之产生我群感，是协调罪犯内部关系，促进罪犯改造的重要条件。

4. 成员群体和参照群体

个体生活其中的群体为他的成员群体，而影响某个个体思想和行为的群体称为他的参照群体。对于罪犯而言，他可能把自己所在的成员群体同时当作参照群体，但也可能把他并不生活其中的群体当作参照群体。如有的罪犯虽然安排在这个班组，但内心却向往其他班组，所谓“身在曹营，心在汉”。在一般情况下，罪犯都会把自己生活其中的群体即成员群体同时当作他的参照群体，但由于各种原因，有的罪犯会把自己生活其中的群体置之度外，对它产生不满、厌烦和反感，而把自己并不生活其中的群体当作参照群体。如果罪犯选择的参照群体是具有积极倾向的群体，自然他会获得进步；但是，如果罪犯选择的是具有消极倾向的群体，他就会向坏的方面转化，产生各种违反监规纪律甚至违法犯罪的行为。监狱民警应该支持和帮助其罪犯寻找具有积极倾向的参照群体，而尽可能地避免以致消除那些具有消极倾向的群体对罪犯的影响；应尽量使罪犯所在成员群体，同时成为罪犯参照群体。

在以上所列举的罪犯群体中，罪犯服刑期间所在的监区、分监区这些正式群体对罪犯的改造起着主要作用，但其他群体对罪犯的改造也起着不可忽视的作用。

二、贯彻在集体中进行教育原则的要求

（一）必须教育、培养好罪犯集体

外部环境，对于一个人的发展具有潜移默化的作用，“故日与善人居，如入芝兰之室，久而不闻其香，即与之化矣；与不善人居，如入鲍鱼之肆，久而不闻其臭，亦与之化矣”①。实践证明，一个良好的罪犯集体可以培养罪犯各种优良的个性品质，改变罪犯的不良思想和行为习惯，一个不良的罪犯集体不但不利于罪犯改掉已有的不良思想与行为习惯，而且还会使罪犯间产生交叉感染，养成新的不良习惯。因此，要发挥罪犯集体的教育作用，就要精心培养一个具有健全的自我管理机制、健康的舆论风气、自觉的纪律、良好的人际关系、团结友爱、积极向上的罪犯教育集体。

在建立罪犯集体的过程中，监狱民警不仅要注意集体规章制度的建立、集体生活的组织和管理，更要重视集体意识、集体舆论的培养；监狱民警不仅要引导罪犯参与罪犯集体生活，更应成为这个罪犯集体的榜样，通过自身的良好言行，来为罪犯做出行动表率。

（二）要善于运用群体心理效应，发挥罪犯集体的教育作用

一个集体形成后，会对个体产生一定的群体压力，个体在群体压力下，会自觉或不自觉地产生从众现象。对罪犯个体的错误行为进行教育时，最好从罪犯集体的角度出发来进行教育。监狱民警要充分运用罪犯集体在罪犯个体行为中的促进作用，通过表扬、竞赛等方式，促进罪犯个体行为；在群体活动中，严格、详细、科学分工，防止罪犯在日常生活、学习、劳动生活中消极应付、磨洋工。对罪犯进行教育、管理时，还应适当运用暗示效应，调动罪犯的主动性。对罪犯集体多进行正面信息及积极情绪的传递，注意观察并控制不良信息与情绪在罪犯集体中的传递，并随时注意各种事件及媒体信息可能对罪犯造成的影响，发现不良趋势及时因势利导。

---

① 《孔子家语·六本》。

苏联教育家马卡连柯曾指出：“有时不应当跟个别学生说话，而要向大家公开讲话，要采取这样的方式——使每个学生都不得不参加共同活动。这样一来，我们就教育了集体，团结了集体，加强了集体，以后，集体自身就成为很大的教育力量了。”① 发挥罪犯集体的教育作用，最重要的是要善于利用和指导罪犯成员组织，把监狱机关、监狱民警的教育意图及对罪犯个体的要求，变成罪犯集体的要求。同时，也要为每个罪犯平等提供参与罪犯集体管理和服务的机会，以增强他们对罪犯集体的责任感。凝聚力是一个罪犯集体存在并积极发展的心理保障，监狱民警应有计划地开展生动活泼、丰富多彩的罪犯集体活动，促进罪犯个体及罪犯个体与监狱民警间的互动，帮助罪犯个体在集体生活确立正确的人际交往态度，形成合作、互助、关心、尊重、和谐的人际关系。

（三）发挥非正式群体及其他群体在罪犯教育中的辅助作用

非正式群体，往往是罪犯因具有共同的兴趣、共同的观点、共同的情感、共同的目标等自愿结合而成的群体，这种群体更容易调动罪犯的积极性和主动性。监狱机关及人民警察应该对非正式群体积极引导，使非正式群体与监狱的教育改造目标相一致。这样罪犯既在非正式群体中满足了正常的需要，又得到了教育改造。为此，监狱应该根据罪犯的爱好、兴趣、需要，主动引导罪犯建立各种积极健康的非正式组织如乐队、书法协会、篮球队等，并定时组织它们开展各种活动。另外，还应充分利用血缘群体、地缘群体这些非正式群体等，来对罪犯个体施加正面影响。

（四）加强罪犯个别教育

除通过罪犯集体来教育罪犯个体外，监狱民警还要加强对罪犯的个别教育，把罪犯集体教育与罪犯个别教育结合起来。每一个罪犯都是具有独特个性的个体，集体教育往往只能对他们产生一般性的影响。如果只抓罪犯集体教育而不进行罪犯个别教育，就会使罪犯教育工作流于一般化，这会影响罪犯个体的教育改造。

罪犯集体是由罪犯个体组成的，罪犯个体的状况也会影响甚至决定罪犯集体的状况。因此，只抓罪犯集体教育，还会影响到罪犯集体的巩固和发展。苏联教育家苏霍姆林斯基说过：“集体的精神世界和个性的精神世界是依靠相互的影响而形成的。人从集体中吸取许多东西，但是，如果没有组成集体的人们的多方面的、丰富的精神世界，也就不会有集体存在。”② 反之，只抓个别罪犯教育，不抓罪犯集体教育，也会使罪犯工作疲于应付每一个罪犯个体的问题，使罪犯教

① 南京师范大学教育系编：《教育学》，人民教育出版社1984年版，第135页。
② 胡守棻主编：《德育原理》（修订版），北京师范大学出版社1989年版，第136页。

育工作陷入被动，不能形成健全的罪犯集体，也就不能发挥罪犯集体的教育作用。

延伸阅读

1. 盗亦有道①

跖之徒问于跖曰："盗亦有道乎？"跖曰："何适而无有道邪？夫妄意室中之藏，圣也；入先，勇也；出后，义也；知可否，知也；分均，仁也。五者不备而能成大盗者，天下未之有也。"由是观之，善人不得圣人之道不立，跖不得圣人之道不行。

2. 曾子杀彘②

曾子之妻之市，其子随之而泣。其母曰："女还，顾反为女杀彘。"妻适市来，曾子欲捕彘杀之。妻止之曰："特与婴儿戏耳。"曾子曰："婴儿非与戏也。婴儿非有知也，待父母而学者也，听父母之教。今子欺之，是教子欺也。母欺子，子而不信其母，非以成教也。"遂烹彘也。

上面两则故事揭示了这样一个道理：各行各业都有自己的行业原则，"为人君，止于仁；为人臣，止于敬；为人子，止于孝；为人父，止于慈；与国人交，止于信"。③ 无论是做人还是做事都必须坚守一定的原则。

《学记》简介

《学记》是中国古代也是世界上最早的一篇专门论述教育、教学问题的论著。是小戴《礼记》中的一篇，成文于战国晚期。此文的作者，一说是孔门弟子所作；另一说则是汉儒所记。《学记》文字言简意赅，喻辞生动，系统而全面地阐明了教育的目的及作用，教育和教学的制度、原则和方法，教师的地位和作用，在教育过程中的师生关系以及同学关系等。《学记》是研究中国古代教育思想和实践经验的宝贵资料。书中在总结先秦儒家教学经验基础上提出的教学原理，教学原则与方法，以及尊师重道的思想，对中国教育学和心理学的发展，都产生了重大影响，是中国也是世界珍贵的教育遗产之一。

20 世纪初至今，在西学东渐的潮流之下，特别是经历"文化大革命"，中国

---

① 曹础基：《庄子浅注·胠箧》，中华书局 2000 年版，第 133 页。
② 《韩非子·外储说左上》。
③ （宋）朱熹撰：《四书章句集注·大学章句》，齐鲁书社 1992 年版，第 4 页。

文化遭受了重大破坏。21世纪的今天，我们有必要重新梳理中国文化，从中寻找对这个民族、这个国家仍然有益的瑰宝。《学记》就是这些瑰宝之一，它所包含的教育思想，仍然给我们以各种启示。当前，发挥中国传统文化在罪犯教育改造中的积极作用，已经成为罪犯教育领域的新热点，研读《学记》，对于我们了解传统文化，了解传统教育思想并用之于罪犯教育改造，将大有裨益。

《学记》全文①

发虑宪，求善良，足以謏闻，不足以动众。就贤体远，足以动众，未足以化民。君子如欲化民成俗，其必由学乎！

玉不琢，不成器；人不学，不知道。是故古之王者建国君民，教学为先。兑命曰："念终始典于学。"其此之谓乎！

虽有嘉肴，弗食不知其旨也；虽有至道，弗学不知其善也。是故学然后知不足，教然后知困。知不足，然后能自反也，知困，然后能自强也。故曰：教学相长也。兑命曰："学学半"，其此之谓乎！

古之教者，家有塾，党有庠，术有序，国有学。

比年入学，中年考校。一年视离经辨志，三年视敬业乐群，五年视博习亲师，七年视论学取友，谓之小成。九年知类通达，强立而不反，谓之大成。夫然后足以化民易俗，近者说服而远者怀之。此大学之道也。记曰："蛾子时术之"，其此之谓乎！

大学始教，皮弁祭菜，示敬道也。宵雅肄三，官其始也。入学鼓箧，孙其业也。夏楚二物，收其威也。未卜禘不视学，游其志也。时观而弗语，存其心也。幼者听而弗问，学不躐等也。此七者，教之大伦也。记曰："凡学，官先事，士先志"，其此之谓乎！

大学之教也，时教必有正业，退息必有居学。不学操缦，不能安弦；不学博依，不能安诗；不学杂服，不能安礼；不兴其艺，不能乐学。故君子之于学也，藏焉，修焉，息焉，游焉。夫然，故安其学而亲其师，乐其友而信其道，是以虽离师辅而不反也。兑命曰："敬孙务时敏，厥修乃来"，其此之谓乎！

今之教者，呻其占毕，多其讯，言及于数，进而不顾其安，使人不由其诚，教人不尽其材，其施之也悖，其求之也佛。夫然，故隐其学而疾其师，苦其难而不知其益也。虽终其业，其去之必速。教之不刑，其此之由乎！

大学之法，禁于未发之谓豫，当其可之谓时，不陵节而施之谓孙，相观而善

① 转引自（清）孙希旦撰：《礼记集解》，中华书局1989年版，第956～973页。

之谓摩。此四者，教之所由兴也。

发然后禁，则扞格而不胜；时过然后学，则勤苦而难成；杂施而不孙，则坏乱而不修；独学而无友，则孤陋而寡闻；燕朋逆其师；燕辟废其学。此六者，教之所由废也。

君子既知教之所由兴，又知教之所由废，然后可以为人师也。故君子之教喻也，道而弗牵，强而弗抑，开而弗达。道而弗牵则和，强而弗抑则易，开而弗达则思。和、易以思，可谓善喻矣。

学者有四失，教者必知之。人之学也，或失则多，或失则寡，或失则易，或失则止。此四者，心之莫同也。知其心，然后能救其失也。教也者，长善而救其失者也。

善歌者使人继其声，善教者使人继其志。其言也约而达，微而臧，罕譬而喻，可谓继志矣。

君子知至学之难易而知其美恶，然后能博喻，能博喻然后能为师，能为师然后能为长，能为长然后能为君。故师也者，所以学为君也。是故择师不可不慎也。记曰："三王四代唯其师"，其此之谓乎！

凡学之道，严师为难。师严然后道尊，道尊然后民知敬学。是故君之所以不臣于其臣者二：当其为尸，则弗臣也；当其为师，则弗臣也。大学之礼，虽诏于天子无北面，所以尊师也。

善学者师逸而功倍，又从而庸之；不善学者师勤而功半，又从而怨之。善问者如攻坚木，先其易者，后其节目，及其久也，相说以解；不善问者反此。善待问者如撞钟，叩之以小者则小鸣，叩之以大者则大鸣，待其从容，然后尽其声。不善答问者反此。此皆进学之道也。

记问之学，不足以为人师，必也听语乎！力不能问，然后语之，语之而不知，虽舍之可也。

良冶之子，必学为裘；良弓之子，必学为箕；始驾马者反之，车在马前。君子察于此三者，可以有志于学矣。

古之学者，比物丑类。鼓无当于五声，五声弗得不和；水无当于五色，五色弗得不章；学无当于五官，五官弗得不治；师无当于五服，五服弗得不亲。

君子曰："大德不官，大道不器，大信不约，大时不齐。察于此四者，可以有志于本矣。"

三王之祭川也，皆先河而后海。或源也，或委也，此之谓务本！

第三章

罪犯教育的对象

在《罪犯教育学》的理论研究中，首先要研究罪犯教育的对象。在教育改造工作中，监狱民警首先要了解和掌握的也是罪犯教育对象的情况。罪犯教育对象是监狱教育改造工作的实践对象，也是教育改造活动的最基本要素。

在监狱教育改造的工作实践中，罪犯教育对象存在个体和群体之分，要研究罪犯个体的概念、特点以及这些特点对教育改造工作的指导意义；同时要探明罪犯群体的概念、特点和规律，研究罪犯群体在教育改造过程中的作用，以便更好地促进罪犯教育对象的转化。

第一节　罪 犯 个 体

一、罪犯个体的概念

广义的罪犯个体概念是刑法学范畴所指的罪犯，是指被人民法院生效判决和裁定确认实施了我国法律明文规定的犯罪行为的自然人。自然人既包括我国公民，也包括其他国家公民和无国籍人。从是否服刑角度考虑，罪犯个体包括虽被定罪但免予刑事处分、被判处死刑缓期执行、有期徒刑、无期徒刑、管制、拘役、罚金、没收财产、剥夺政治权利等受刑人。

狭义的罪犯个体概念是监狱学范畴研究的罪犯，是指被我国法定机关剥夺或限制人身自由，在监狱中依法接受教育改造的人，是教育活动作用的对象，又被称为服刑人员。他们与监狱民警构成了监狱教育改造活动中的一对基本矛盾。罪犯个体包括被判处有期徒刑、无期徒刑、死刑缓期二年执行等在监狱接受刑罚处罚的人员；不包括因刑期短暂（剩余刑期 3 个月以下）、身体患病或其他原因而实施监外执行、保外就医或假释的罪犯。

二、罪犯个体作为普通人的属性

罪犯个体是人，是一个有血、有肉、有感情的人。因此，要把罪犯个体真正当成一个活生生的社会人来看待，研究罪犯个体作为社会人所具有的属性。

（一）罪犯个体是人

罪犯个体是人，在教育改造的实际活动中，首先要重视罪犯作为社会人的一般属性。罪犯教育对象是人，它所包含的意义：

1. 罪犯个体具有主观能动性

罪犯个体不是无意识的客体，而是具有主观能动性的个体。他具有发展自身的动能。作为监狱教育改造的对象，他不是消极被动地被他人塑造和接受改造，而是能够意识到自己是被他人所塑造和改造的，从而有可能自觉地参与到教育改造过程中去，以一种和监狱民警重叠的目的活动，共同完成教育改造的过程。

2. 罪犯个体是具有思想感情的个体

罪犯个体是有血有肉的人，是具有思想感情的个体，具有自身独立的人格，有自己的需要、愿望和尊严，而这一切都应当得到满足和尊重。罪犯个体不同于其他的物体，可以听任摆布，屈从于人。因此，监狱民警对罪犯个体的反映不仅限于认知范围内，而且必须与罪犯个体之间建立起心理联系系统，如情感、需要等的联系，而各种心理联系同时又必然是双向的，如监狱民警对罪犯个体产生某种感情，罪犯个体对监狱民警也有感情。

3. 罪犯个体具有独特的创造价值

人具有其独特的价值。这是因为人有能动的创造力，人有智慧，能劳动，具有创造价值的积极作用，可以说，世间一切有价值的东西，都是由人所创造的，从这个意义上说，人是世界上最宝贵的。处于服刑期间的罪犯虽然尚未进入创造价值的过程，但是教育改造可以使他们出狱后对社会做出积极的贡献。在教育改造过程中应当珍视罪犯作为人的无与伦比的价值，不能任意损伤或无视他们的价值。

（二）罪犯个体是发展中的人

1. 罪犯个体是重新发展的人

由于多种原因，大多数罪犯个体很早就离开学校，到社会中去闯荡，他们的社会准备期十分短暂，他们的世界观、人生观、道德观以及个性心理还不成熟甚至是错误的。因此，在教育改造工作中，要重视他们的身心缺失，不应向他们提出与正常成人同等的要求和行为标准。在监狱中，对他们进行特殊教育、塑造，从而使他们的身心得到重新发展。

2. 罪犯个体具有发展的潜在可能

对于罪犯个体来说，在他们身上所展现的各种特征都还处在变化之中，并不是已经达到终极，即使他们出现某种身心发展的不足，思想行为上的缺点错误，一般也有较大的矫正可能性。在他们身上潜藏着各方面发展的极大可能性，教育改造得法就可以使他们的身心获得最佳的发展，成为社会的有用人才。

3. 罪犯个体具有获得教育和关怀的需要

由于罪犯个体各方面发展的缺失，取得监狱民警的教育和关怀就成为他们发展中的必然需要。只有充分认识这点，才能以一种培养的观点去对待罪犯个体，积极发挥教育改造的作用。

（三）罪犯个体是一个完整的人

应该看到，现实生活中的人都是一个完整的人。罪犯教育改造工作作为一种特殊的培养人的专门活动，不仅要改变罪犯个体的身体、生理等因素，也要变化他们的认识、情感、行为习惯等精神因素；不仅要使罪犯具有生存和发展的知识力量，同时还要使他们具备相应的思想观念、道德观念、法制观念及良好人格品质等，由社会化缺失的罪犯成为守法公民。由此可见，从罪犯教育学意义上看，罪犯教育工作就是使罪犯成为一个完整的人、全面的人。

三、罪犯个体作为服刑人员的特点

对罪犯个体特点的分析是为了了解罪犯个体与普通教育个体之间的差别。只有对罪犯个体的内在特性有一个清楚的认识，才能够在罪犯个体教育活动中随机应变，运用各种手段达到最佳的教育效果。

（一）罪犯个体被限制人身自由

任何社会都不允许有破坏其社会规范即法律规范的行为发生，否则会采取各种手段对破坏其法律规范的人实行惩处。限制人身自由是对破坏法律规范的人实施的最主要的处罚。

罪犯因为破坏了最严厉的社会规范——法律规范，因而被剥夺了人身自由。对人身自由和行为的限制，一方面减少了罪犯继续其破坏社会规范的行为，体现了社会的正义性；另一方面也为对其进行有效的教育改造工作提供了保障。

罪犯是破坏社会规范的人，是被限制人身自由的人，这是罪犯个体的共有特点之一，也是罪犯教育与普通教育的最大区别，体现了罪犯教育对象个体的法定性特征。

（二）罪犯个体存在社会化缺失

社会学认为，罪犯个体还没有完全实现社会规范的内化，对自己所扮演的社会角色、应具有的社会形态以及自己所应遵循的社会规范都存在一定程度的模糊认识或错误认识。罪犯是社会化的失败者，是社会化过程中出现缺失的人，具有自身身心发展的特点，如消极的思想意识，主观恶性，错误的人生观、世界观、价值观，不良的个性等。罪犯个体的社会化缺失，是导致其违法犯罪行为的重要因素。

因为罪犯个体存在社会化缺失，在教育改造过程中很少会主动地进行自我教育，必须在监狱民警的引导和干预下才可能放弃其旧有的思想意识。这也决定了罪犯教育工作应具有批判意识和进攻意识。罪犯教育工作实际上是通过对罪犯个体的再社会化，帮助他们形成和发展个性、内化价值观念、掌握生活技能、形成社会角色认知。所以，监狱民警要在罪犯个体教育工作中提高辨别正误、是非的警惕性和能力。

（三）罪犯个体法律规范意识薄弱

罪犯个体通过其犯罪行为表现出了与一般合法社会成员截然不同的遵规守纪的规范意识薄弱特征。罪犯个体的法律规范意识薄弱表现为三种不同的情况：一是明知某些行为为法律禁止而有意识和有目的的主动实施。这是有意对抗国家和法律，是社会秩序的最大破坏和危险因素；二是其主观心态并不希望发生自己明知的法律后果，但其行为造成了危害社会的结果，这主要是因疏忽大意和过于自信的过失犯罪以及在特定情景下所激发的激情犯罪；三是不了解法律规定，但其行为违反了法律所确定的规范，即将法律规定所禁止的行为理解为合法行为而为之。这三种情况只存在量上的区别，其本质都是法律规范意识薄弱。

（四）罪犯个体道德水平低下

道德观念是由一定的社会物质生活水平所决定的，是评价人的思想观点、原则和规范的总称。它对社会成员具有极强的引导和指示作用。对违反社会公德的行为，社会舆论将给予强烈谴责，国家法律所确定的规范在某种程度上是社会公德的最低标准和基本要求。罪犯实施了法律所禁止的危害社会的犯罪行为，不仅要受到国家刑事法律的制裁，而且还要受到社会公德的否定评价和伦理责难，绝大多数罪犯道德水平低下，其是非观念和价值评判与社会公德格格不入，道德水平低下和法律规范意识薄弱是相辅相成的，罪犯个体的道德水平低下必然导致法律规范意识薄弱，两者可以说是从量变到质变的渐进过程。

（五）罪犯个体生理需求强烈畸形

人的需求是人类一切活动的前提和动力，美国著名人本主义心理学家马斯洛将人的需要层次从低到高分为五层：生理需要、安全需要、爱和归属需要、尊重需要和自我实现需要。罪犯个体作为社会的成员，对物质和精神有一定需求是无可厚非的，但其满足必须控制于通过合法渠道，自己所能获取的限度之内，并应当考虑与社会其他成员和国家利益相协调。但是罪犯个体的需求强烈畸形，处于失控状态，为了满足自己的需求不择手段，铤而走险，最终走上违法犯罪的道路。

（六）罪犯个体心理和行为需要矫正

罪犯个体是在心理、思想、行为上有缺陷的人，需要监狱民警去帮助、引导、教育、启发，给罪犯个体提供常态模式，以便罪犯个体能够对照其不足改正缺点。罪犯个体因为存在种种缺陷，所以罪犯教育工作必须突出矫正的重要性。罪犯教育工作必须将罪犯个体作为发挥作用的对象。在罪犯教育改造实践中出现的“以管代教”“以罚代教”“以生产冲击改造”等现象，都是没有认识到矫正的重要性，没有把罪犯个体看作一个需要矫正的人的错误做法。

（七）罪犯个体以接受教育改造为服刑的主要任务

在监狱工作中，对罪犯个体的改造活动主要有三项，既狱政管理、教育改造、劳动改造。在这三大活动中，狱政管理是前提，劳动改造是手段，教育改造是核心。因而，教育改造是改造工作的主要任务，是罪犯重新社会化的重要手段，是监狱对罪犯个体开展的重要工作。以教育改造为主，也是《监狱法》对罪犯个体的质的规定性。这既是《监狱法》赋予他们的权利，也是《监狱法》赋予他们的义务。罪犯个体在监狱民警强制下接受教育改造，这是罪犯个体与社会成员自我教育改造的最大区别。罪犯个体接受规范化的教育改造，是有目的、有计划、有组织地进行的，它是由一定的教育改造制度以及监狱的各项规章制度所规定的。

四、罪犯个体在教育改造过程中的地位

（一）罪犯个体在教育改造过程中处于客体地位

前面已经肯定了监狱民警在教育改造过程中的主体地位，罪犯个体作为教育改造实践过程中的被改造者、被加工者，处于一种客体地位。对罪犯个体的教育改造工作是在监狱民警的主导下，有目的、有计划、有组织地进行的，因此，就整个教育改造过程而言，作为罪犯教育改造工作的客观对象始终处于一种客体地位之中，这是由教育改造的本质属性所决定的。否定或颠倒这种主客体关系，把罪犯个体视为教育改造过程的主体，把监狱民警置于从属地位，实际上是把教育改造过程跟罪犯个体自发的学习和发展过程相混同，其实质是从根本上否定教育改造，否定罪犯教育工作是有目的、有计划的实践活动。

（二）罪犯个体在教育改造中具有主观能动性

根据辩证唯物主义的观点，承认罪犯个体在教育改造过程的客体地位，并不意味着否定罪犯个体在这一过程中的主观能动作用。

罪犯个体是监狱民警教育改造工作的对象，但这一对象与其他实践过程中的对象不同，他是一个有意识的人，他能否接受教育改造，以及接受教育改造的程度，都要受到他自己意识的支配。“就个体来说，他行动的一切活力，都要通过

他的头脑，转变为他的愿望和动机，才能使他行动起来。”罪犯个体的意识在一定程度上是在监狱民警的影响下形成的，在监狱民警的教育改造影响和罪犯的行为之间存在着一种函数关系。但是，罪犯个体的主体意识一经形成，就具有其相对独立性，它以其自身固有的模式去同化外来的影响，从而产生出每个人自身特有的反应。同时，还应该看到，罪犯作为接受外部影响的复合体，他还有接受非教育改造影响的一面，这种影响与教育改造影响交织在一起，构成了每个罪犯个体特定的意识结构，形成对教育改造影响作出反应的选择性和定向性。因此把罪犯个体看成是完全由监狱民警决定的因变数是错误的。

此外，监狱民警作为一种外部力量，其影响不会自动地转化为罪犯个体的意识，教育改造影响不能简单地授予人，移植到人身上，它必须以罪犯个体自身的活动作为中介，才能使外部影响纳入罪犯个体的主观世界中去。也就是说，教育改造过程不仅包括监狱民警的活动，也包括罪犯个体的活动，还包括罪犯个体对外部世界有目的作用过程。从这个意义上说，对罪犯个体教育改造的过程，不单纯是一个由外向内的传导过程，也是一个由内向外的主动作用过程，而前者要以后者为中介环节。换句话说，监狱民警的活动一定要与罪犯个体的主动活动相联系，监狱民警的活动目的一定要转化为罪犯个体的活动目的，监狱民警所施加的影响一定要构成为罪犯个体活动的手段和对象，教育改造才能产生它的作用。总之，罪犯个体的变化，虽然是在监狱民警的干预下引起的，但是他们归根结底要通过自身的矛盾运动而实现。

监狱民警的主导作用就在于发挥罪犯个体的主动性。在监狱民警的主导作用下，教育改造的影响以客观的形式作用于罪犯个体。罪犯个体以其主动活动接受教育改造影响，他们不断地将客观形式的外部影响内化为主观形式的认识、情感、动机、态度等。随着这种内部因素的变化和发展，罪犯个体的主观能动性可以得到更大的发挥，也就是说，教育改造可以培养罪犯个体自我教育改造、自我发展的能力，教会罪犯个体自己学习、自我发展。

第二节　罪犯群体

一、罪犯群体的含义

罪犯群体是指在监狱的组织结构中，由于接受刑罚惩罚与教育改造的共同活动而组成的多个罪犯个体相互作用和影响，形成相应的行为规范、产生同一性心理感受的罪犯结合体。

罪犯个体所在的监区、分监区是监狱的基层组织，它所面对的不是孤立的罪犯个体，而是将罪犯个体的力量汇合起来，形成了一种新的力量的结合体。这种新的特性可以覆盖每一个罪犯个体，其力量远超过一个个罪犯个体的简单相加，因此构成了组织影响个体的中介因素或中介力量。

二、罪犯群体的动力

群体动力也称群体力量，是与群体同步形成，并驱动群体不断发展，使之产生有效活动的群体内部力量。这是一种新的力量，它超越了群体成员单个力量的总和，从而对个体发生重大影响。这种影响可以是正面的，也可以是负面的。正负与否，取决于监狱对罪犯群体的控制程度及其对罪犯个体实施管理和矫正的力度。

监狱中罪犯群体动力主要由群体规范、群体压力和群体内聚力等构成。

（一）罪犯群体规范和群体压力

群体形成以后，需要有一定的行为准则来统一其成员的价值观念和行为方式，以保证群体目标的实现和群体活动的一致性，这种约束群体成员的行为准则，就是群体规范。群体规范可以是组织明文规定的，如制度、公约、准则等；也可以是自发约定俗成的，如风俗、习惯、礼仪等。无论何种形式，作为群体规范一旦形成，就具有一种公认的群体力量，被绝大多数成员所接受，并内化为人们的心理尺度，从而对个体的行为起到标杆和导向作用。在此基础上，群体规范依靠大多数人一致的态度、意见和倾向对其成员产生一种压力，迫使其依照群体的目标和准则调节与制约自己的行为，这就是群体压力。群体压力往往比来自组织的压力更为强大，因为个体难以在心理上忍受群体大多数成员的疏远、冷落和谴责，而心甘情愿地顺从于大多数成员的意志。

监狱可以依靠组织的权威和法律的强制力左右罪犯个体的行为，但是若要真正地影响和改变罪犯个体的心理和行为倾向，使监狱民警的意志内化为罪犯个体的需要并使罪犯个体为之而努力，就必须使组织的规范转化为罪犯群体的规范，为大多数成员所接受并加以遵守。这样才能保证组织目标与群体活动的一致性，促使罪犯教育对象由顺从、服从到内化，导致心理和行为倾向的根本改变。

（二）罪犯群体内聚力

群体内聚力是群体成员之间以及群体与群体成员之间的吸引力的全部总和。它来自群体成员之间的感情、志趣、共同的利益和人际关系。在内聚力作用下，个体的自信心和安全感增强，自愿成为群体一员，积极参与群体活动，自觉遵守群体规范，认真履行角色义务，努力实现群体要求等。因此，群体的内聚力越大，对其成员的影响力也就越强，而且它直接指向个体的心理和行为倾向。

监狱除了要将组织规范转化为群体的规范以外，也要重视形成与规范的价值取向相一致的罪犯群体的内聚力，这不仅有助于罪犯改造集体的形成，也有利于罪犯改造心理的激发和罪犯自我意识的转变。

三、罪犯群体的特点

群体动力对群体内个体的影响既可能是正面的，也可能是负面的，由此而引起的罪犯群体心理也就有积极和消极之分。下面分别从罪犯群体心理和行为、心理气氛和群体效应等方面作具体分析。

（一）罪犯群体心理和行为

1. 竞争与合作

竞争是群体内的个体为了满足自我利益而与他人争胜的心理和行为活动。合作是群体内的个体为了实现共同的目标而与他人协作的心理和行为活动。在监狱组织的改造活动中，前者是群体压力的结果，后者与群体内聚力有关。两者可以在群体规范作用下有机地结合起来，即遵循共同的行为准则，维护共同的活动秩序，在集体学习和集体劳动过程中积极地表现自我，改变、维持和发展自我在集体中的地位，争取改造的成功。

2. 从众与服从

从众是指个体在群体中，由于受到群体的压力而在心理或行为上表现出与多数人一致的现象。仅在行为上与大家一致，是权宜地从众，称为顺从；不仅在行为上，而且在心理上与大家都保持一致，称为遵从。后者与群体内聚力也有一定关系。反从众者，会受到大多数人的谴责与冷落。服从是群体中的个体在受到来自群体的规章制度或权威意志的压力时，不管自己内心愿意与否，都按照要求或指示去行动的一种心理和行为。内心愿意者，是自觉服从；内心不愿意者，为被迫服从，不服从者，会受到纪律或权威的制裁。

监狱必须严肃监规纪律，树立监狱民警的绝对权威，并在罪犯群体中形成良好的心理氛围，使大多数人都能遵纪守法、积极改造。由此而言，从众与服从有着它的积极作用。但如果罪犯群体中缺乏良好的心理氛围，甚至歪风邪气占主导地位。牢头狱霸横行，或者监狱民警主观武断地发号施令甚至滥用职权，从众和服从则会成为一种消极因素。

3. 相互感染

相互感染是情绪交流传递的一种基本形式，它是在无压力的条件下，群体中的成员相互之间通过语言、表情、动作等方式引发情感上的交流，从而在相同的情绪控制下表现出大致相同的行为。罪犯群体中的成员由于面对共同的情境和共同的压力，加上各自的地位及其态度和价值观念相近，相互间的影响更容易发生。在监狱对罪犯群体控制不力，罪犯群体风气不良时，相互之间消极因素的影响在所难免；反之，监狱如果能够强有力地控制罪犯群体，在群体中形成良好的心理氛围，那么也能够促进罪犯相互之间积极因素的影响，增强罪犯教育对象在共同的改造活动之中的合作与竞争。

4. 责任扩散

责任扩散指个体在群体中比在独处时承担更少的责任以致失去个人责任感的心理现象。当罪犯的消极行为特别是违规行为属于群体性消极行为的一部分时，由于责任扩散的作用，罪犯的行为就会摆脱法律与道德规范的约束，我行我素，不计后果，因而是一种消极的群体心理反应。这种消极的罪犯群体具有一定的内聚力时，责任扩散的现象更为明显。

5. 冲突与对抗

冲突是个体与群体或个体相互之间在心理或行为上的矛盾斗争。对抗是个体拒绝群体规范或权威的要求，甚至产生相反的心理和行为。冲突和对抗往往是相互间利益严重失衡，群体内聚力涣散的结果，也与个体难以承受群体规范的压力有关，因而是罪犯群体中常见的一种心理现象。冲突与对抗得不到有效的缓解与改变将严重地削弱群体的积极功能，而对罪犯群体及个体造成持续的消极影响。

（二）罪犯群体心理气氛

群体心理气氛是指群体或集体中占优势的比较稳定的心理环境的总和。罪犯群体心理气氛指构成罪犯群体或罪犯改造集体的心理环境的一系列因素，主要有：群体中每一个成员对群体中形成的心理环境的自我感觉，由这种感觉构成的群体意识；群体中大多数成员的情绪、情感状态和体验；群体成员相互之间的关系；群体中大多数成员对刑罚与改造活动的态度及对周围事物的态度。群体心理气氛是在群体动力内化基础上，外化为大多数成员行为表现的结果，因而它更具有动力作用，可以影响和决定群体中个人的心理和行为的取向。在积极、健康的群体心理气氛中，大多数成员能够体验到自己所在的群体具有良好的改造风气，彼此之间既竞争又合作，对前途充满信心并能共同地为之而努力。而在不健康的群体心理气氛中，歪风邪气盛行，冲突对抗不断，相互尔虞我诈、欺弱逞强，个体紧张、不安，对前途不抱希望、对改造缺乏信心等。

（三）罪犯群体效应

典型的群体效应是指“我们同属一群”的心理感受和行为表现。具体有：

1. 认同感

认同感指群体内各个成员对一些重大事件或原则问题保持共同的认识和评价。罪犯教育对象的认同感可能是在群体内聚力的作用下，由于价值观念或情感的一致性而主动形成；也可能是在群体压力作用下，为避免其他成员的冷落、打击而被迫产生；又可能是在入监、入队之初，由于不了解所处环境或不了解周围信息，又缺乏经验时效仿或从众所致。

2. 归属感

归属感是个体自觉地将自己归类，依属于某一群体的一种需要、情感或意识。罪犯个体不能离群，不是归属此群体，就是归属彼群体。不只是在压力之下，更重要的是在内聚力的作用之下产生归属感时，便会将自己的利益与群体连在一起，荣辱与共。此归属感是作为一种深层的群体心理效应而对个体产生影响。

3. 力量感

力量感是个体所感受到的群体用赞许、鼓励和帮助等方式对其行动表示支持的力量。它建立在认同感和归属感基础之上，又是将认同感与归属感外化于行为活动并使之持续下去的一种激发、维护力量。具有力量感的罪犯个体便会与群体活动保持一致，使自己在群体的支持下实现既定的目标。

四、罪犯正式群体

（一）罪犯正式群体的含义

罪犯正式群体是监狱组织为了执行刑罚而依据有关法规建立起来的群体。这类群体有稳定的结构和明确的规范，成员之间因为必须完成组织规定的任务而相互联系、相互作用，是监狱在行刑过程中为了实现刑罚的目的而将罪犯教育对象组织起来的结合体。

罪犯正式群体具有以下特征：

1. 法定性

监狱依据《监狱法》等有关法律法规收押罪犯个体，强制编队，组成罪犯正式群体。罪犯个体不管愿意与否，在法定刑期内必须受制于这一或那一正式群体，而不能随意进出。

2. 组织性

罪犯正式群体是由监狱组织直接控制的，有着稳定的组织结构。这种组织结构由监区、分监区与组的形式所构成，并以分监区为基本单位。其中，包含两个方面的组织关系：监狱民警与罪犯个体的组织关系，罪犯个体之间的组织关系。前者是行刑与服刑的关系，后者是在服刑中处于不同的角色地位而形成的关系，如组长与一般成员的关系。后者受制于前者，监狱民警在群体中居绝对的权威地位，对群体的活动起决定作用。

3. 规范性

监狱对罪犯正式群体及其个体的活动或行为有着明确的规范。这种规范既可以是法律法规所规定的，也可以是监狱根据罪犯所在监区、分监区、小组的特点而制定的；既有面向群体中所有罪犯的一般的规定，也有针对群体中某些或某类罪犯个体作出的特别的规定。正式群体的规范用正式文件明文规定并严格执行。罪犯个体的言行举止必须严格遵循，否则将受到法律或监规纪律的制裁。

4. 目的性

罪犯正式群体是监狱在行刑过程中，即在对罪犯个体实施刑罚惩罚与改造的过程中，为了实现将罪犯个体改造成为守法公民的教育目的而组织起来的。因此无论是收押编队还是分类教育或分级处遇，都要在惩罚与改造罪犯个体的基础上，以改造罪犯群体组成与群体活动为最终目的。

（二）罪犯正式群体的形成与发展

罪犯正式群体的形成与发展由五个连续的阶段构成，发展的最高形态即罪犯改造集体。

1. 根据监狱执行法律的规定，并按照“三分”工作的要求收押罪犯并进行编队，形成罪犯正式群体。在这一阶段，罪犯个体形式上同属一个正式群体，但罪犯个体之间，监狱民警与罪犯个体之间还未形成心理上的联系，监狱民警只能依靠自己的强制性权威来发号施令，开展工作。

2. 群体的活动目标和任务确立，监狱民警指定组长、事务犯等群体中的职能人员，群体结构形成并正常运转。监狱民警与罪犯个体逐渐形成心理上的联系，罪犯个体通过活动建立相互之间的交往关系。

3. 积极改造的骨干队伍得以形成，并成为群体的核心，群体活动的目标、任务成为这部分成员的自觉要求，监狱民警依靠积极分子开展各项工作，发挥正式群体的各种功能。

4. 大多数罪犯个体接受改造要求，并对完成改造目标、任务达成共识；积极改造的骨干队伍不断扩展并与周围罪犯个体产生密切联系；群体规范、群体舆论形成并发挥着积极的教育功能。监狱民警依靠整个群体开展教育工作，改造集体开始形成。

5. 改造集体已成为改造主体。大多数罪犯个体能结合自己的实际，提出自我改造目标和要求，并认真地执行。为了完成共同的目标，罪犯个体之间互相帮助、互相鼓励，形成积极向上的群体气氛。

（三）罪犯正式群体的管理与教育

1. 加强群体控制

控制是对群体实施有效管理和教育，以实现群体目标的必要手段。主要包括信息控制与组织控制。信息控制是对群体目标、价值及舆论导向的控制，它决定着群体心理气氛的性质及其对罪犯个体的影响。控制的手段有宣传教育，组织管理，严禁小道消息、流言蜚语以及各种不利于改造的思想与行为习惯的传播、交流与教唆。组织控制是指对群体结构、制度及成员角色的控制，它决定着群体心理动力的性质及其对罪犯个体的影响。

2. 开展群体活动

群体是在共同的活动中形成和发展起来的，也只有在共同的活动中才能促进群体成员的改造与发展。因此组织好罪犯的群体活动对形成积极健康的群体（改造集体）及促进罪犯个体心理的转化具有不可忽视的作用。

罪犯群体活动的开展可以分为两方面：其一，根据分类关押、分级处遇及分类改造的需要将罪犯个体分为不同类型的群体，针对不同类型群体的特征开展群体活动；其二，根据罪犯教育的活动内容与形式，组织学习、劳动和生活三个方面的群体活动。在群体尤其是集体的意义上组织各类活动，这些活动不仅应当具有个体意义，而且必须具有群体意义——活动任务和目的只有经过群体成员之间相互联系和相互作用的过程才能完成及实现。由此才能促进群体的发展，并在群体的发展中实现罪犯个体再社会化的成功。

3. 优化群体心理

在群体动力的正面作用下，培养或形成积极的、健康的群体心理。主要包括：（1）建立正确的舆论导向，促使罪犯个体在对一些利害相关的重大问题（如犯罪、刑罚与改造）的看法上，从顺从、遵从到服从，逐步转变态度；（2）形成积极向上的群体心理氛围、促使罪犯个体以守纪律、讲改造为荣，积极争取光明前途；（3）培养健康的群体意识，促使罪犯个体在群体活动中形成集体责任心与荣誉感，学会如何尊重人、关心人，获得自我改造的成功。

4. 建设改造集体

集体是群体的最高表现形式，它是由既符合社会利益又具有个人意志的共同活动而结合起来的正式群体。罪犯改造集体是罪犯正式群体发展的最高形态，它是由监狱组织在监管改造过程中建立起来的能有效地促进罪犯个体心理转化的积极健康的正式群体。罪犯改造集体一旦形成，不仅对其成员具有不可抗拒的制约与导向作用，而且能为罪犯个体的自我改造和自我发展提供充分的机会，促进罪犯个体再社会化的成功。

一个改造集体所必须具备的标准是：

（1）改造目标已经确立并达成共识。在罪犯改造集体中，因为已经确定了符合社会要求的集体活动目标，形成了与改造目标相一致的集体舆论和规范，集体成员不仅能意识到改造目标及其对自己的意义，还能认识到自己改造目标的实现和集体改造目标的实现是同步的，集体中的大多数成员都能把集体目标作为自己的行为目标去指导自己的改造活动。

（2）组织结构已经形成并建立在大多数成员积极行为的基础之上。随着改造活动的开展以及群体成员在活动中的相互作用，各成员在集体中的地位逐渐明确，大多数罪犯个体能够认识到自己在集体中的角色、地位及应产生的积极行为。集体组织具有一定的威信并在群体活动中发挥积极作用。

（3）集体规范已经建立并形成了遵守集体规范的舆论和压力。在改造集体的建立过程中，罪犯个体相互间产生了与改造目标相一致的共同的行为准则和判断是非的准则，并形成了遵守集体规范的舆论和压力。大多数罪犯个体自觉地执行和维护集体规范，违规者自然地受到舆论的谴责和群体的压力、批评、惩罚而产生抑制、调整自己行为的效应。

（4）监狱民警有绝对的影响力并能有效地组织改造活动。监狱民警在集体中不仅拥有绝对的权力影响力，而且具有相当的自然影响力，能够影响整个集体，通过集体组织改造活动。

第三节　罪犯教育对象转化过程

罪犯教育对象在改造过程中不断发展和变化。我国监狱在执行刑罚的过程中不仅要对罪犯实施惩罚，以体现刑罚的本质，而且要通过种种改造措施矫正罪犯。因此，促使罪犯教育对象向良性方向转化，将罪犯改造成为守法公民是监狱工作的基本目标。

一、罪犯教育对象转化过程

罪犯教育对象的转化，是一种在强制条件下的教育改造活动。每一名罪犯的转化尽管具有明显的个性差异，但一般要经历一个从强制到半强制，再从半强制到自觉的过程。而这一过程大致可以区分为表面服从、自愿认同和自觉改造三个过程。由于罪犯原有的心理基础不同，开始转化的时间也不一样，加之，他们的刑期也不完全是其改造所需要的时间。因此，每一名罪犯经历的转化过程不是完全一致的，而且每一个阶段不是绝对界限分明的，有时存在交叉与重叠。

（一）表面服从阶段

监狱执行刑罚是国家权力的具体体现。在我国，对罪犯的刑罚关系尽管不再是命令与服从的关系，而是一种权利与义务的关系，但不可否认，服从监狱民警的管理和教育本身就是罪犯的一项重要法律义务。不过，与过去那种绝对地服从关系本质不同，罪犯服从义务与其享有的权利是对称的，也是与监狱民警依法管教的职责相对应的。监狱作为国家执行刑罚的机关，由法律赋予对罪犯实施惩罚与改造的一系列权力。罪犯在被剥夺人身自由的情况下，出于基本需要（主要是改造需要）的满足，服从是绝大多数罪犯对待监狱民警管理和教育的一种基本态度，也是其心理转化的第一阶段。但由于罪犯改恶从善的程度不同，加之监狱运用行刑权力的方式、方法存在差别，因此罪犯的服从又存在两种不同的形态：

一是口服心不服。这种服从是一种口头表示服从，内心抱有不满的心态，是罪犯对定罪量刑或对监狱民警的管理教育抱有抵触不满，因慑于监狱民警的权力或从现实利益的考虑又不愿公开表露的矛盾心态。可以说，服刑初期的大多数罪犯都抱有这样的心态，不过产生这种心态的原因不同。有的是对法院的定罪量刑存有异议，并由此对服刑改造抱有抵触；有的既认罪也服判，就是因为监狱民警的管理或教育的方式、方法不完全符合法律的规定而导致口服心不服；还有的是由于恶习未得到改造，对来自监狱民警合法的监管改造活动口是心非，当着监狱民警面表示服从，背着监狱民警则消极对抗。

二是欺犯但服管。口服心不服主要是有不满情绪，尚未发生明显的反改造的行为。欺犯但服管已经将内心的不满化作反改造的行动。具体表现为当着监狱民警面，表示接受教育，服从管理，即使面对监狱民警的处罚，他们也不公开对抗；背着监狱民警，他们又会干出仗势欺人，打击报复等欺侮其他罪犯的事情。

服从是刑罚强制所产生的效应，以上两种不同形态的服从，既反映了罪犯对强制的态度，也反映了其改造良性转化的程度。由于决定罪犯良性转化的内外因素不同，因此罪犯的良性转化，既可能发生在罪犯服刑改造的任何一个时期，甚至有的在处于诉讼的某一个阶段时即开始转化，也可能开始于对抗与服从的不同情况。即使同是服从，有的投入改造就心悦诚服地接受改造，而有的则是从表面上转化自己的观点和态度。

同是罪犯，并都在接受惩罚和改造，但由于他们的恶习深浅不同，悔悟、转化的程度也不一样。因此，对强制改造的态度和所需的强制改造的时间也存在很大的差别。面对强制改造，罪犯通常表现为对抗、逃避和服从。与表面服从相对应，对抗和逃避是罪犯不服惩罚和改造的两种不同表现形式。对抗有硬抗和软抗，逃避则有脱逃和自毁（自杀与自残）等，它们都是对强制性改造要求的公开违反。

（二）自愿认同阶段

自愿认同是罪犯对其所处的服刑改造情境的自愿调适，即当监管改造要求与其原有的不良心理、错误思想和恶劣行为矛盾与冲突时，自愿调节与控制自己的心理和行为以符合改造的要求。

经过强制性改造，罪犯在监狱惩罚性权力、报偿性权力和制约性权力的积极影响下，不仅原有的犯罪意识和对惩罚改造的抗拒性逐渐削弱，而且对改造的认同性和对改造生活的适应性不断增强。

强制性的行刑权力，尽管对罪犯的心理转化起着决定性的作用，但它作为主体外的力量，是通过推动罪犯发展的基本矛盾运动起作用的。惩罚性权力作为一种强制性的力量，使罪犯远离违法与犯罪，从而对其原有的犯罪意识和对抗行为具有遏制作用；报偿性权力作为一种激励力量，使罪犯产生符合改造要求的思想和行为的动机，因而具有促进和强化积极心理因素的作用；制约性权力作为一种赢得别人信仰的权力，则具有使罪犯产生自愿服从，直接强化新增积极心理因素的作用。由此，在行刑权力的积极作用下，一方面，罪犯早日出狱的核心需要得到了强化，并起到了支配罪犯改造行为的作用；另一方面，罪犯原有的消极心理因素受到了遏制，并趋于弱化。久而久之，罪犯的改造由强制逐步过渡到半自觉或认同状态。

罪犯对改造目标和要求的自愿认同，标志着罪犯的改造已经由表面服从过渡到改造上的半自觉的阶段。处在这一阶段的罪犯，虽然改造态度发生了转化，已由被迫接受改造转入半自觉接受改造，并在一定程度上出现了对改造要求的认同，但由于某些积极心理因素的强化，或某些新的心理因素的增加，尚处于孤立和不巩固的状态，还没有形成积极心理因素的重新组合而达到体系上的融合。因此，罪犯积极的和消极的心理因素会交替对其改造产生影响，从而出现改造上的反复。这也进一步说明罪犯的良性转化尚处于量的积累阶段。从强制到半自觉或自愿认同阶段并不意味着强制性的削弱，对罪犯的强制仍然表现为：监管设施如高墙、电网、岗哨等，监管制度和与此相关的惩罚性权力的应用。罪犯虽因改造表现不同而有处遇上的区别，但只要尚未获得合法出狱的证明，他们就不能离开监管场所，各种制度和相关的惩罚性权力也不会因此取消。由此，即使罪犯步入了自觉改造的道路，各种强制也依然存在。不过与强制改造时的强制不同，这时的强制力量已经不是主要起威慑作用，而是起监督和保障作用。

（三）自觉改造阶段

作为罪犯教育对象良性转化的最后阶段，即罪犯自觉改造的阶段，就是指罪犯教育对象将改造的客观要求转化为主观映象，逐渐形成良好思想意识的过程。罪犯原有的不健全的人格、有缺陷的品德等，既影响其对外界新的刺激的选择，又影响对这些反映到头脑中的客观现实的加工。因此，监狱充分运用行刑权力，既改变其消极动机，又改善其改造环境，这样，罪犯选择外界的积极因素（体现为改造要求）在头脑中予以反映和加工。这样经过多次反复和强化，罪犯内在的积极心理因素和外部积极因素逐渐接近、融合，并逐渐将监狱的改造要求转化为主观需要。由此罪犯经过语言、模仿、学习、实践等中介，将改造的客观要求内化为主观映象，逐渐形成其内在的思想意识。内化作为个体心理形成的机制，既适用于积极心理因素的形成，也适用于消极心理因素的产生。

同化是对改造要求逐渐接近的过程，而内化则是在这基础上进行选择反映和思维加工，将这种改造要求转化为其心理结构构成部分的过程。改造要求再好，如果得不到罪犯教育对象的自觉认同，那么它始终只能得到被动的服从，而不可能成为罪犯教育对象自己的内在要求。因此，内化是罪犯教育对象自觉改造的结果。罪犯教育对象对改造要求的内化，总是伴随着其原有犯罪心理的瓦解，消极心理因素的弱化，甚至是消除。对罪犯教育对象的改造要求常常分解为诸多的具体要求。罪犯教育对象对改造的内化也是一个从量变到质变的过程，只有当各种改造要求内化为其心理因素，并形成守法心理结构时，才表明罪犯教育对象真正改造好了。

受罪犯犯罪思想、恶习、刑期等因素的影响，有的罪犯只经历了服从和同化阶段，而没有经历完整的内化阶段。他们虽然改造态度有所改变，某些积极心理因素得到了强化，有的还形成了某些新的积极因素，但由于恶习只是得到改善，而未得到彻底矫正，未能形成稳固的守法心理结构。因此，一旦遇到新的不良刺激便容易重新犯罪。

二、罪犯教育对象良性转化的条件

罪犯教育对象的良性转化，是其内在积极心理因素与外界积极刺激因素相互作用的结果。监狱行刑权力的运用虽然属于外因，但它对激发并维持罪犯的核心需要，遏制并矫治罪犯的消极心理，改善并营造罪犯的改造环境起到关键性的作用。因此，依法、公正地运用监狱行刑权力是罪犯教育对象转化的必要条件。此外，要促使罪犯教育对象的良性转化，还必须创造和维护以下条件：

（一）激发并维持罪犯个体的核心需要

罪犯个体因被剥夺自由而产生早日获得自由的核心需要，由于这一核心需要的满足是附加条件的，因此他们又为满足这一核心需要而产生最初对改造要求的被迫服从。也正是在这一基础上，罪犯个体才有可能逐渐由强制改造转入自觉改造的轨道。罪犯原有的违法犯罪心理和行为同改造目标和要求之间的矛盾，作为罪犯发展的基本动力，既可能推动罪犯个体向良性转化，也可能推动罪犯个体向恶性方向变化。那么，怎样才能使之推动罪犯向良性转化呢？首先监狱要充分运用行刑权力，激发并保持罪犯的核心需要。根据马斯洛的需求层次理论，只有罪犯个人始终被早日出狱这一尚未满足的优势需要所主宰，他们才会动用所有的身心能量为满足这一需要服务，也才有可能从被迫服从到自愿同化，并最终内化改造要求为自己的心理组成部分。罪犯个体的需要虽然始终是围绕着早日重返社会这一核心展开的，但当满足这一需要的机会过少、难度太大、成本过高，或满足这需要的实际条件未能与改造的要求紧密结合时，罪犯个体既可能通过非制度性途径寻求核心需要的满足，甚至不惜以脱逃去获得自由，也可能放弃核心需要，以寻求低层次需要的满足。激发并维持罪犯个体的核心需要，其实质就是让罪犯个体在希望中改造，由罪犯个体自己把握改造的命运。而要做到这一点，监狱要善于运用报偿性权力，既要科学设定减刑、假释的条件和比例，又要规范考核与评比的程序，还要注意奖励兑现的及时性。

（二）遏制并矫正罪犯的消极心理

在我国监狱中，除极个别罪犯可能因体弱多病或年事已高，又无家可归而不愿出狱外，早日获得自由几乎是每一名罪犯的共同需要。但早日出狱需要的满足是要附加改造条件的，因此，罪犯在争取满足这一需要的过程中，其原有的各种消极心理因素与改造的目标和要求会发生尖锐的矛盾和冲突，而这种矛盾和冲突的结果又决定着罪犯教育对象转化的方向。由此，要使罪犯教育对象向良性转化，监狱在激发和维持罪犯个体的核心需要的同时，还要善于运用惩罚性权力和制约性权力，遏制并矫正罪犯个体的消极心理。作为一种正向激励，监狱报偿性权力的运用，在激发并保持罪犯个体积极改造动机的同时，事实上对罪犯个体原有的消极心理起到了一定的遏制作用。但报偿性权力的运用如果不能与制约性权力的运用相结合，并以惩罚性权力作保障，是很难充分发挥作用的。罪犯个体要想早日出狱，历来可有两条道路可供选择，而他们大多数之所以选择合法的途径，而放弃以脱逃等手段出狱，不仅在于脱逃必然会招致新的惩罚，而且在于监狱通过管理、教育和心理矫治，使罪犯个体产生积极改造的内在需要。如果说惩罚性权力是使罪犯不敢不按改造要求行事，即产生表面服从，那么制约性权力则是使罪犯教育对象产生改造要求的自愿接近和内化。

（三）改善并净化罪犯的改造环境

罪犯教育对象虽然被强制与社会隔离，但他们仍生活在由监狱组织的正式群体和由罪犯自发组织的非正式群体之中。罪犯教育对象非正式群体，是罪犯个体在狱内交往中，基于共同兴趣、利益、情感和共同的犯罪经历等自发形成的特殊的监狱共同体。狱内常见的牢头狱霸、团伙等消极非正式群体，以及广泛存在于这些消极非正式群体之中的亚文化，不仅严重阻碍罪犯个体向良性方向转化，而且具有强化罪犯个体消极心理因素，甚至形成新的犯罪心理和行为的作用。改善并净化罪犯的改造环境，就是要严格控制并消除狱内的消极非正式群体，扶持并引导狱内积极的非正式群体，大力建设正式群体。只有形成积极向上的改造氛围，最大限度地减少改造环境中的消极刺激，罪犯个体才可能积极争取减刑、假释，并在这一过程中内化改造要求。那么，怎样才能形成良好改造氛围呢？监狱民警作为刑罚执行者，一方面，要充分运用惩罚性权力，以行政的、法律的手段，分化瓦解并彻底摧毁狱内的消极的非正式群体；另一方面，要善于运用报偿性权力和制约性权力，通过改善监狱民警与罪犯个体之间的关系，引导罪犯个体的自我管理和教育，重视罪犯个体合理需要的满足，加强监区文化建设，强化罪犯的分类管理和矫治等措施，充分发挥罪犯正式群体在促进罪犯个体重新社会化，满足他们的心理、情感需要，控制罪犯个体等方面的作用。

（四）树立监狱民警的威信

监狱民警作为刑罚执行的主体，作为法律和政府形象的“代言人”，作为教育改造直接主导者，对罪犯个体的转化具有不可忽视的、决定性的影响作用。作为教育者、管理者的监狱民警的威信高低直接影响着罪犯个体转化的效果。监狱民警威信高则罪犯个体容易转化，反之则不易转化。监狱民警的威信主要取决于专业性、可靠性和吸引力三种因素。

1. 专业性

专业性是指监狱民警的身份具有使罪犯教育对象信服的权威性。这种权威性除法律赋予的权威外，更取决于监狱民警的受教育程度、专业训练、社会地位、社会经验以及年龄等因素。这些因素使监狱民警在罪犯教育对象面前成为矫正专家或某一方面的权威形象。一般而言，监狱民警权威性越高，罪犯个体转化的可能性也就越大。

2. 可靠性

可靠性是指监狱民警使罪犯教育对象相信的程度。它与监狱民警的执法公正、人格品质以及诚信度等有关。不论监狱民警专业能力如何，罪犯教育对象相不相信监狱民警执法的公正性、公平性是最重要的。监狱民警越是公正客观、不偏不倚、大公无私、无偏见，其对罪犯教育对象说服的影响力就越大。

3. 吸引力

吸引力是指监狱民警具有的一些令罪犯教育对象喜欢的特征。这种特征既可以是外在的如外形容貌等，也可以是内在的如性格特质等。通常情况下，喜欢民警的程度越高，其转化可能性就越大。

（五）注重教育改造方式的选择

教育改造手段与措施的科学性和规范性会较为深远地影响罪犯教育对象的转化。教育的内容、方式和方法的艺术性与合理性也会影响罪犯教育对象的转化。监狱民警的教育信息内容越科学、适当，组织的方式越正确、合理，方式、方法越艺术、恰当，罪犯教育对象转化的可能性也就越大，转化速度就越快。教育改造的方式如集体教育、个别谈话、专题教育、观看影视作品、报告会等，都有助于罪犯教育对象改变错误的观念、偏见，并促其转化。但教育改造的方式怎样运用，传递何种教育信息，又如何有效地呈现信息等因素，直接影响着罪犯教育对象转化的效果。

三、罪犯教育对象转化的个别差异

罪犯教育对象的良性转化不仅具有共同性，而且存在个别差异性。了解罪犯教育对象良性转化的共性，是为了解决罪犯教育对象转化过程中的一般问题；而掌握罪犯教育对象转化的个别差异，则是为了更好地处理他们转化过程中的特殊问题。罪犯教育对象的良性转化是在行刑权力的积极作用下发生的，并要经历从表面服从、自愿认同到自觉改造过程。但由于罪犯教育对象发生良性转化的基础不同，行刑机关施加的影响力大小不一样，罪犯教育对象的良性转化存在个别差异。

（一）转化的难易不同

罪犯教育对象入狱后虽都想早日出狱，但他们原有的犯罪因素、强度及其结合形态不同，因此，其心理基本矛盾的主要方面也不一样。有的罪犯恶习较浅，其犯罪心理随刑罚的适用而瓦解，投入改造以后，改造目标和要求成为他们心理基本矛盾的主要方面，因此，其良性转化也较为容易。而有的恶习较深，随着犯罪需要的满足，其原有的犯罪心理虽趋于衰落或衰减，但由于自身各种消极因素仍十分强大，即使在他们入狱以后，违法犯罪心理仍会在一定时期内作为心理基本矛盾的主要方面，支配其服刑生活，导致其良性转化困难重重。

（二）转化的进程不同

罪犯教育对象恶习的深浅意味着其改造转化的难易。当然，也影响着他们转化时间的早晚。即使进入良性转化过程，罪犯教育对象良性转化的进程，还会受到其基本矛盾发展变化差异的影响。有的罪犯转化较快，在行刑权力的积极影响下，其转化效果明显；有的罪犯转化缓慢，即使受到行刑权力强有力的影响，仍难收到明显的转化效果；还有的罪犯转化不稳定，表现时好时坏，时进时退，左右摇摆。

（三）转化的方式不同

罪犯教育对象的良性转化，是他们原有的积极心理与行为因素与积极的改造环境刺激因素相互作用的结果。但由于其个性不同，存在的问题也不一样，每一名罪犯如何转化也存在差异。有的心理变态，需要心理咨询、治疗等专业矫治；有的罪犯好逸恶劳，以强制劳动的方式予以改造；还有的罪犯习惯恶劣，需要养成好的习惯，但更多的是要进行综合矫正和改造。

（四）转化的程度不同

罪犯教育对象的良性转化表明罪犯教育对象发展的方向朝着为罪犯教育对象设定的改造目标，但它不能说明罪犯教育对象良性转化程度。罪犯在服刑改造过程中，由于他们的恶习深浅、刑期长短不同，心理基本矛盾的尖锐程度也不一样。因此，他们在经过相同服刑时间后的实际改善程度也存在很大差距。有的表现为原有积极因素强度的增强；有的表现为新的积极心理因素的出现及增强，即量的增加；有的表现为原有消极心理因素的减弱和消除；有的是以上两种或三种情况的综合。也正是这种差距的存在，导致罪犯在出狱时，有的已经改造好，即已经形成了守法心理；有的则是得到改善，即某些积极心理因素强度的增强或数量的增加。

延伸阅读

沙莲香主编：《社会心理学》，中国人民大学出版社 2002 年版。

马斯洛：《人性能达的境界》，云南人民出版社 1987 年版。

第四章

罪犯教育的主体

在罪犯教育过程中，影响罪犯教育改造质量的有诸多种因素，除了罪犯自身因素外，还有许多因素会对其改造产生影响，包括监狱的罪犯教育、狱政管理、生活卫生等行政管理和劳动改造工作的影响，也包括罪犯亲友和社会因素的影响，但起决定性作用的因素是监狱民警。监狱民警是代表国家的利益，在监狱这种特殊的机关，对罪犯执行刑罚、实施教育改造的专门人员。从教育角度看，监狱民警是罪犯教育活动中的教育者；从管理角度来看，监狱民警又是罪犯生产、生活、学习活动的管理者。监狱民警是罪犯教育的计划者、执行者，在罪犯教育过程中处于主体地位。由于罪犯教育的性质，监狱民警的工作具有法制性、复杂性、示范性、创造性等特征。

罪犯教育工作要求监狱民警具备一定的素质，同时也应对其工作的对象有一定的正确认识。为此，要提高罪犯教育改造质量，必须建设、培养一支高素质的监狱民警队伍。

第一节　监狱民警在罪犯教育中的主导地位和作用

一、监狱民警在罪犯教育中的主导地位

（一）教育者在教育过程中的主导地位

从教育学角度来看，监狱民警属于教育者。教育者在教育过程中起主导作用，主要体现在以下几方面：①

① 参见南京师范大学主编：《教育学》，河海大学出版社 1990 年版，第 165～166 页。

1. 在对受教育者施加影响的过程中，教育者处于组织、领导、管理的主导地位

教育者的活动对象是受教育者，教育者根据社会发展及受教育者身心发展需要，对受教育者身心施加影响。

2. 在传授知识过程中教育者处于主导地位

教育者一般都接受过系统的专业训练和培训，术业有专攻；教育者知之在先，知之较多；教育目的、教育目标、教育计划主要靠教育者去组织实施。而受教育者知之在后，知之较少，要通过教育者的传授及引导来学习知识和培养各种能力。

3. 教育者的表现型社会角色，决定其在教育过程中的主导地位

教育者属于表现型社会角色，他们是以表现社会秩序、制度、价值观念、道德风尚为目标的社会角色，并通过自己所扮演的这一角色，启蒙和塑造受教育者的心灵，从而成为“人类灵魂的工程师”。

4. 受教育者的“向师性”也要求教育者在教育过程中的主导地位

所谓“向师性”，是指受教育者都有模仿、接近、趋向于教育者的自然倾向。有人把受教育者的这一心理特点形象地比喻为学生好像花草树木趋向于阳光一样，趋向于教师。但教育者在利用受教育者的“向师性”特点时，不能完全包办和代替，要注意引导受教育者发挥其主体性。

（二）监狱民警在罪犯教育过程中的主导地位

罪犯教育活动充满着各种各样的矛盾，如在罪犯教育的三要素中，既有监狱民警与罪犯的矛盾，也有监狱民警同罪犯教育影响的矛盾，还有罪犯与罪犯教育影响的矛盾。然而，在罪犯教育的过程中，监狱民警与罪犯之间的矛盾就是主要矛盾。这一矛盾决定着罪犯教育活动的性质，规定或影响着罪犯教育过程中其他矛盾的存在和发展。具体地说，监狱民警和罪犯之间的矛盾就是监狱民警代表国家所提出的罪犯教育的要求与罪犯所具有的身心发展水平之间的矛盾。这一矛盾决定着罪犯教育活动的发展进程。从某种意义上说，监狱民警与罪犯之间的矛盾也就是促进罪犯教育活动不断向前发展的动力所在。

存在于罪犯教育过程中的各种矛盾是不平衡的，那么，在罪犯和监狱民警这对主要矛盾中，矛盾的双方是否是平衡的呢？回答是否定的，“无论什么矛盾，矛盾的诸方面，其发展是不平衡的。有时候似乎势均力敌，然而这只是暂时的和相对的情形，基本的形态则是不平衡。矛盾着的两方面中，必有一方面是主要的，他方面是次要的。其主要的方面，即所谓矛盾起主导作用的方面。事物的性质，主要的是由取得支配地位的矛盾的主要方面所规定的”①。在罪犯教育的过

① 毛泽东：《矛盾论》，载《毛泽东选集》（合订一卷本），人民出版社 1964 年版，第 297 页。

程中，罪犯与监狱民警这一主要矛盾的主要方面就是监狱民警，其是罪犯教育过程中占支配地位的方面。监狱民警是肩负着国家和社会的重托，依法在特定的矫正机构当中行使罪犯教育职能的专门人员。他们在与罪犯发生联系的过程中，总是以先进的思想、优秀的品质以及文化科学知识去影响、引导罪犯，使罪犯依照一定目标产生预期的变化。这一活动既具有教育活动的一般特征，同时也具有罪犯教育的特殊性。但是不论从哪个角度看，监狱民警的主导性地位都不可置疑。只有坚持监狱民警是罪犯教育活动的主导者这一观念，我们才能保证罪犯教育活动沿着正确的路线发展，才能在实践当中积极主动地实践罪犯教育行为。

罪犯教育改造质量，是指监狱民警有计划、有组织、有目的地使塑造对象的品格和特性由于受到监狱民警改造手段的影响，能够按照教育计划的预期目标达到所应达到的完善状态。从这一定义得出的结论是：在“计划预期目标——实施矫治方案——使改造主体的品格和特性按预想方案得到改善”这一影响过程中，监狱民警是罪犯改造过程中的方案制订者和具体操作者。执法者、教育者、管理者的角色，使监狱民警在这一过程的发展、变化中处于关键性的主导地位。

1. 国家法律赋予监狱民警在罪犯教育中的主导地位

监狱民警是党和国家路线、方针、政策的贯彻者。国家通过监狱民警实现对监狱的管理，并对犯罪实施有效的教育和改造。监狱民警是国家刑事法律的执行者，代表国家和政府执行对罪犯的刑事惩罚。监狱民警是罪犯改造活动管理的能动因素。对罪犯改造活动的管理，是一系列关于执行刑罚和行政事务方面的监督、管制、组织、协调活动。只有通过监狱民警的科学管理，才能调动起罪犯改造的积极性和主动性，也只有通过监狱民警的积极组织，做思想工作，激发力量，才能变消极管理为积极管理，提高管理教育水平。监狱民警正是这种能动管理因素的物质承担者。《监狱法》第5条规定：“监狱的人民警察依法管理监狱、执行刑罚、对罪犯进行教育改造等活动，受法律保护。”第7条第2款规定：“罪犯必须严格遵守法律、法规和监规纪律，服从管理，接受教育，参加劳动。”法律明确规定了对罪犯进行教育是监狱民警的法定权利，接受教育改造是罪犯的法定权利和义务。因此，在罪犯教育中，监狱民警要依法制定罪犯教育计划，依法执行教育计划；罪犯在服刑改造期间，必须接受由监狱民警主导的依法进行的教育。

2. 罪犯教育对象的特点，决定了监狱民警在罪犯教育过程中的主导地位

一般来说，教育者和受教育者在教育内容的掌握方面存在差异，教育者处于知与不知、会与不会、先知与后知、生疏与娴熟、先进与落后的主导性一方，这正是韩愈所说的“闻道有先后，术业有专攻”。而且，教育者在教育方法的运

用、教育时机的把握上有着丰富的经验，他们对教育思想、教育理念等问题有所思考，这就决定了教育者总是以一种向导者、帮助者、引路人的身份出现在教育活动中。普通教育如此，罪犯教育亦如此。正是在这一意义上，我们称监狱民警为“改造灵魂的工程师”“造就新人的特殊园丁”。

罪犯教育活动的对象与普通学校里的教育对象相比，具有一定的特殊性。普通学校里的学生的世界观、人生观、价值观一般正处于形成阶段，他们会主动模仿教育者的言行，其自身发展的方向与教育目标在大多数情况下是一致的。而罪犯则是思想当中具有消极意识的越轨者，他们绝大多数已经形成了错误的世界观、人生观、价值观，他们在人生的道路上迷失了方向，需要监狱民警充当其人生导师。不良思想意识、扭曲的价值观念和恶劣的行为习惯是罪犯犯罪的主要原因，更是影响罪犯改造的障碍。罪犯已经形成的这些不良思想意识、扭曲的价值观念和恶劣的行为习惯，往往不会主动改变，因为他们的不良思想、价值观念和行为习惯更为牢固。对于成年犯来说，这一特点更为突出，必须经由外部因素来进行引导，必须通过监狱民警长期、科学地正面引导教育，帮助罪犯去恶趋善，成为守法公民。而且，监狱民警在罪犯教育方法的运用、教育时机的把握上有着丰富的经验，对教育理念等问题有所思考，这就决定了监狱民警总是以一种向导者、帮助者、引路人的身份出现在罪犯教育活动中。

3. 从罪犯教育活动的社会制约性看，监狱民警必然在教育过程中发挥主导作用

教育总是一定社会条件下的教育，它必然体现着一定的社会或阶级的要求，而教育者在这一活动中的作用就在于保持教育对象的心理、身体的发展与教育要求（一定社会或阶级的要求）相一致。缺少了教育者的导向性、制约性，教育活动就可能迷失方向。在罪犯教育活动中，教育对象（罪犯）的行为模式与社会要求相悖。国家依法将罪犯关押在特定的场所，目的就是通过教育改造完成罪犯的再社会化，达到预防犯罪的最终目的。监狱民警担负着重新塑造罪犯心灵的任务，其要把罪犯从一条与罪犯教育目的相反的发展道路上引领回来，这一点决定了其必然以一种主导者的身份出现，否则就不能把握罪犯教育活动的鲜明目的性。具体来说，监狱民警负责执行法律规定的改造任务，把握着教育改造活动的运行方向，决定着教育对象的学习内容、进程和方法，这些活动无不体现着监狱民警的主导性。

二、监狱民警的工作特点

监狱民警是特殊的教育工作者，这种特殊性是由教育对象、教育工作的特殊性决定的。因此，其工作既具有一般教育的共同特点，也具有罪犯教育的特殊

性。这些特点表现在以下几个方面：①

（一）法制性和强制性

监狱民警的教育对象是罪犯，这些人不同程度地存在违法行为，因而监狱民警的工作从一开始就具有一定的法制性色彩。目前，越来越多的国家通过教育立法，来保障教育活动得以依法执行。从20世纪末开始，我国的教育立法也得到较大发展，普通教育活动越来越表现出法定的强制性，如《义务教育法》的颁布实施，对义务教育作出了强制性规定。相对于普通教育而言，罪犯教育的强制性更为明显，这是由罪犯教育目的及罪犯必须依法接受刑罚和改造的特点决定的，国家以立法的形式使罪犯教育强制施行。《监狱法》对罪犯教育的形式、任务、内容、方法等都作出了明确具体的规定，对罪犯在服刑改造期间必须接受教育提出了法律上的要求。

（二）复杂性

罪犯教育是一项复杂的工作，其复杂性是由三个方面所带来的复杂因素决定的。具体可从以下几个方面来理解：

1. 罪犯教育的任务决定了罪犯教育的复杂性

罪犯教育的根本任务是监狱通过罪犯教育，使罪犯在思想、品德、法律意识、知识、技能、心理等方面得到改造和提高。每一方面的教育，都具有不同的特点与要求。另外，罪犯教育既担负着矫正罪犯恶习、消除不良思想的改造任务，又担负着养成良好行为习惯、确立新思想新意识的塑造任务。这种改造与塑造同时进行的要求，加大了罪犯教育的复杂性，工作任务的艰巨性。这一特点要求监狱民警必须具备广博的知识和全面的教育能力，如要有一般教师的渊博知识，流利的口头语言表达能力，组织管理能力，情感交流能力，还要有对消极腐朽思想的鉴别、批判、抵御能力，因此在能力上的要求更高了。

2. 罪犯教育对象的复杂性决定了罪犯教育的复杂性

就一般的教育活动而言，教育对象的年龄、性别、个性、人生观、世界观、价值观、家庭出身都各不相同，所有这些差异在罪犯中都存在，这本身就够复杂了。罪犯教育的对象是具体的、具有主观能动性的人，教育活动不能不考虑每一类或每一个罪犯的实际情况。不同罪犯的身心发展、爱好、特长、年龄、社会经历、犯罪原因、改造表现等方面也都存在很大差异，情况也就更复杂了。这就要求监狱民警要充分考虑罪犯的不同情况，做到因材施教。

3. 影响罪犯改造因素的复杂性，决定了罪犯教育的复杂性

罪犯在改造过程中，除了受监狱民警的影响外，还受其他罪犯、社会和家庭

① 参见南京师范大学主编：《教育学》，河海大学出版社1990年版，第168～170页。

等各方面因素的影响。罪犯身上所发生的变化，很多不是或不完全是监狱民警的教育活动所引起的。这一特点要求监狱民警在教育过程中，要充分考虑多方面因素对罪犯的影响，引导罪犯分析犯罪原因，认罪服判，接受改造；也要引导罪犯正确面对来自家庭、社会等方面的影响；同时，监狱民警还要根据社会变化，及时调整罪犯教育方法和教育内容。

（三）主体性和示范性

主体性和示范性是普通教育的基本特点，这一特点在罪犯教育活动中更为突出。主体性是指监狱民警在教育过程中，要把凝聚在教育内容中的智能、情感、价值观，再创造地内化为自己的智能、情感、价值观，并通过自己的知识、才能、人格、感情、价值观等去影响和感染罪犯。示范性是指在罪犯教育过程中，监狱民警自身的个性心理品质、德性、能力、行为等也是能够影响、感染罪犯的一种重要的教育手段。罪犯在改造过程中，还会观察监狱民警的言行举止，并以此作为学习模仿的榜样。这种示范作用在对罪犯进行思想教育、品德教育过程中，是最现实、最鲜明、最有力的教育手段，也是其他手段所无法替代的。所以，在对罪犯进行教育时，应对罪犯教育的主体性和示范性给予高度重视。德国著名教育家第斯多惠指出："谁要是自己还没有发展、培养和教育好，他就不能发展、培养和教育别人……他自己受了多大程度的教育和教养……他就只能在这样大和这样多的程度上对别人发生培养和教育。"孔子曰："其身正，不令而行；其身不正，虽令不从。"监狱民警只有具备广博的知识、高尚的品德、美好的言行、热情的态度、乐观无畏的精神才会对罪犯起到良好的示范性教育作用，对于罪犯教育而言，这种示范性往往比说教等教育方式更有教育作用。

（四）创造性

监狱民警的工作是一种以人为对象的工作，而人是千差万别的，而且由于时代的发展和社会的进步，罪犯教育工作的形势也会有所变化。同一切教育活动一样，在罪犯教育工作中，没有一成不变的模式，监狱民警必须根据现实的情况不断进行创造，这样才能取得好的罪犯教育效果。具体来讲，监狱民警工作的创造性表现在以下两个方面：

1. 监狱民警要根据不同的罪犯采取适宜的罪犯教育方法，制定不同的罪犯教育方案，做到因人施教

罪犯具有复杂性，因此，监狱民警必须注意到罪犯身上存在的个别差异，对他们提出不同的要求，采用不同的手段。罪犯都有不同程度的社会适应不良现象，对于这一点监狱民警更应该给予充分注意，设计不同的方案以达到最佳的矫正效果。

2. 监狱民警的创造性还突出表现在其教育机制方面

教育机制是指教育者在遇到意外和突发情况的条件下，做出快速反应，按照教育规律办事，灵活果断地采取恰当措施的能力。监狱民警的教育机制是衡量其是否成熟的重要标准。

在罪犯教育实践中，监狱民警会经常遇到一些突发事件，在这种情况下，原先计划、准备的教育方案都于事无补，唯一的办法是根据罪犯教育的经验和理论快速地做出反应，巧妙地、创造性地化解矛盾，达到教育罪犯的目的。

（五）连续性

首先，罪犯教育工作是贯穿罪犯改造过程始终的一项长期的工作，监狱民警必须通过长期的、反复的、连续的教育，才能在罪犯的思想、行为等方面取得教育改造效果。希望罪犯改造在短期内一蹴而就是不切实际的错误想法。其次，在罪犯改造过程中，罪犯还会因种种原因出现反复，这种反复性也要求把罪犯教育作为一项不间断的、连续性的工作。只有持续地对罪犯施加教育影响，才能防止罪犯出现反复和及时应对罪犯的反复。最后，罪犯教育的连续性还体现在罪犯释放后，监狱民警的教育影响不会因改造过程的结束而结束，而是会对罪犯产生终身影响。

三、监狱民警在罪犯教育中的主导作用

监狱民警在罪犯教育中的主导作用，是通过行使职权、执行任务体现出来的。主要表现在以下几个方面：

（一）社会作用

监狱民警的社会作用，主要表现为对和谐社会建设的作用。第一，对罪犯的惩罚改造，有利于社会主义思想道德建设。第二，向社会输送合格守法公民，是社会主义精神文明建设的根本任务，也是监狱改造罪犯的奋斗目标。监狱民警对罪犯进行法制、道德、理想、前途、纪律、文化、技能等方面的教育，既改造罪犯旧的思想道德观念，又培育新的思想道德观念；既矫正不良的行为习惯，又培育新的生活方式。最终使罪犯通过改造成为拥护社会主义制度的守法公民，并在重返社会后，能够以新的精神面貌投身于和谐社会的建设。第三，组织罪犯生产劳动，不仅改造他们好逸恶劳、好吃懒做的思想和恶习，而且直接为和谐社会建设做出贡献。第四，对罪犯的关押和改造可以保卫和谐社会建设成果。罪犯是建设和谐社会中的消极因素，是破坏者，监狱民警依法对其执行刑罚，进行改造，使社会更加和谐，也使人民群众增强了安全感，可以集中精力投身于和谐社会的建设。

（二）法律作用

监狱民警的法律作用主要表现在两个方面，即特殊预防作用和一般预防作用。

1. 特殊预防作用

第一，监狱民警对罪犯实施惩罚改造，使罪犯与社会处于相对隔离状态，这样不仅可以切断犯罪诱因对罪犯的刺激，而且使罪犯失去在社会上继续进行违法犯罪的条件。第二，监狱民警通过对罪犯的惩罚改造，惩恶扬善，扶正祛邪，打击犯罪，鼓励改造，从而预防和减少了重新犯罪。第三，监狱民警的特殊预防作用表现在，改造罪犯思想，矫正不良恶习，培养罪犯新的道德品质，使他们由犯罪者变为守法者，由破坏者变为建设者，有力保障了我国刑罚目的的实现。

2. 一般预防作用

第一，监狱民警通过对罪犯的惩罚改造，警告和震慑了社会上试图违法犯罪的危险分子，使他们畏惧法律，迷途知返，不再犯罪。第二，监狱民警对罪犯实施惩罚改造，使受害人心理得到一种补偿和平衡。第三，监狱民警对罪犯实施惩罚改造，对社会是一种法制教育，可以鼓舞人们同违法犯罪行为作斗争，促进社会治安综合治理工作顺利进行。

（三）改造作用

1. 贯彻监狱法规政策的感召作用

党和国家的监狱法规政策是国家意志的表现，它规定了改造罪犯的宗旨和改造活动的准则。只有把这种意志变成罪犯的实际改造行为，才能产生改造罪犯的效果。这种转化必须以监狱民警的改造教育实践活动为中介。在罪犯教育中，监狱民警是党和国家监狱法规政策的执行者。国家改造罪犯的宗旨和准则，都要由监狱民警在执行中去体现。监狱民警组织罪犯学习法律规章，领会党和国家的监狱工作方针政策，指导罪犯树立改造信心，明确改造方向，顺应社会发展需要并达到改造目的，是监狱民警执行监狱政策的出发点和落脚点。辩证唯物主义认为实践是检验真理的唯一标准，而且也是将人的观念转变为行为的基础。在罪犯的教育中，离开监狱民警的教育实践活动，党的政策就难以指导罪犯的改造行为。如监狱民警在罪犯的教育中进行法律知识讲解、政策教育、政策解释、政策兑现等，都是监狱民警贯彻法规政策的实践活动。

2. 罪犯灵魂的再塑作用

监狱民警是刑罚执行者和教育改造的组织实施者。罪犯改造过程中的思想转化，是根本性的转化。辩证唯物主义认为，人的思想是人脑的机能，是客观存在的反映，是在社会实践中产生和发展的。由此可知，罪犯的犯罪思想，是受到剥削阶级思想和其他不健康因素的影响而形成的。这种犯罪思想在受到审判时已经被否定。但是否定并不一定能消除，其消除工程主要依靠执行刑罚和教育改造活动来完成，要依靠监狱民警全面做好重塑灵魂的工作。监狱民警的责任，是教育帮助罪犯树立正确的人生观、道德观。要联系罪犯的犯罪思想，进行人的本质和人的价值的教育，批判自私自利的极端个人主义剥削阶级人生观；进行人生目的的教育，批判剥削阶级腐朽的人生哲学，正确处理国家、集体、个人的关系；进行革命理想教育，教育罪犯把自己的改造同社会发展联系起来，重新认识人生的意义。道德是用信念、传统、习惯来约束人们行为的规范。罪犯形成的犯罪思想和腐朽的道德观念，不是单靠强制力量所能改变好的。从知到行的转化，是一项重建人生观、道德观的灵魂修复工程。在罪犯教育中，监狱民警对罪犯被扭曲的灵魂的重新塑造，要从思想道德矫正开始。要通过教育实践活动，对罪犯传授道德知识，陶冶情感，磨炼意志，训练行为习惯；要通过启发罪犯思想内部矛盾的斗争，促进罪犯的知、情、意、行从消极方面向积极方面发展。在罪犯教育中，监狱民警还可以通过有目的、有计划设置和组织有教育意义的情境活动，利用监狱民警的感化力量，组织健康的集体，营造文明的环境，建立互相帮助的人际关系，开展增长德识才学的活动等对罪犯进行思想道德熏陶。经过长时间的定向熏陶，罪犯原来的不良情感、性格等产生变化，形成良好的观点、信念、情感、性格。

3. 传授知识、技能的导师作用

我国唐代著名文学家和教育家韩愈在《师说》中，将教师的职责概括为："师者，所以传道授业解惑也。"监狱民警对罪犯教育也体现了"传道、授业、解惑"的作用。监狱民警在向罪犯传授知识的同时，结合知识教育进行思想、政治、品德教育，改造罪犯。在文化知识内部也蕴藏着思想的、政治的、品德的因素，在传授知识中这些因素必然也影响着罪犯，起到教育作用。社会科学的传授易于从中提炼教育因素，自然科学传授也能从中对罪犯进行辩证唯物主义世界观的教育。教学中，监狱民警的求实精神、严谨作风，也会对罪犯起到教育作用。这就是监狱民警在对罪犯文化、技术教学中的教育性。注意发挥罪犯文化、技术教育中的教育性，是监狱民警必须重视，而且能够做到的大事。

在罪犯文化知识、技术教学中，监狱民警是教育主体，罪犯是教育客体、教育对象，但罪犯也同时是学习主体、认识主体。在教学的双边活动中，监狱民警尊重罪犯的人格，注意调动、激发罪犯的学习积极性，如克服罪犯的思想障碍，激发学习信心，热情帮助克服学习中的困难，都能收到较好的教育效果。罪犯教育中，教育者的品德对罪犯起着熏陶作用。教育罪犯学好，自己必须用良好的思想素养、精深的业务专长、高尚的道德品质，给罪犯起到示范作用。

第二节　监狱民警应具备的素质

罪犯教育是一项复杂的系统工程，它具有普通教育的基本特征，但是罪犯这一受教育者的特殊性，使罪犯教育要比普通教育更加复杂。因此，罪犯教育对于从事这一活动的教育者和管理者——监狱民警的素质有着特殊的要求。素质这一概念有广义和狭义之分，狭义的素质是指“个人先天具有的解剖生理特点。包括神经系统、感觉器官和运动器官的特点，其中脑的特性尤为重要。它们通过遗传获得，故又称遗传素质，亦称禀赋”①。广义的素质概念则是指“公民或某种专门人才的基本品质”②。它是先天因素和后天因素共同作用下所形成的人的身心发展的总体水平。此处我们是在广义上来使用素质这一概念的。通常在提到素质时，人们总会将其区分为身体素质、心理素质、道德素质、业务素质等几个方面。对于监狱民警来说，我们这里从道和才两个方面来讨论其素质问题。

监狱民警素质是一个由诸多因素组成的有机结构体系，它具有综合性、系统性的特点，包括监狱民警的政治素质、思想品德素质、业务素质、心理素质、身体素质等内容。其中，身体素质是各项素质之本，政治素质是各项素质的统帅和灵魂，道德素质是各项素质得以正确发挥的前提，知识素质是各项素质的基础，能力素质是各项素质的动力，心理素质则是各项素质共同作用的内在机制。作为罪犯教育的组织者、实施者、管理者，监狱民警的素质状况对罪犯教育具有决定性作用。

一、思想品德素质

思想品德素质可分为政治素质和道德素质两个方面。

（一）政治素质

所谓政治素质，是指人在政治活动或政治事件中所体现的思想水平或状况，是判断一个人“向性”的主要依据。政治素质是通过个体在参与政治生活时的理论信仰、价值取向和活动能力体现的，包括政治立场、政治观点、政治觉悟、政治鉴别力、世界观、人生观、价值观等内容。

对于监狱民警来讲，政治素质是其素质构成的核心，也是一个普通社会公民

① 教育大辞典编纂委员会编：《教育大辞典》（第1卷），上海教育出版社1990年版，第27页。

② 教育大辞典编纂委员会编：《教育大辞典》（第1卷），上海教育出版社1990年版，第27页。

能否从事这一职业的先决条件和决定性因素。监狱民警的政治素质主要包括：了解党和国家现阶段的大政方针，特别是与本行业有关的基本政策和方针；掌握国家法律、党纪、政纪和国家公务员纪律的有关规定，特别是廉政、勤政方面的要求；了解现阶段监狱工作的发展方向和工作重心，特别是如何搞好监狱工作改革与发展的工作内容和要求。具体来讲，在罪犯教育工作中能否坚定立场，摆正态度，响应党的号召，始终与党中央保持高度一致就是对政治素质高低最直接的考验。监狱民警具有良好的政治素质，既是监狱性质的要求，也是搞好罪犯教育工作的要求。监狱作为国家的刑罚执行机构，本身也是国家政权的组成部分。监狱民警的政治素质，会影响到罪犯对国家政权的认同，也会影响到对罪犯的政治思想教育效果。

监狱民警担负着惩罚和改造罪犯的重任，面对具有各种不正确、不健康甚至腐朽的世界观、人生观、价值观的形形色色的犯罪分子，必须具有坚定的立场、信念和理想。因此，必须坚持社会主义的教育方向，坚持科学发展观和和谐社会理念，坚持民主法治观念。不断加强政治学习，与社会政治改革、发展的方向保持一致。在此基础上，以自身健全的政治观念和思想，去教育影响罪犯，提高罪犯的政治思想觉悟。监狱民警应该把改造罪犯作为自己的重要责任，要有广阔的胸怀。对于罪犯既要严格管理，限制其人身自由，但又要实行革命的人道主义，不打骂、不虐待、不侮辱人格；政治上给出路，确保狱务公开，对罪犯一视同仁，克服不良的执法态度，公正执法、廉政执法，把罪犯真正改造成为社会主义建设的有用之材。

（二）道德素质

所谓道德，简言之就是个体参与社会活动所应遵循的社会规范。道德素质，是指监狱民警在内心信念和社会舆论的影响下自觉地按照社会道德规范行为时所表现的特点和倾向性。一个人的道德素质，是他能否正确处理好与他人、社会和自然关系的关键因素。监狱民警的道德素质主要包括监狱民警的伦理知识、道德规范的内化程度、约束取向、价值维度、气节、风格、境界、作风、勇气、正气、责任感等因素，反映着监狱民警对他人以及对社会的认识、态度和行为规范。古人云：“德不重不能服众，无德不以使民。”可见，道德素质是监狱民警自身的行为准则和良好素质的一个重要方面。

1. 坚持社会主义的教育方向

罪犯教育与其他的教育活动一样，是一种培养和塑造人的活动，因而也必须遵循社会主义的方向。这种对罪犯教育的要求实际上就是对监狱民警的思想道德素质的最高要求。教育的根本问题是培养人才的服务方向问题，其次才是培养人才的数量问题。如果所培养的人才没有建设社会主义的远大志向，缺乏爱国的热情，缺乏民族自尊心和自豪感，那么这种教育活动便是失败的。这一点对于监狱民警来讲尤其应当注意，罪犯本来就是一些思想当中存在消极意识的人，对于他们的教育更应当坚持社会主义的方向，通过监狱民警的努力把他们改造和培养成为社会主义现代化建设事业有用的人。

2. 爱岗敬业

爱岗敬业是监狱民警必须具备的思想道德素质。监狱的条件一般都比较艰苦，监狱民警所面对的又都是一些对社会产生过消极影响的违法犯罪者，而且罪犯教育并不像其他活动那样容易取得成绩。这就要求广大监狱民警要正确处理个人利益和集体利益、国家利益之间的关系；要热爱罪犯教育事业，甘于奉献，不计得失，不畏劳苦；要充分意识到自己所担负的历史责任，以极大的热情投入罪犯教育事业当中；同时还要认识到，罪犯教育是执行刑罚前提下的一种教育活动，监狱民警既是教育者，又是执法者，因此，必须具备强烈的法律意识。

3. 尊重、爱护罪犯

尊重、爱护罪犯是开展罪犯教育活动的重要前提条件，也是监狱民警爱岗敬业的具体体现。教育活动是人与人之间的心灵的交流和碰撞，教育的最终目的是通过教育者的努力使罪犯达到自我教育的境界。而要达到这一目的，监狱民警就要把罪犯当成一个有个性、有尊严、有血有肉的人来看待，要与他们真诚地对话，设身处地地去理解他们、为他们着想，只有这样才能做好罪犯教育工作。

4. 团结协作、热爱集体

罪犯教育活动是一项长期而又复杂的工作，要完成对一个罪犯的教育改造必须有众多监狱民警的通力合作，一名罪犯的转化不知要凝聚多少监狱民警的心血。因此，监狱民警要团结协作，共同构建监狱民警集体，从而形成罪犯教育的合力，提高罪犯教育的效果。

5. 为人师表、学而不厌

监狱民警是灵魂的工程师，也是罪犯人生道路上的导师和领路人。广大监狱民警要以一名教师的标准要求自己，以自己的言行激励和感染罪犯，做一名"行不言之教"的人师。

随着社会日新月异的飞速发展，文化知识的更新速度越来越快，传统的教育和学习观念已经过时，"终身教育"和"学习化社会"的思想深入人心。监狱民警面对的罪犯千差万别，其知识背景也复杂多样。并且随着高学历罪犯的增多，监狱民警原有的知识已经远远不能适应工作的需求。监狱民警必须具备"自我教育"的能力，养成学习的习惯，以对事业负责、对罪犯负责的精神投入学习中，不断丰富自己的知识，更新自己的观念，始终走在时代发展的前列。

6. 树立公正廉洁的执法者形象

监狱民警既是教育者，又是执法者。在对罪犯的奖惩、减刑、假释等方面都握有一定的权力。能否严格、公正执法，既关系着监狱民警的形象，社会主义国家监狱的形象，也关系到教育改造的效果。所以，监狱民警在执法施教方面应严格要求自己，做到公正廉洁，不徇私情，不牟私利，防止腐败。凡是涉及罪犯的权利、待遇和奖惩方面的问题，都应依法依制公正处理，以一个公正无私的执法者形象去影响罪犯，从而增强教育的力度，提高教育改造效果。

身为监狱民警，应该具有很强的责任意识，这是其思想觉悟、道德修养、理智能力和事业心等主观意识在罪犯教育改造实践中的综合反映。监狱民警的责任意识应体现为对工作、对罪犯的高度负责，将国家、社会以及大众的利益作为自己的责任，并终身为之奋斗。责任意识越强，工作热情越高，越有凝聚力，也就越有创造力。同时还应认识到，监狱民警既是铁面无私的执法者，也是教育改造罪犯的“灵魂工程师”。面对特殊的教育对象，监狱民警的高尚品质对罪犯有着巨大的影响力。因此，监狱民警不仅要遵守一般的社会道德，如“爱护公物”“遵守公共秩序”等公共道德，还要遵守监狱民警的职业道德规范。《人民警察法》第 4 条规定：“人民警察必须以宪法和法律为活动准则，忠于职守，清正廉洁，纪律严明，服从命令，严格执法。”第 20 条规定：“人民警察必须做到：（一）秉公执法，办事公道；（二）模范遵守社会公德；（三）礼貌待人，文明执勤；（四）尊重人民群众的风俗习惯。”《监狱法》第 13 条规定：“监狱的人民警察应当严格遵守宪法和法律，忠于职守，秉公执法，严守纪律，清正廉洁。”第 14 条第 1 款规定：“监狱的人民警察不得有下列行为：（一）索要、收受、侵占罪犯及其亲属的财物；（二）私放罪犯或者玩忽职守造成罪犯脱逃；（三）刑讯逼供或者体罚、虐待罪犯；（四）侮辱罪犯的人格；（五）殴打或者纵容他人殴打罪犯；（六）为谋取私利，利用罪犯提供劳务；（七）违反规定，私自为罪犯传递信件或者物品；（八）非法将监管罪犯的职权交予他人行使；（九）其他违法行为。”这些规范体现了监狱民警在执行刑罚过程中必须具有的道德素质，必须遵守的职业纪律和必须持有的职业态度。只有具备良好的职业道德素质，才能树立监狱民警的良好形象；只有切实遵守这些规范，监狱民警才能有效地开展罪犯教育工作，提高教育效果。

二、业务素质

教育改造罪犯是一项需要综合业务素质的工作，监狱民警必须具备全面的知识结构和良好的教育能力。

（一）全面的知识结构

监狱民警应具备广博的文化基础知识。罪犯教育工作是一项复杂的工作，它要求监狱民警成为一名“杂家”。罪犯教育工作所要处理的问题是多方面的，而所运用的知识也是丰富的，罪犯的复杂性也对监狱民警的知识丰富性提出了要求；另外，罪犯教育场所从其形式上来看是封闭的，但在其实质上却是开放的，监狱民警每天要处理大量的信息，这些工作都要求监狱民警要以罪犯教育工作为核心，掌握包括法理学、伦理学、管理学、社会学等众多学科的文化科学知识。

1. 法律知识及罪犯改造知识

罪犯教育改造本身是一项执法活动，监狱民警必须掌握相应的法律知识，具备相应的法制理念，这是作为一名执法者所必备的。监狱民警，应当掌握的法律知识包括《宪法》《刑法》《监狱法》《人民警察法》《刑事诉讼法》《民法典》等一系列与监狱执法相关的法律知识。学习这些法律，一方面有利于提高监狱民警的法律意识，另一方面也有利于对罪犯进行法律知识教育，增强罪犯的法律意识。只有这样，才能依法改造罪犯，促使罪犯认罪服法。

罪犯改造知识主要包括《监狱学》《监狱学史学》《罪犯教育学》《犯罪心理学》《罪犯改造心理学》《劳动改造学》等。

2. 教育学、心理学知识

首先，“善歌者使人继其声，善教者使人继其志”。（《礼记·学记》）罪犯教育工作属于特殊教育活动，必须遵循相应的教育规律。因此，监狱民警要想做好罪犯教育工作，必须系统地学习教育学知识、心理学知识，普通教育学、教学论、德育论、教育心理学、发展心理学等。只有全面掌握这些相关学科知识，才能全面把握罪犯教育规律。

其次，罪犯教育工作者学习心理学知识有利于做好罪犯心理健康教育工作。据相关调查发现，罪犯的心理健康水平普遍低于社会平均水平，罪犯在情绪、人格方面问题比较多。另外，刑罚惩罚，封闭、单调的监狱服刑生活，也容易使罪犯产生心理问题。20 世纪 80 年代，罪犯心理咨询、心理矫治工作开始在我国出现，近几年来，这项工作在全国监狱得以大规模推广。因此，心理咨询、心理矫治知识与技术，也成为监狱民警必备的业务知识。

3. 伦理学、宗教学知识

伦理学是研究道德现象及发展规律的学科。学习伦理学，有利于把握道德的发展规律、正确掌握道德范畴和道德教育方法。这一方面有利于提高监狱民警道德素质，另一方面也有利于科学地开展罪犯道德教育。

自 20 世纪末开始，宗教信仰成为社会热点问题。我国越来越多的公民选择了佛教、道教、基督教等作为自己信仰的宗教，也出现了一些打着宗教名义的邪教组织。此外，藏传佛教、伊斯兰教，一直是民族性的宗教。因此，在罪犯教育改造工作中，不可避免地要遇到宗教信仰问题，监狱民警学习、了解相应的宗教知识，已成为工作的必需。因为邪教犯罪分子经由邪教组织洗脑，持有强烈的不良信念和心理体验。如果监狱民警不了解邪教组织洗脑的手段，仅靠触及表面的说教，就根本无法改造邪教犯罪分子。这也是难以改造邪教犯罪分子的一个原因。宗教对于促进社会的稳定具有一定的积极作用，而且像佛教、道教、基督教等宗教文化，已经渗入其他文化之中。如果监狱民警能够合理利用宗教知识，对信教的犯罪分子进行积极引导，也有利于促进罪犯改造。

4. 犯罪学、社会学知识

犯罪学，是研究犯罪原因、行为和犯罪对策等的一门学科。治病要找病因，改造罪犯也要分析罪犯的犯罪原因。犯罪学，在研究犯罪的原因及对策方面为监狱民警提供了丰富的知识。学习掌握犯罪学知识，有利于从宏观与微观两方面把握罪犯的犯罪原因，从而找到有效的改造对策。

掌握社会学知识，一方面有利于从社会宏观的角度来把握犯罪产生的原因，另一方面也为研究罪犯回归社会提供了理论依据与方法。

总之，罪犯教育工作对监狱民警的知识结构要求是全面的、系统的，除了上述的一般性学科知识外，还要根据监狱民警所从事的具体工作及社会的发展，掌握相应的学科知识和新出现的学科知识。

（二）全面的教育能力

罪犯教育工作要求监狱民警必须具备全面的教育能力，这些能力主要有：[①]

1. 组织能力

现代系统科学告诉人们，整体大于部分之和。之所以能够如此，关键在于整体内部的结构合理、结构之间要素相互协调。监狱民警是罪犯教育、教学活动的组织者，要使罪犯教育活动有条理、协调系统地开展，必须合理地配置和运用各种教育资源，形成一种合力，作用于罪犯改造。这种组织协调能力，本质上是将各种积极性综合在一起的能力。

（1）监狱民警还应具备组织管理的能力。苏联著名教育家马卡连柯认为，建立一个好的集体是教育成功的保障。监狱民警不但应成为一个演说家，还应当是一个优秀的组织管理专家。成功的监狱民警能够运筹帷幄，善于协调各种关系，变不利为有利，使罪犯教育工作始终朝着预定的目标发展。一个良好的罪犯集体，对罪犯会起到潜移默化的作用。监狱民警要善于组织罪犯集体，利用罪犯集体的力量来教育罪犯。监狱民警还要善于组织罪犯文化活动，通过这些活动来

---

① 参见南京师范大学主编：《教育学》，河海大学出版社1990年版，第175～178页。

教育罪犯和培养罪犯健康向上的生活兴趣。在这一能力中，威信是重要的因素之一。威信可以分为制度型威信和个人魅力型威信两种，制度型威信是建立在行政权力基础之上的，而个人魅力型威信是建立在个人能力、个人的人格魅力的基础上的。制度型威信随着行政权力的更迭而消失，而个人魅力型威信则会随着监狱民警和罪犯交往的深入而增加。监狱民警应该发展自己的个人魅力型威信，因为这也是一种体现着教育价值的威信类型。

（2）监狱民警必须具备组织教学工作的能力。首先，要对罪犯教育内容及教材内容准确把握，并根据罪犯的身心特点、知识水平、接受能力等，编写出教案，并选择相应的授课方式与教学方法。教案是开展教育、教学工作的脚本，研究分析教材及罪犯是开展教育、教学工作的基本功。其次，监狱民警还必须具备组织课堂教育、教学的能力。教案只是教学活动的脚本，在具体的教学活动中，不能完全按照教案按部就班地开展教学活动，还要根据罪犯的反映，灵活调节教学进程，活跃课堂气氛，妥善处理偶发事件，组织好整个课堂纪律。

2. 表达能力

表达能力是指监狱民警通过语言及体态语等方式向罪犯表露自己的思想、观点、知识、信念、情感等方面的能力。表达能力是一个教育工作者必备的基本能力，缺乏这一能力，就无法开展正常的教育、教学活动。语言表达能力包括口头语言表达能力和书面语言表达能力。教案是以书面语言组织的，具体的教育、教学活动中必须把它转换成口头语言。语言表达要求科学、严密、准确、形象、具体、清晰并富有感染力。模棱两可、含糊不清、词不达意、呆板冗长是教学语言之大忌。专业语言还要合乎罪犯的理解水平，并结合图表、符号、文字表达自己的思想、感情与信念。在与罪犯谈话中，为提高谈话效果，可运用心理咨询中的尊重、热情、真诚、共情、积极关注、倾听、提问、内容反应、情感反应、具体化、面质、解释、指导、内容表达、情感表达、自我开放等心理咨询技术。

体态语指用身体各部分的动作和姿势来表达自己思想、信念、情感，主要包括手势、体态、面部表情、注视、距离等。体态语是传递信息，增强表达效果的辅助手段。合理地利用体态语，对交流思想情感、激发学习兴趣、活跃课堂气氛有重要作用。不合理的体态语，如矫揉造作、低级庸俗的体态语，也会给教育、教学带来消极影响。

3. 自我调控能力

监狱民警不但应具有调节和控制罪犯教育影响的能力，还应具有对自己进行调控的能力。自我调控能力是指监狱民警调整自身知识结构、身心状态的能力。

从宏观上说，监狱作为社会的子系统会随着社会的变化、发展而变化和发展。在这样的条件下，学习化社会要求监狱民警必须根据社会的发展、知识的更新、价值观念的更替及工作的变换，及时更新自己的知识和能力，更替自己的价值观念，以此与社会的发展、罪犯教育形式的发展保持一致。

从微观上说，监狱民警要根据具体的罪犯教育、教学情景，调控自己的思想、心理和行为。在罪犯教育改造过程中，罪犯的表现是各种各样和动态发展的，监狱民警应该根据罪犯的反馈信息，及时调整自己的行为，采取相应的教育策略，以应对发生的实际情景。

另外，监狱民警还必须具有调整自身情感的能力。在教育过程中，要始终处于最佳心理状态，以愉悦、向上的精神状态，去影响罪犯。当然，监狱民警应该结合实际情况，善于用情感的力量去影响罪犯。

（三）良好的身心素质

良好的身心素质包括良好的心理素质和良好的身体素质。

1. 监狱民警应具备的心理素质

良好的心理素质是搞好教育改造罪犯工作的重要条件。监狱民警应具备的心理素质，主要表现在要求监狱民警具有健康的人格、良好的自我意识能力。一是坚强的意志。意志是人自觉地确定目的，根据目的支配和调节行动，克服困难，力求实现预定目的的心理过程。罪犯教育改造工作是一项任务重、时间持久的工作，监狱民警经常面临高度的压力和不良情绪。由于工作的特殊性，监狱民警与社会的联系比较少，生活、工作方式比较单一，自身的不良心态不太容易得到释放。只有具备坚韧不拔、百折不挠的意志力，才能克服重重困难，胜任罪犯教育工作。二是积极、乐观的个性。个性是一个人特有的感情和行为倾向的总和。个性影响着个体对事物的观察和情感体验。监狱民警面对变化多端的教育对象和繁重的工作任务，面对人才竞争的挑战，必须具备积极、乐观、勇于向上、敢于竞争的心理素质。三是良好的心理稳定性。由于职业和岗位的特殊性，监狱民警特别要善于控制自己的情绪，包括喜、怒、哀、乐等易变的情绪，要在工作中注意培养有效调节自己心理状态的能力，以不变应万变。

2. 监狱民警应具备的身体素质

身体素质是个体道德和智慧的载体，是个体成功的物质基础。没有健康的体魄，一切都变得毫无意义。监狱民警工作的繁重性、艰巨性和重大责任性，决定其必须有强健的身体和充沛的精力。身体素质是人体运动综合能力（如走、跑、跳，速度、力量、耐力、柔韧性等）的表现，是公民能否从事监狱民警职业的基础条件。除了应四肢健全、身体无疾病外，还应具有强健的体魄、敏捷的反应能力、和谐的协调能力。加强身体素质的训练和培养，对应对处理工作中遇到的突发事件很有必要。

第三节　监狱民警素质的培养与训练

罪犯教育工作警官指直接从事教育管理和具体实施罪犯教育工作的监狱民警。既包括监狱中的监区、分监区从事罪犯教育工作的人员，也包括各级监狱管理机关中罪犯教育机构的管理人员。监狱民警是罪犯教育工作的主体，在罪犯的教育改造方面起着主导作用。他们的素质如何，直接影响着罪犯教育的效果与罪犯改造的质量。所谓素质的培养与训练，是指通过实施全面的教育培训，提高全体受教育者的整体素质，并使其主动地参与教育培训活动。归根结底，素质教育的立足点在于人的潜能的开发和综合品质的提高。因此，加强对罪犯教育工作警官的选用、培训和提高，努力提高这支队伍的专业化水平，不仅是执行刑罚，提高罪犯改造质量的需要，也是实施罪犯教育管理的主要内容。

一、监狱民警素质培养与训练的必要性

（一）监狱民警素质培养与训练是时代的要求、社会的需要

21 世纪是人类历史上一个空前辉煌的世纪。信息时代已经来临，知识成为社会发展的核心因素。知识经济要求新世纪监狱民警不仅要有复合型知识结构，有创新思维和创新意识，还要有全球化的视野和思维，这些都要求监狱民警素质要有一个全面的提升和进步。

教育培训是世界各国提高警察队伍素质的普遍做法，旨在通过不同形式针对不同层次警察受众的教育培训，充分提高警察个人和团队的基本素质和业务水平，以充分保证执法质量。随着我国对监狱警察专业化和职业化要求的不断提高以及监狱工作由安全模式向质量模式的转变，罪犯教育工作必然要求监狱警察的教育培训也必须朝着专业化和职业化方向发展。这就要求监狱民警素质的培养与训练工作必须注重培训的效果，注重培训工作的科学性与规范性，必须摒弃传统培训中一些只重形式不求效果，既浪费时间又浪费人力、物力、财力的不良做法。

（二）监狱民警素质培养与训练是实现科学发展观和构建和谐社会的需要

构建社会主义和谐社会，是新世纪现阶段全面建设小康社会面临的重大现实课题，也是贯穿中国特色社会主义事业全过程的长期历史任务。在构建社会主义和谐社会的进程中，监狱工作是一个非常关键的因素。高素质的监狱民警既为科学发展观的实现提供政治保障，也为和谐社会的建立提供智力支持，是构建和谐

社会必不可少的重要推动力。现阶段监狱民警整体素质不高，创新能力不足，仍是影响监狱改造罪犯工作质量的重要问题。一些腐败现象、违纪违法现象还十分严重，一些监狱民警的素质能力和作风与新形势新任务的要求还不适应。监狱是国家的刑罚执行机关，它代表国家行使惩罚与改造罪犯的职权。监狱民警作为监狱工作的主体，是刑罚的具体执行者和实施者，是惩罚和改造罪犯的主体。监狱民警的整体素质决定着我国刑罚的执行水平，代表着我国司法实践的整体形象，而其个体素质则反映了我国司法队伍的构成状况，影响着“把罪犯改造好”这一目标的实现。因此，提高监狱民警的个体素质和整体素质，实施素质的培养与训练这一系统工程就显得尤为重要。对于构建和谐社会，解决和谐社会建设过程中的矛盾，具有重大意义。

（三）监狱民警素质培养与训练是改造罪犯工作的需要

随着社会的发展和公民受教育程度的提高，服刑罪犯的“素质”有了很大提高，也使“罪犯替代”现象在监狱越来越普遍。如许多过去由监狱民警做的事情，现在由被改造的罪犯来做，甚至做得更好。被改造罪犯“素质”的提高，使他们对监狱民警有了更高的“期望”。他们希望有更为优秀的监狱民警来做自己的人生向导，以更快更好地完成服刑改造任务。而且，也只有高素质的监狱民警才能真正地尊重罪犯，驾驭罪犯，充分调动他们改造的积极性和主动性。监狱民警只有努力地提高自身素质，具有胜人一筹的施教本领，才能更好地影响和引导罪犯改恶从善，悔过自新。

二、监狱民警素质培养与训练应遵循的原则

（一）理论联系实际原则

在培训中坚持理论联系实际这一原则，一是要做到全面地传授业务知识，阐明罪犯教育的理论体系、基本原理、原则方法等，提高监狱民警的理论水平和业务能力。二是要做到传授的理论知识不能脱离罪犯教育改造工作实践，杜绝脱离实际的空洞说教，坚持一切从实际出发，确保培训更有针对性、更富有成效。这一原则强调的是方法。

（二）按需施教原则

按需施教，是根据监狱民警的工作需要和要求，设计必要的培训内容，做到有的放矢。这一原则强调的是内容。在培训中坚持这一原则，就是要求培训内容必须围绕“需”字做文章，按其所需选择和安排培训内容，因需施教，以保证每次培训都会有较大收益。培训工作还要注意根据不同时期政治经济形势变化，中心工作的转移和培训对象的岗位职能要求，选择适宜的和相应的培训形式。

（三）学用一致原则

学用一致原则主要是针对学习目的而言的，它与理论联系实际原则既有联系，也有区别。学用一致原则特别强调了培训方式和培训目标之间的相互联系。培训的目的在于学以致用，它具有鲜明的实用特点。在培训中坚持这一原则，一要树立明确学习目的，端正学习态度，完成培训计划。二要根据培训内容和不同岗位的不同特点，选择培训对象；或根据培训对象的客观要求，选择、确定培训内容，使培训对象与培训内容保持一致。三要做到培训与应用有机结合起来，真正达到学以致用的目的。

（四）讲求实效原则

讲求实效原则是针对培训结果而言的。坚持这一原则，培训工作不仅要注意根据实际培训需要，增大规模，增加层次，增多数量，而且更重要的是注重培训质量，确保培训效益。没有效益的培训是徒有虚名的培训，是劳民伤财之举。因此，在具体实施培训中，既要制定周密的培训计划，确立科学的培训目的，又要细化培训目标，使计划更具有可操作性，有更好的社会效益，不能搞形式主义，更不能走过场。

三、监狱民警素质培养与训练的途径

（一）更新培训理念，提高思想认识

理念是一切工作的先行者，决定人们工作的方式方法。先进的培训理念可使培训工作取得事半功倍的效果。当前要通过对培训管理者和参训民警开展培训理念更新教育，让广大民警切实从思想上树立"理论联系实际、学用一致、讲求实效"的培训理念，让他们充分认识培训工作对提高岗位履职能力，公正文明执法水平，更好地适应监狱工作的新形势、新任务、新要求所发挥的重要作用，从而更好地端正学习态度，由"单位组织要我培训"向"我要培训"转变，提高培训的自觉性和主动性。

（二）整合培训资源，开展分类分层培训

在目前的状况下，建设大规模、专业化的监狱民警培训基地尚需时日。在目前的过渡时期，应在合理利用教学资源，尽量减少培训成本上做文章。可建立省和监狱两级培训基地，省一级培训基地应与当地有师资条件的政法院校联合，借助院校有效的教学资源大力开展教育培训工作，省级培训基地培训对象应是监狱领导、监狱后备领导、科监区主要负责人；监狱级培训基地培训对象应为监狱科监区以下民警，分监区一线民警和新警应列为培训重点。

（三）增加监狱警力，适当延长培训时间

我国监狱警察结构由于历史的原因，分布很不合理，主要是直接从事罪犯管理的民警数量不能满足繁重的改造、生产任务的需要，基层警力紧张状况依然十分严重。鉴于此，国家应大幅增加监狱警察编制，从根本上缓解警囚比例严重偏低状况，只有这样，监狱民警的培训时间才有保障。在确保不影响基层警力的条件下，适当延长培训时间及缩短培训间隔时间，必要情况下可实行动态的培训时间调节模式。可以将单次培训时间延长，根据不同的培训形式及课程配置的需要将培训时间延长至两个月甚至更长，同时将培训间隔时间缩短。可以在两次晋升培训的间隔期内插入有针对性、分受众群体的专业培训和知识更新培训，并尽量使每名监狱民警每年受训不少于一次。这样才可及时更新监狱民警的知识储备，提高监狱工作效率。

（四）改良培训内容，合理设置培训课程

在培训内容的确定和选择上，要把与监狱工作密切相关的法学、监狱学、警察管理学、社会学、教育学、生产经营管理等专业知识培训作为基础，以提高岗位履职能力为重点，进一步强化心理学、管理学、信息学、计算机、刑事侦查、处理狱内突发事件演练、谈判技巧以及西方国家监狱管理比较研究等学科的培训。尤其要强化实战性科目的配置，以此进一步开阔监狱民警视野，拓展监狱民警工作思路，优化知识结构，增强工作能力，使监狱民警实现从“看守型”向“专家型”“战员型”的转变。课程设置要考虑其整体性和系统性，强化其实践性和前瞻性，并根据具体的监狱工作需要实行课程的动态调剂，尽量避免片段式的培训课程设置。

（五）加强经费保障，创新培训方法

把培训经费纳入国家财政预算，实行专款专用，不得挤占和挪用。创新培训的手段和方法，采用网络、电化教学、视频系统等科技手段开展远程教学，这样既可节约培训成本，又能节省单位警力，如现在开展的“5 + X”公务员能力培训，就可以由省局聘请专家教授进行专题辅导，制成碟片下发，或通过内网视频收看。要针对不同类型的监狱民警采取不同的培训方法，如对新警培训，可用半年至一年的时间进行脱产培训，让他们切实增强监狱警察的身份意识，强化对罪犯的惩戒意识。对一线民警的培训就要和科监区以上民警的培训区别对待，主要是加强实用技能培训，开展体能训练和能力拓展方面的训练，通过培训达到提高其实务操作水平的目的。

（六）加强培训纪律约束，建立长效考核评估机制

“没有规矩不成方圆。”要改变目前培训效果不理想的处境，除了上述措施外，还要建立一套行之有效的考核评估机制，加强制度建设，如建立理论学习培训制度、监狱民警岗位培训和任职资格培训制度、定期轮训制度等。采取强制手段让对培训抱无所谓态度的人转变观念。一是严肃培训纪律，加强培训过程和效

果的检查考核。将学员的出勤情况纳入考核指标，同时，对教育培训的实效进行硬性考核，把好考试这一重要关口，杜绝考试中的作弊行为，采取高考式的方法也不过分，只有这样才能让参加培训的学员积极努力去学习。二是运用正负激励手段，调动监狱民警的学习积极性。每期培训班都要根据培训的目标设定科学的考核指标，并按照每个监狱民警的学习培训情况，依据教育培训的内容、标准和具体要求进行详细的考核，对在培训考核中成绩突出的优秀学员，应该在坚持德才兼备、群众公认、注重实绩的前提下，优先提拔重用。将培训考试成绩与个人竞争上岗、任职、考评相挂钩，对考试成绩优秀者给予一定物质和精神奖励，并记入个人档案，对在培训考核中不合格的学员，应该实行诫勉，并与当年年度考核挂钩。通过量化、细化考核的方式，真正提高教育培训的质量。

（七）鼓励倡导自我学习、自我提高

1. 领导干部在自我学习、自我提高中要率先垂范

监狱领导干部的素质如何，能否适应现代化文明监狱的要求，关系到能否完成党赋予监狱的重任和建设现代化文明监狱的成败。领导干部的地位及其导向、核心作用，决定了领导者素质的提高将对整个队伍的素质建设起到关键作用。因此在新的形势下，要提高监狱民警的整体素质，首先要提高监狱领导干部队伍的素质。监狱领导干部要树立强烈的责任感，带头学习，带头运用，从而带动监狱民警学习的积极性。监狱领导干部必须要做到：具备创新思维、开放思维；注重实干、艰苦创业的精神要发扬；有罪犯改造专家的本领，有敢于“冒尖”、演“大戏”的勇气。

2. 自我学习要求

实现监狱民警思想过硬、业务精通必须调动监狱民警自我学习的热情，主动学习，提高自身素质。一是树立成才意识。明确学习目的，端正学习态度，真正把精力放在学习知识、提高能力上，成为适应监狱工作发展的专门人才。二是选准学习内容。知识的海洋中，谁都不可能掌握所有知识。监狱民警要结合自己的工作实际，选定学习内容，保证学习效果。三是方法要得当。要掌握大量的知识，必须讲究学习方法，提高学习效果。良好的学习方法可以收到事半功倍的效果。四是持之以恒。正确处理工作、学习、家庭关系，合理安排时间，坚持学习，防止忽冷忽热。

3. 注重实际运用，在实践中总结提高

学习培训的目的在于能够运用到工作中去，提高工作水平。亲自参加罪犯改造工作实践，是培养和提高监狱民警素质的基础和关键。有调查表明，一个人的知识，只有20%是通过正规学习教育获得的，其余80%是靠工作实践和在职学习获得的。因此，要注重所学知识、技能的实际运用，着眼于在实践中提高工作

能力。要坚持做到学为所用。把罪犯教育工作需要什么就学什么作为提高自身素质的基本着眼点，从实战角度出发，学习钻研岗位所要求具备的知识、技能，做到学用合一，以学习为动力，以用为目的，把是否能推动罪犯教育工作的开展，提高实际工作水平作为检验学习培训的最高标准。要科学制定自学规划，坚持学习，努力缩小所学知识与实际工作需要的差距。

典型案例剖析

王某，女，现年40岁，案发前在衡阳钢铁厂单位工作，普通职工。该犯与父母、丈夫、儿子感情较好，家庭关系和睦，但其总想发财，过更好的生活。于是，2005年11月至2006年9月，王某伙同他人盗窃单位生产物资，价值共计14万余元，因盗窃罪被湖南省衡阳市中级人民法院判处有期徒刑15年。

该犯现入监时间已过4年，但由于余刑仍很长，面对自己漫长的刑期和严格的规章制度，该犯近段时间表现出明显的消极态度：混刑度日，对同监舍罪犯表现得不爱理睬，而且情绪极度浮躁，对于民警的管教也很漠然，寡言少语。

面对这样的罪犯，作为一名监狱警察，应如何做好她的教育工作？民警自身应具备怎样的素质？

第五章

罪犯教育的内容

第一节 法制和道德教育

《监狱法》第62条规定："监狱应当对罪犯进行法制、道德、形势、政策、前途等内容的思想教育。"这一规定，以国家立法的形式明确肯定了对罪犯进行法制教育、道德教育和时事政治教育，使法制教育、道德教育和时事政治教育不仅是改造罪犯的需要，而且成为监狱机关应履行的基本职责。对罪犯进行时事政治教育，要深入开展以党的历史、党的理论，特别是习近平新时代中国特色社会主义思想为核心的思想政治教育，深入开展以国家改革开放和现代化建设取得的巨大成就为重点的形势教育，深入开展以近期国际、国内发生的重大事件，特别是与罪犯关系密切的事件为主要内容的时事教育，教育引导罪犯充分认识国家经济社会发展、社会和谐稳定的大好形势，消除思想疑虑，增强改造信心，引导罪犯减少仇视、对立情绪，感激感恩党和政府，进而安心改造。对罪犯进行时事政治教育要贯穿于法制教育、道德教育始终。

一、法制教育

对罪犯的法制教育是旨在促使罪犯知法、守法、服法的教育影响活动，是《监狱法》规定的对罪犯进行思想教育的首要内容。

（一）法制教育的意义

1. 对罪犯进行法制教育是促使罪犯认罪服法、接受改造的重要前提

认罪服法是罪犯接受改造的先决条件，如果罪犯不认罪服法，就看不到自身改造的重要性和迫切性，就不可能有积极改造的愿望和动力。罪犯只有过好认罪服法这一关，才有可能服从监管、接受教育、逐步改造。而罪犯不认罪服法的一

个重要原因是其不学法、不懂法，毫无法制观念。因此，只有系统的法制教育，才能够使他们正确认识我国现行法律的进步性，法律判决的正义性、权威性，各种犯罪行为的危害性，从而提高他们辨别是非善恶、罪与非罪、此罪与彼罪的能力，逐步消除对判决的抵触、不满情绪，做到服从监管、接受改造。

2. 对罪犯进行法制教育是维护改造秩序、预防罪犯违法犯罪活动的积极措施

监狱为了维护正常的改造秩序和防止罪犯在服刑期间违法犯罪活动的发生，加强狱政管理和狱内侦查工作，严密对罪犯的监管控制是完全必要的。但这是防守性的、保护性的和震慑性的预防性措施。而实施法制教育则是进攻性的、主动性的积极措施，是从思想上、根本上消除罪犯中反改造活动的攻心战。法制教育能使罪犯明白服从国家法律的判决与遵守监规监纪的一致性。监规监纪是依据国家的有关法律、法规、法令制定的，具有法律效力。作为服刑罪犯，遵守监规监纪就是服从国家法律的具体表现。反之，则是违法行为，严重的再犯罪行为，将会受到国家法律的从重处罚。总之，在罪犯中开展法制教育，可以使罪犯逐渐养成自觉遵守监规纪律和国家法律的良好习惯，从而有利于稳定狱内改造秩序，预防罪犯服刑期间违法犯罪活动的发生。

3. 对罪犯进行法制教育是矫正罪犯恶习，把罪犯改造成为守法公民的必要手段

把罪犯改造成为守法公民，是监狱工作的目标。罪犯已经形成的犯罪思想、意识、恶习，不会因被捕、判刑而消除。开展法制教育，能够动摇、瓦解罪犯不良企图和反改造的动机，抑制其不良行为的发生，使罪犯知法、懂法、进而守法。通过法制教育，还可以增强罪犯的法制观念，使罪犯逐步消除各种支配其犯罪的意识，改变其在犯罪生涯中形成的种种不良习惯，学会正确对待和处理个人与个人、个人与集体、个人与国家之间的关系。开展法制教育，还能使罪犯深刻认识《宪法》所规定的公民权利和义务，正确行使公民的基本权利和履行公民应尽的义务，在刑满释放后，成为一个知法、守法、自觉维护法律的公民。

（二）法制教育的基本内容及主要途径

监狱机关对罪犯进行法制教育，主要包括以下两方面的内容：

1. 法制观念教育

（1）法的基本知识教育

要向罪犯阐明法的起源、本质、特征、功能和人类社会发展过程中法的历史类型及其各自的特征。尤其要着重讲明我国社会主义法的本质、作用、现行法律部门以及我国社会主义法制的基本要求。对上述内容的教育，使罪犯对法有比较全面而深刻的了解，为树立法制观念打下基础。在教育中，要向罪犯强调指出

“有法可依、有法必依、执法必严、违法必究”是社会主义法制的基本内容，任何破坏社会主义法制的犯罪分子，都必将受到法律的制裁。

在对罪犯进行法的基本知识的教育中，应强调以下三点：一是要深刻阐明法的阶级性，阐明社会主义法的合理性、正义性和进步性；二是要反复强调法的强制性，使罪犯树立法的严肃性、权威性和法的不可侵犯性的观念；三是指明法具有稳定性和可变性的特点，以消除罪犯担心政策和法律常变的思想顾虑，消除罪犯幻想翻案、逃避惩罚和改造的企图。

（2）现行主要法律的教育

要根据罪犯的犯罪与改造情况，结合国家法制建设的重点，有选择地学习现行主要法律。

第一，《宪法》教育。《宪法》是国家的根本大法，具有最高的法律效力，是其他一切法律制定的根据。《宪法》既是对全国人民进行法制教育的最重要的内容，也是对罪犯进行法制教育的最重要的内容。要向罪犯讲清《宪法》在我国社会主义法律体系中的重要地位；要重点讲清《宪法》规定的四项基本原则的内容；还要重点突出《宪法》中关于公民的基本权利、义务及两者之间关系的教育。要教育罪犯懂得所有公民都必须履行义务才能享受权利，任何只享受权利而不尽义务的，其结果必然失掉其应享有的某些重要权利。许多罪犯之所以走上犯罪道路，一条重要的原因就是他们只贪图享受权利，不尽义务。

第二，现行刑事法律教育。主要是《刑法》《刑事诉讼法》知识教育。《刑法》是规定犯罪和刑罚的法律，所有罪犯被认定为犯罪，被处以刑罚都是根据《刑法》作出的。因此，《刑法》是对罪犯进行社会主义法制教育的主要内容。在教育中，要联系犯罪构成的诸要素，运用刑罚的原则，启发罪犯进行自我剖析，提高其对所犯罪行性质及其对社会危害的认识；通过关于减刑、假释以及有关保障罪犯权利和义务的教育，鼓励和调动罪犯改造的积极性。在教育过程中，要注意紧密结合罪犯犯罪的实际和思想认识实际，教育帮助他们正确认识和划清罪与非罪、守法与违法的界限，寻找和清除犯罪根源。指导他们正确认识和划清既遂与未遂的界限，并且联系总则和分则中有关的具体规定，分析从重、从轻、加重、减轻和免除的条件，纠正某些罪犯自认为量刑不当、量刑不准、刑罚过重的错误认识。

《刑事诉讼法》是系统规定办理刑事案件程序的法律，是保证准确及时查明犯罪事实，正确运用法律，惩罚犯罪分子的工具。《刑事诉讼法》也是对罪犯进行社会主义法制教育的主要内容。《刑事诉讼法》内容比较广泛，因而在教育时一定要突出重点。教育的重点是：刑事诉讼的原则，侦察、起诉、审判的具体程序，刑事案件执行的具体规定。

第三，现行民事法律教育。主要是《民法典》《民事诉讼法》等的教育。重点讲清公民和法人的地位、权利和责任；债权、知识产权和人身权的法律规定；《民事诉讼法》的程序规定；婚姻家庭制度的基本原则和结婚、离婚的具体标准，以及如何正确处理罪犯婚姻家庭问题。

第四，现行经济法律教育。包括税法知识、资源法律知识、金融法律知识、工商行政管理法规知识等项教育。

（3）监狱法律、法规教育

监狱法律、法规教育包括《监狱法》和与之相配套的监狱行政法规以及依此制定的监狱管理规范。

《监狱法》是改造罪犯的重要法律，与罪犯密切相关。组织罪犯认真学习《监狱法》，有利于促使罪犯端正改造态度，明确改造方向，坚定地走积极改造的道路。要使罪犯通过学习《监狱法》，明白自己在服刑期间哪些是应该做的，怎样去做好；哪些是不能做的，做了要负什么责任。

监管法规是指除《监狱法》以外的，由全国人民代表大会及其常委会、国务院、最高人民法院、最高人民检察院和公安部、司法部公开发布的有关执行刑罚和改造罪犯的决议、决定、命令、规定、细则等。在监管法规教育中，要使罪犯认识和理解我国监管法规体现着对罪犯监管改造的需要，说明监管法规对罪犯生活卫生、保护、文化娱乐等方面的要求和条件，是对罪犯的关心和爱护。通过讲解表扬、记功等奖励规定和记过、禁闭等惩罚规定，促使罪犯认清改造中的两条道路、两种前途。

监规纪律教育也是监管法规教育的一个方面。监规纪律教育是依据《监狱法》、监管法规制定的有关狱政管理规范。监规纪律是维护狱内改造秩序，指导和约束罪犯的行为规则。进行监规纪律教育，要向罪犯阐明监规纪律的教育性、强制遵守性以及监规纪律的重要作用。要注意联系罪犯的实际，说明监狱提倡什么、允许什么、反对什么、严禁什么，指明作为一名罪犯，遵守监规纪律是服刑改造的首要要求。

（4）法制教育途径

对罪犯进行法制教育可以通过以下几种途径进行：

①办特殊学校，进行正规化的课堂教育。监狱通过创办特殊学校，采取正规化、课堂化的形式，对罪犯实施较系统的法制教育，有计划、有步骤地对罪犯讲授法律知识，讲解主要法律条文。在听清弄懂，增强法治意识的基础上，结合各类刑事案例和罪犯改造实际，组织罪犯讨论，谈认识、讲体会、提问题、表态度、定改造措施，并可根据罪犯所提出的各种问题及不同的思想认识，进行有针对性的辅导教育，最终以考试考核等方法予以检验。

②邀请政法机关的权威人士作报告。监狱机关在向罪犯进行正规、系统的法制教育的基础上，还可以邀请公安、检察、法院、司法行政机关领导同志到监狱对罪犯进行法制宣传教育。这种教育应在调查研究的基础上，针对罪犯中存在的普遍问题和突出问题，重点阐明党和国家的刑事政策，讲明某些法律的含义及要求，强调党和国家的政策以及法律的稳定性、一致性。打消各种疑虑，批驳错误思想、批判错误行为，指明改恶从善的光明前途。

③广泛开展形式多样、健康有益的辅助性教育。监狱除了进行正规化、课堂化的教育外，还应采用各种有益的辅助教育手段，广泛开展法制宣传教育，这也是我国监狱对罪犯进行法制教育的主要途径。例如，放映有关法制教育的电影、电视、幻灯片；举办法制教育展览；监区有关法制教育的标语、格言、警句的布置；开展以法制教育为题材的文娱活动等。这些做法，将对破除罪犯犯罪思想，帮助他们树立牢固的法律意识，产生重要的作用。

2. 认罪服法教育

认罪服法教育，属于社会主义法制教育的组成部分。罪犯虽然被判处了刑罚，投入监狱服刑改造，但是并不等于他们在主观上承认了犯罪和认可了刑罚。如果罪犯对所犯罪行都不承认、不悔过，就根本谈不上改造罪犯思想，所以认罪服法是罪犯接受改造的开始，罪犯只有在认罪服法的情况下，才有可能真正服从管理、接受教育。

（1）抓好承认犯罪事实教育

所谓承认犯罪事实，就是承认人民法院依法认定的犯罪事实。罪犯能否承认犯罪事实，是罪犯能否服法、接受管教的前提和基础。在司法实践中，罪犯对犯罪事实的认识是很模糊的，因此，认罪服法教育的首要任务是促进罪犯承认犯罪事实。在教育中，要结合罪犯已经学过的法律知识，联系各种犯罪事实的实际，组织罪犯开展讨论和评议，加深他们对罪行的认识，教育引导罪犯承认依法认定的犯罪事实。

（2）正确分析犯罪原因的教育

许多罪犯往往把犯罪原因归咎于社会，因此，应该引导罪犯运用外因必须通过内因才能起作用的原理，去看待造成犯罪的主观、客观原因。认识罪犯本身的主观方面是造成犯罪的决定因素，深挖犯罪思想根源，消除由于剥削阶级思想影响和资产阶级生活方式的腐蚀而在头脑中形成的各种反动的、陈旧的、落后的观念。引导罪犯找出最主要的、最直接的主观原因，并予以批评和纠正。

（3）正确认识犯罪危害的教育

罪犯对其犯罪危害的认识，是罪犯认罪服法的一个重要条件。但是相当多的罪犯对所犯罪行的社会危害都认识不足，只局限于个人犯罪造成的直接后果或经济损失。因此，应运用查找、对比和算细账的办法，使之从政治上、思想上和经济上认识到犯罪所造成的有形的和无形的危害、直接的和间接的危害。同时，从现实和历史的角度，揭示犯罪对社会主义物质文明和精神文明建设、对国家和人民群众、对被害人及其家庭、对自己的家庭和子女造成的严重危害。促使罪犯从更深层次上认识犯罪的危害。

（4）破除不认罪观点教育

罪犯中不认罪的情况是客观存在的，归纳起来，主要有以下几种论点："无罪论"（否认自己的行为是犯罪），"轻罪重判论"（承认犯罪，但罪行不重，判刑过重），"犯罪外因论"（把犯罪的主要原因推向客观，妄图推卸责任），"有错无罪论"（把犯罪行为视为一般性的错误，因而感到不应定罪判刑）等。在认罪教育中，应当针对种种不认罪的思想观点和谬论，组织罪犯有目的、有准备地开展辩论，进行批判，使罪犯加深对犯罪实质的认识。

（5）抓好交代余罪的工作

司法实践中，罪犯中除了初犯、偶犯和过失犯、渎职犯以外，往往都有大小不等的余罪，特别是惯犯、累犯隐瞒余罪较多。隐瞒余罪的罪犯往往具有很大的危险性。因此，监狱机关应认真抓好坦白交代余罪，检举揭发监内外犯罪活动的教育。

（6）认罪服法教育的主要途径

①采取普遍教育，以解决罪犯认罪服法教育中面临的共性问题。通过采取上课、集体教育的形式，对所有罪犯进行普遍性的认罪服法教育，以解决罪犯中存在的不认罪和不服法的共性问题。通过对罪犯的教育要向罪犯讲明认罪服法教育的目的、意义和要求；讲明我们党和政府有关惩办与宽大、坦白从宽、抗拒从严和给出路的政策；向罪犯分析认罪与守法、认罪与改造的关系，认罪服法与改造前途的关系。

②实行分类教育。分类教育是在对罪犯进行普遍性教育的基础上进行的继续教育。分类教育中类型的划分，可根据认罪服法教育的要求和罪犯认罪服法的情况，既可以按罪犯的犯罪性质进行划分，也可以按罪犯的认罪服法程度划分，还可以根据罪犯的改造表现情况划分。

③注重个别教育，以解决特殊问题。在认罪服法教育中，个别教育要贯穿于整个教育始终，这也是认罪教育中最重要、最常用的方法。实施个别教育前，要做到熟悉案情，熟悉教育对象的性格特点，熟知其不认罪服法的思想观点和表现。教育中要坚持正面启发诱导，对其错误的思想观点据理驳斥，对其反改造行为据理揭露批判。同时，要讲究谈话教育的艺术，注意斗争策略，搞好政策攻心。在教育过程中既要坚定信心，又要有耐心和毅力，不要怕罪犯思想认识

上的反复，要集中全力找出其不认罪的根源和症结所在，对症下药、有的放矢。

④充分发挥法律政策的威力。在认罪服法教育过程中，要善于运用和发挥法律与政策的威力，积极主动地取得法院、检察院、公安机关等政法机关的密切配合和支持。根据罪犯认罪服法情况和改造表现，及时召开兑现法律政策的奖惩大会。对于能够主动交代反改造行为，交代隐瞒余罪的，应当建议免予或依法减轻处罚，检举揭发他犯或犯罪同伙有功的还应给予记功，呈报减刑、假释等奖励。对于拒不认罪服法并有反改造行为的，或者有余罪经查实拒不交代的，应及时依法从重惩处。通过召开各种奖惩会议，发挥法律政策的威力，使罪犯树立法制观念，认罪服法，安心服刑，接受惩罚和改造。

二、道德教育

道德是调整人们之间以及个人与社会之间关系的行为规范的总和。它渗透于社会政治的、经济的、法律的、思想文化的一切社会关系之中，贯穿于社会的一切生活范畴和实践活动。监狱对罪犯开展道德教育主要包括人生观教育、价值观教育、道德观教育。

（一）道德教育的意义

道德教育，是一定社会或阶级为使人们接受和遵循其道德规范，而有计划、有组织地实施的系统的道德影响活动。道德教育是道德建设的重要形式，在社会的道德建设中起着重要的作用。

监狱对罪犯开展道德教育，目的是改造罪犯原有的道德观，提高其道德修养，使罪犯能够运用社会主义道德标准，去对照、检查、调整自己的日常行为。

道德教育，对罪犯的重新社会化具有特殊意义。从因果关系说，罪犯之所以走上犯罪道路，绝大多数是从道德败坏开始的。从改造罪犯的目的出发，最低限度是使他们知法守法。从更高的要求说，则应提高他们的道德观念，唤起他们的良知，重塑改恶向善的“内心体验”。具体地说，就是以社会主义的道德规范体系改变他们的利己主义、个人主义、自私自利、损公肥私的不道德信念，从而对违犯社会准则的不道德行为知耻、愧疚，提高知善知恶的能力和去善去恶的自觉态度，从思想基础上解决再犯罪的问题。

道德教育，对于罪犯的改恶从善具有认识、调解、评价、指导、规劝等特殊功能。从某种意义上说，政治更多是“大道理”，而道德更多是“小道理”。“大道理”固然要讲，但实践表明，对于政治觉悟、心理素质、文化水平普遍偏低的罪犯来说，“小道理”更符合他们接受教育的起点。如果说政治教育和法制教育更多的是给罪犯以威慑的话，道德教育则更多的是给罪犯以善导，唤起他们内心的良知，从根本上解决问题。

（二）道德教育的内容

结合罪犯的改造情况，对罪犯进行道德教育应着重选择以下内容：

1. 人生观教育

所谓人生观，就是对人生总的看法，对人生目的、意义的一贯的信念和态度。人生观在一定程度上决定着人生的方向和道路。

对罪犯进行人生观的教育，对于促进罪犯的改造具有重要意义：第一，有助于罪犯认识走上犯罪道路的原因。许多罪犯走上犯罪道路，是他们接受了剥削阶级的人生观，选择了错误的人生方向和道路的结果。对罪犯进行人生观教育，消除剥削阶级人生观的影响，将有助于他们建立正确的人生观。第二，有助于调动罪犯的改造积极性。罪犯在服刑期间，面临着严峻的人生问题。刑罚加身、身陷牢房的现实，使罪犯在认识人生问题上，很容易出现困惑和偏颇，这将直接影响着罪犯的改造表现。人生观教育可以澄清他们在人生问题上的糊涂认识，并正确认识和处理这些人生问题。第三，有助于罪犯巩固改造成果。罪犯服刑结束回归社会后，还会遇到一些特殊的人生问题。他们在人生道路上的犯罪经历，服刑改造经历，使他们在婚姻、就业、人与人之间的关系方面，都受到一定的压力和挑战。通过人生观教育，罪犯树立正确的人生观，将有助于他们正确对待和处理回归社会后面临的人生问题。

结合罪犯的实际和改造的需要，在人生观教育中要着重安排如下的教育：一是人的本质的教育，要教育罪犯认识人的本质是社会关系的总和。人的本质又是随着历史的发展而改变的，因而是历史的、具体的本质。理论上弄清了人的本质，就有助于罪犯去清除头脑中诸如“人的本质是自私的”“人的本质就是趋利避害，追求感官快乐”等错误的人生观，为罪犯树立正确的人生观奠定基础。二是人的价值的教育，要教育罪犯认识人的价值是个人价值和社会价值的统一，是个人对社会的责任和贡献与社会对个人的尊重和满足的统一。要教育他们在服刑期间用努力改造、重塑灵魂来实现自己作为人的价值。三是人生观与罪犯改造关系的教育，要使罪犯认识到人生观是其改造的根本问题。其之所以走上犯罪道路，一个主要的方面是因为受到错误人生观支配。有的罪犯经过一段改造转变后又出现反复，归根结底还是由于人生观问题没有彻底解决。

2. 价值观教育

价值观就是人们对所有同价值有关的问题的看法和认识。它是在个体社会化过程中逐步形成的，是个体世界观的重要组成部分，更是人生观的核心内容。大多数罪犯之所以走上犯罪道路，价值观的失范起着重要作用。因此，必须对他们进行价值观教育。

概括地讲，罪犯价值观的失范主要是由错误的价值观念、错误的价值评价、错误的价值取向、错误的价值实现构成的。因此，对罪犯价值观的教育可从以下三个方面着手：

（1）转变罪犯错误的价值观念。罪犯价值观念的错误在于：只讲个人价值，不讲社会价值；只讲奢侈享受，不讲劳动创造；只讲人身价值的一致性，不讲实际价值的差异性。因此，要转变罪犯的价值观，必须通过教育使他们能够从个人与社会的联系中认识自身价值，以创造性劳动来确立自身价值，以社会评价来衡量自身价值，从而使他们的个人价值与整个社会价值结合和一致起来。

（2）更新罪犯的价值评价。罪犯的价值评价主要表现为：以割裂主观与客观、相对与绝对、功利性与非功利性之间的关系为特征，以满足个人的需要、个人利益为核心，以金钱、权利、享受、实用的多少为尺度，以个人价值否定社会价值。所以要把罪犯改造成新人，就要引导他们调整好价值评价体系，解决好对金钱、权利、享受等价值的认识问题，正确对待金钱、权力、享受等，使他们的价值评价标准符合社会需求。

（3）完善罪犯的价值实现。价值的实现，需要具备一定的主客观条件。我国优越的社会主义制度为价值的实现提供了优越的客观条件。在此大背景下，罪犯未来的人生价值能否实现，还要靠他们自身的努力。根据罪犯价值失范的具体情况，必须在清除错误的价值目标、价值手段、价值途径的基础上，树立正确的价值目标，掌握实现价值的正确手段，坚持正确地实现人生价值。

3. 道德观教育

道德是人们在社会生活中的行为准则和规范的总和。道德对社会生活及其发展进程起着积极的影响作用。罪犯以往违犯法律规范的行为，同时也违犯了社会的道德规范。因此，罪犯的改造过程，必然也就有道德观的教育矫正过程。

对罪犯进行道德观教育，重点要讲清以下四方面内容：

（1）道德基本知识的教育。在教育中，要对罪犯讲清道德的本质、特点及作用，讲清道德的阶级性和社会主义道德的基本要求。

（2）道德与法律的相互关系的教育。道德观教育在改造罪犯中不仅具有其本身的作用，而且还为法制教育创造思想基础和提供舆论的准备。道德和法律同属于行为规范的范畴。法律为强制性的社会规范，是社会道德准则的强烈化和条文化。可以说，法律是道德的权力支柱，道德是法律的精神支柱，在社会生活中二者是不可分的。

（3）社会主义道德规范的教育。首先，要向罪犯讲清社会主义道德的概念及其形成，讲清社会主义道德的集体主义原则。其次，教育罪犯树立社会主义道德风尚，爱祖国、爱人民、爱劳动、爱科学、爱社会主义，祛除他们头脑中的旧道德。最后，联系罪犯的现状和未来需要，对他们进行日常生活行为中有关礼仪、态度、风格、文明礼貌的教育和训练。

（4）道德修养教育。道德修养是指人们依据社会生活和社会道德要求，对自身道德素质的自我改造和自我完善。道德修养是个体道德形成和提高的内在因素，对个体道德品质的形成至关重要。因此，应该把道德修养教育纳入罪犯道德教育的内容。

要教育罪犯按照社会主义道德规范的要求去实践、磨炼、陶冶，逐渐祛除不良品德，养成良好的道德品质。要教育罪犯掌握道德修养的方法：首先，要从点滴小事做起，勿以恶小而为之，勿以善小而不为；其次，要敢于自我解剖，对自己的缺点进行毫不留情的自我批评；最后，要慎独，在任何情况下，甚至在独自一人无人监督的情况下，也要自觉地严格要求自己，不做任何有损道德的事情。

（三）道德教育的方法

罪犯道德教育是矫正罪犯道德品质的工作，在教育中，应采取针对性的教育方法：

1. 理论灌输法

教育是有目的、有组织的系统教授活动，既然系统传授，就离不开理论灌输。就道德教育来说，无论是帮助罪犯认识旧道德的丑恶性，消除旧道德的影响，还是教育罪犯树立社会主义新道德，都离不开理论灌输。由于罪犯道德教育的艰巨性和复杂性，理论灌输不仅是必需的，而且是应该反复进行的。同时还要讲究渐进性，使理论灌输适应罪犯的现状和发展的趋势。

2. 广泛开展富有针对性的精神文明活动

道德具有强烈的实践性，因此，道德教育要适应实践的客观状况和客观要求，要注意引导受教育者践行道德义务。开展精神文明活动，就是要求罪犯践行符合社会主义道德的活动。在罪犯中开展精神文明标兵活动，开展向昨天告别奔向新岸的活动，开展读书读报活动等，都是道德活动的践行。这不仅有利于培养罪犯养成一些良好的行为习惯，而且有助于罪犯在主观上形成反映这些活动的特殊认识和特殊感受。开展这些活动要注意发挥榜样作用，注意运用典型对比的方法，同时要加强舆论的抑扬作用，使罪犯在参加这些活动时，既有引以为戒的典型，又有诱导前进的榜样。精神文明活动的形式丰富多样，开展这项活动时要结合罪犯的实际情况和监狱的实际，注意讲求实效，防止搞形式主义和一味追求活动规模与标准的现象发生。

第二节 文 化 教 育

一、文化知识教育

（一）文化知识教育的意义

1. 有利于提高罪犯接受思想教育的能力

一般来说，文化知识与思想觉悟是成正比的。文化知识水平越高，思想就越具有深度和广度，对党的方针、政策，对国家的法律、法规，对时事的发展和进步，就理解得越透彻，犯罪的可能性就越小。当然，文化水平低的不一定就会犯罪，但从我国监狱押犯实际情况看，文化水平低的占大多数。因为缺乏文化知识，他们中的很多人不了解人类的发展和进步，不了解我国的历史和文化，不了解党和国家的方针、政策，不了解国家的法律和法规，行为触犯了国家的法律还懵懵懂懂的大有人在。因此，文化水平低下是犯罪的重要原因之一。

教育改造罪犯的关键是进行针对性的政治思想教育，但它是以一定的文化知识水平为基础的。罪犯的文化知识水平提高了，认识力、理解力才能相应提高，政治思想教育的成效才能充分发挥出来。一般而言，文化水平越低的人，思想就越固执，就越认“死理”，小道理不服，大道理不认，接受思想教育的能力就差一些；文化水平相应高一些，知识面宽一些，观察力、理解力、认识力就会相应好一些，接受思想教育的能力就会强一些。对罪犯进行思想教育，总是通过一定的形式展开的，讲课、读书、讨论、记笔记等，没有一定的文化知识，这些活动就无法深入进行。讲课听不懂，读书读不通，讨论不会发言，记笔记不会写字，思想教育怎么落在实处？很显然，对罪犯进行思想教育，同时要进行文化知识教育，努力提高罪犯接受思想教育的能力。

另外，罪犯必须要有一点马列主义、毛泽东思想和邓小平理论的常识，以马列主义、毛泽东思想、邓小平理论“三个代表”重要思想、科学发展观、习近平新时代中国特色社会主义思想为指导，改造思想。这样即使回归社会后，在复杂的社会生活中，也能明辨是非，站稳立场，做到不犯错误和少犯错误，不再重蹈覆辙。

2. 有利于提高罪犯掌握职业技术的能力

调查表明，大多数罪犯都是因为身无所长，又想不劳而获，逐步走上犯罪道路的。所以，监狱在对罪犯进行思想教育、文化教育的同时，还要进行技术教育，使他们掌握一技之长，为他们回归社会就业创造条件。然而，人的技能的形成是以对知识的领会为前提的，文化水平的高低直接影响着对知识的理解和领会程度。也就是说，没有文化学技术是相当困难的，文化水平不高技术水平也难以提高。只有具有了一定的文化知识，才能看懂图纸，计算数据，了解机器构造，知道材料性能等，文化水平逐步提高，技术水平才能逐步提高。只有使罪犯有了一定的文化基础，把他们改造成有一技之长的有用之材的愿望才能成为现实。

进行文化知识教育，提高罪犯掌握职业技术的能力，对罪犯回归社会自食其力有十分重要的意义。当然，只要热爱劳动，吃苦耐劳，或者熟练掌握生产技能，仍然是能自食其力的。但是，科学技术的发展，对劳动力素质提出了更高的要求，没有文化、没有技术是不能适应社会发展的。即使种田也要讲科学，科学种田才能增产、增收，科学技术是第一生产力。所以说，罪犯文化水平提高了，技能水平提高了，适应社会发展的能力才会增强，参与社会竞争的能力才会提高，改造罪犯的成果才能得到有效地巩固。

实际上，文化和技术并不是绝对分开的。文化中有技术、技术中有文化，提高文化知识水平的过程，也就是提高技术的过程。罪犯在接受文化知识教育的过程中，掌握职业技术的能力也会很自然地得到提高。

3. 有利于提高罪犯的文明程度

罪犯犯罪的重要原因之一，是分不清善恶美丑，颠倒是非黑白，追溯更深层次的原因不难发现，大多数是因为缺乏文化知识，愚昧无知，分辨是非、抵制各种不良习惯的能力太差。如果罪犯文化知识水平高一点，对国情、对社会、对国家的政策和法律了解得多一点，他们分辨是非的能力，抵御不良习气影响的能力就会强一点。对罪犯进行文化知识教育，正是增强他们这方面能力的有效措施。

当前，押犯中大多数是年轻人，年轻人思想活跃，兴趣广泛，精力充沛，喜闹爱动，加上许多人在社会上养成一些不良习气，很容易滋生各种是非。如果很好地引导、组织他们学习文化知识，就可以把他们的兴趣和精力集中到学习上来，滋生各种是非的机会就会相对减少。同时罪犯文化素质提高，自我约束能力就会增强。常言道，知书达理。读书越多，明白的道理就越多，自我修养的要求就越高，自我约束的能力就会增强。尤其是暴力犯罪的罪犯或性格暴躁的罪犯，接受文化知识教育，有很好的改造作用。文化提高了，书读多了，“蛮”“暴”的性情就会得到改善。

社会主义文明是人类更高类型的文明，社会主义文明包括物质文明和精神文明两个方面。精神文明建设是社会主义建设的重要方面，党和国家十分重视社会主义精神文明建设，把它放在同物质文明同等重要的位置。人的素质的提高，是精神文明建设的重要内容之一。罪犯是公民的一员，罪犯素质也要提高。人的素质包括很多方面，文化素质是其中最基本、最重要的素质之一。对罪犯进行文化知识教育，是提高罪犯素质的重要途径，是监狱加强社会主义精神文明建设的有力措施。罪犯接受文化知识，努力提高自身素质，也是适应社会发展与进步的客观要求。

（二）文化知识教育的组织

1. 编班与课程设置

入监关押的罪犯，年龄有大小，刑期有长短，文化有高低，怎样根据复杂的现实情况，合理编班和设置课程，既能保证文化知识教育的顺利进行，又能保证罪犯在一定的时间内掌握相关学历的文化知识，是首先要解决好的问题。

根据《监狱法》的规定和要求以及文化教育的实际情况，监狱对罪犯的文化教育，一般进行扫盲教育、初等教育和初级中等教育。因此，常规的可分为：扫盲班、高小班、初中班、提高班（自学班）四个层次。

（1）扫盲班

扫盲班对象为确系文盲、半文盲的罪犯，设置识字、算术和常识课程。一般一年到两年要求脱盲，能读书看报、写信，掌握整数和小数的四则运算。

（2）高小班

高小班对象为有一定文化基础（小学四年级以上水平）和扫盲班结业的罪犯，设置语文、数学、政治常识、自然常识等课程。要求两年学完课程，经考核合格达到小学毕业文化程度。

（3）初中班

初中班对象为具有小学毕业文化程度和原为初中生而未完成学业或名为初中毕业实无相应水平的罪犯，以及在监内经过高小班学习结业的罪犯。一般设置语文、数学（代数、几何）、理化、史地、政治、法律等课程。要求三年学完课程，经考核合格达到初中毕业文化程度。

（4）提高班（自学班）

根据在押犯的文化情况和监狱文化教学的能力，可酌情开设高中班，以补课教学即缺（需）什么补什么和学历教育即系统教学相结合，学制二年至三年。课程参考社会高中或补课需要开设。同时鼓励具有高中以上文化程度的罪犯参加高等自学考试或函授自学教育，并编班加强管理和组织教学辅导。

编班要兼顾管理需要与教学需要相统一的原则，既不能过分强调管理需要而使班级不分层次和人为减少层次，也不能过分强调教学需要层次分得过细，造成组织困难。可以相对集中，从事工业生产的监狱，班级可以分得细一些，有条件的监狱应当打破分监区的界限，统一编班、统一教学，以提高管理和教学质量。

也可以相对分散，从事农业生产的监狱，班级可以据情设置，班级人数过少的，可以参照乡村学校合班教学的办法。从事工业生产的监狱还应根据生产倒班的实际情况，分班时给予考虑，或采取强有力的补课措施，以保证教学的正常进行。还要因地制宜，如果师资不足或其他条件不具备，高小班或初中班也可只开设语文、数学、政治常识三门主课。

总之，分类编班以有利于文化教育的正常进行为目标，不能固守教条、生搬硬套。课程设置，既要考虑罪犯原有文化基础和接受能力以及罪犯刑期、监狱生产需要等因素，又不能违背教学规律，努力做到科学、合理、有效地分类编班和设置课程。

2. 学籍管理

根据《监狱法》的规定，对罪犯的文化知识教育列入所在地区教育规划；罪犯接受教育，经考试成绩合格的，教育部门发给相应的学业证书。因此，监狱对罪犯的文化教育以办学的形式进行，一定要认真做好学籍管理工作。

（1）入学注册

根据司法部的规定，罪犯年满45岁以下，初中以下文化程度，有学习能力的，都应当接受文化知识教育，编班实施教学。罪犯入学后，要建立学籍管理档案，对参加学习罪犯的基本情况详细登记，并认真做好入学教育工作。每学期开学时，要求罪犯在规定的日期内办理注册手续，学期末对罪犯学习情况作出鉴定，存入档案。编班不当，罪犯明显跟不上学习进度的，可以适当调整，但罪犯不得要求退学。

（2）成绩考查与升留级

成绩考查分为平时成绩和试卷成绩，分别占总分的30%、70%。考试采取开卷或闭卷形式，以闭卷为主。闭卷考试，应按教育部门的要求拟定试题，不得随意降低标准；应采取相应的保密措施，严防泄题漏题；应严肃考场纪律，端正考风；应严格批阅卷程序，保证真实反映学习成绩。

（3）毕业考试与发证

罪犯学完教学计划规定的课程后，组织毕业考试。毕业考试必须在当地教育部门的指导下进行，由教育部门命题或经教育部门认定由省监狱管理局教育处拟定试题。罪犯经考试成绩合格的，发给教育部门统一核准的毕业证书。考试成绩不合格者，可以补考一次；经补考，仍有两门以上不及格者，发给结业证书，并允许在一年内申请补考，及格者可补发毕业证书。

3. 自学的组织

（1）自愿报名

凡要求参加监狱函授教育和高等教育自学考试的罪犯，必须坚持自愿报名的原则，由本人提出申请，由监狱教育科审查批准。监狱鼓励罪犯参加自学，以提高文化知识水平，但不宜采取强制措施。有条件的可以与社会大中专院校联系，在监狱开设班级，要求有一定文化程度的罪犯参加学习。

（2）监狱审查

一是对罪犯的表现进行审查，表现一贯不好的，不得批准参加高等教育自学考试；二是对罪犯的文化程度和学习能力进行审查，文化程度和学习能力与所报自学内容相去甚远的，不予批准；三是对学习要求的条件进行审查，要求出监面授的，一般不予批准。

（3）提供学习方便

一是提供通信上的方便，保证罪犯函授学习上的通信及时畅达；二是提供学习资料上的方便，必要时干警应当帮助罪犯邮购或购买学习资料；三是提供学习时间上的方便，给予与教学班其他学员同等的学习时间，有条件的监狱，可以将自学罪犯编班集中自学；四是考试上的方便，根据需要给予罪犯适当复习和考试时间。

（4）高等教育自学考试的组织

高等教育自学考试是由省高自考委统一组织的，罪犯必须在规定的时间、规定的考场参加统一考试。监狱应当将参加自考的罪犯集中起来，送达考场，同时加强警戒和看守，确保安全。罪犯参加高等教育自学考试达到一定数量的，省监狱管理局可以与省高自考委联系，在监狱设立考场，以确保考试期间罪犯的安全。

4. 教研活动与教员培训

为了不断提高教学质量，监狱（学校）应当适时组织开展教研活动，加强教学经验的交流，促进教学水平和教育管理水平的提高。实践中开展的比较多的教研活动有教学观摩、集体备课、教材研究、教育方法实验等。教研活动采取定期组织与不定期组织相结合，有计划地进行。年初应当对学年教研活动作出安排，在充分准备的情况下展开，以保证活动的有效性。一般的教研活动由监狱（学校）组织，省局每年应当组织一两次规模较大的教研活动，加强教研活动的广度和深度。监狱（学校）从事文化知识教育的教员有专职的，也有兼职的；有监狱民警，还有一部分经过挑选的罪犯。教员的教学水平、教学能力和教学经验参差不齐，有必要组织培训。专职监狱民警教员应当定期或不定期地选送到相关院校进行正规的培训；兼职教员应当采取短期培训形式组织培训；罪犯教员应当由监狱组织培训。对罪犯教员还应当进行定期或不定期的考核，教学能力差的要限期提高；确实不能胜任的要及时更换；改造表现不好的，取消任教资格。对教员也要引进竞争机制和监督机制，监狱民警教员的教学表现应与职称挂钩；应定期组织对教员的评议，采取教员评议教员与学员评议教员相结合，督促教员自觉提高教学水平。

5. 考核与奖惩

（1）考核

考核包括两个方面：一是罪犯学习情况的考核，旨在加强学习纪律，确保教育到位，维护正常教学秩序。二是教学质量情况的考核，旨在不断改进教学方法，提高教学质量。考核的内容主要有：上课点名，考核到课率；抽查作业，考核作业完成率；期末和年终考核及格率和升学率。监狱（学校）应制定相应的管理制度，并严格考核，做好记录，归档备查。

（2）奖励和惩处

为加强教育管理，调动罪犯学习积极性，促进思想改造，应根据罪犯在学习中的不同表现，做好奖惩工作。对学习态度端正，学业成绩优良，一贯遵守课堂纪律的罪犯，可予以表彰和表扬。每学年可以开展评选优秀学员活动，设立单项表扬奖。对有违反学习纪律、无故旷课、课堂上无理取闹、考试作弊等行为的罪犯，应视情节轻重予以处分。

（3）奖惩与百分考核和分级处遇挂钩

罪犯接受文化知识教育的成绩和表现，是改造表现中的一个重要方面，应当与百分考核和分级处遇挂钩，百分考核中应当有文化知识教育的内容以及考核办法，并有适当的加减分项目。接受文化教育成绩特别优良，表现特别突出的，可以给予适当奖励，直至呈报记功和减刑。

（三）文化知识教育的方法

1. 课堂讲授

课堂讲授是罪犯文化教育活动中的基本方法。教学工作者和教育工作者，应当明确课堂讲授的基本要求，重视课堂讲授，切实提高教学效率和教学质量。

备课是上课前的准备工作，是讲好课的前提和保证。备课的内容和要求主要是吃透教材，针对教学对象的情况，确定恰当的教学方法与教学步骤。只有把教材吃透，把对象吃透，才能确定恰当的教学方法和教学步骤，才能收到好的教学效果。

上课是整个教学工作的中心环节。要上好一堂课，达到讲课认真、目的明确、内容正确、方法恰当、逻辑严密、形象生动的要求，必须做到：一是明确每堂课的目的和任务，精心选择和组织教学内容，正确贯彻教学原则，灵活运用教学方法，严密组织教学过程；二是讲授内容要准确、透彻、清楚，通俗易懂；三是讲究语言艺术，教态自然，举止端庄，精神饱满；四是板书工整，布局合理，内容简明，重点突出；五是联系实际，讲练结合，因材施教，耐心启发；六是教学环节完整，内容适中，时间安排合理；七是要善于洞察罪犯的心理活动，巧妙运用语言和非语言手段引起罪犯的学习注意，以受到良好的课堂教学效果；八是要注意运用综合活动课、研究性学习等教学方式，培养创新意识，提高教学效果。

2. 课外作业练习

所谓课外作业，是指受教育者根据教育者的要求，在课余时间独立进行的学习活动。

课外作业主要分为课前预习作业和课后练习作业。课前预习作业是上课前的准备，有助于调动受教育者对上课的兴趣，使教学顺利进行。课后练习作业是上课的延续，可以进一步巩固、完善在课内学的知识和技能。由于课外作业是在没有教育者指导的情况下进行练习的，因此对于培养受教育者的独立思考与独立工作，以及学习习惯方面具有重要的意义。

在罪犯教育中，由于罪犯缺乏自觉学习的习惯，所以责成其加强课外作业练习，就显得十分必要。课外作业会占去罪犯一定的业余时间，这不但可以防止他们闲愁难挨而在想入非非中混磨时光，而且可以把他们的主要精力调动到学习知识上来，并养成自觉学习的良好习惯。当然，教育者在布置作业时，一是要考虑罪犯课余时间的长短和实际能力，不能用超量的课外作业作为惩罚犯罪的手段。二是课外作业要符合教学大纲的要求，与课程内容有联系，使课内与课外学习相互促进，掌握知识与发展能力相结合。三是课外作业的难易要适度，形式要多样，注意培养其自觉学习的习惯。四是对课外作业要及时进行检查和评定，以促进所学知识和技能的巩固。

3. 课外辅导

课外辅导是课堂讲授以外对学员个体所进行的教育活动，其目的是照顾个体差异，指导和帮助学员完成学业。课外辅导的形式主要有补课辅导与自学辅导；学业辅导与思想辅导；个别辅导与集体辅导；教员辅导与学员辅导。

4. 测验与考试

测验与考试是有区别的。测验一般内容简短、集中，程序也比较简单，主要是检验学员短期内的学习情况和效果；考试一般内容比较丰富、全面，程序要求比较严格，主要是检验学员一个阶段（学期、学年）的学习情况和效果，毕业考试和学历考试，组织更加严密，要求也更高一些。

5. 开展课外文化活动

课外文化活动是正式教学的必要补充，也是全面发展教育的重要组成部分。组织罪犯开展课外文化活动，是使他们在实践中运用、巩固和补充课内所学知识的有效途径。

课外活动要力求丰富多彩，生动活泼，加强吸引力，使受教育者在热烈、愉快、轻松的气氛中增长知识、陶冶情操。就罪犯教育来说，可以开展的课外活动内容也是很多的。例如，开展读书活动，举办诗歌朗诵会、故事会、歌咏比赛、绘画展览、书法展览，组织各种文化讲座、报告会、参观文化古迹，进行智力竞赛、技巧比赛、文艺演出等。

二、传统文化教育

（一）传统文化教育的意义

1. 传统文化教育是完善罪犯“道德缺失”的重要手段。中国优秀传统文化作为中华民族思想的宝贵结晶，其核心是道德教化，道德教化的最大特点是它强调“由内而外”和“正人正己”。人的思想意识、行为举止都在无意识中深受曾经习得的文化的影响，中华传统文化“仁、义、礼、智、信”观念，“温、良、恭、俭、让”理念，对于罪犯恶习的祛除，罪犯人格的重塑，罪犯心灵的洗涤，将起到“润物细无声”的教育效果。用中华民族传统美德和道德观的教育来覆盖掉、替换掉罪犯的陋习，使罪犯从内心深处认识到自己的过错，开启忏悔改过之心，成为符合社会道德准则要求的人，让他们学会做人、做事，学会与人相处，能够顺利回归社会。

2. 传统文化教育是破除罪犯“监禁人格”的有效途径。“监禁人格”是罪犯在服刑中形成的一种不健全的心理特征和行为模式，即罪犯因监禁生活而形成的反社会型人格、抑郁型人格等人格障碍，监禁型人格将影响罪犯出狱后对社会生活的适应。中国传统文化从细处着手，贴近生活的讲述“仁、义、礼、智、信”“真善美”等理念教育内容的具体化、实用性为罪犯提供了有益的借鉴，促使罪犯在爱国守法、礼仪孝悌、价值观重塑、行为养成等方面实现转变。

（二）传统文化教育的内容和方法

对罪犯实施传统文化教育的内容要注重科学性、系统性。首先，在内容选材上取其精华，要注重选取中国传统文化的精髓，对罪犯改造有正确的引导、直接针对性和普遍影响力的内容。其次，要根据不同类型罪犯特点分类施加教育影响，在教育形式、方法上灵活多样，要分类、分集编制教材、短片。以“好看、好懂、好记、好接受”为基本要求，以“因地制宜、贴近改造、贴近生活、贴近时代”为基本原则。例如，对经济类罪犯，要从“君子爱财，取之有道”的价值观入手，去引导教育他们。通过学习传统文化中的孝道、诚信、自强不息的见解，引导罪犯树立自尊、自爱、自强的精神和自信、自立的人格。将传统文化引入监狱改造中，要发挥监狱民警的主导作用，民警根据不同情况可以通过组织演讲、一封家书、角色扮演等活动，使传统文化在教育改造罪犯、完善罪犯人格方面发挥重要作用。

第三节 职业技术教育

一、职业技术教育的意义

（一）有利于增强罪犯改造的信心，提高改造积极性

被依法判刑投入监狱改造的罪犯，普遍存在对前途悲观失望的心理。特别是对于那些初犯来说，入狱是一生最大的逆转，他们认为自己从判刑开始就成了社会的弃儿，有“一切都完了”之感，对能否改造成为新人缺乏信心。即使那些自己愿意改恶从善，重新做人者，也担心刑满释放后受社会歧视，就业困难，因而悲观失望。这种消极的心理状态反映到行为上必然是意志消沉、混刑度日、不求上进，有的甚至破罐子破摔，抗拒改造。

进行职业技术教育后，罪犯学习职业技能的过程中，会深刻感到党和国家对他们确实不是单纯的惩罚，更不是抛弃，而是要把他们改造成为守法公民和对社会主义现代化建设的有用之材，是为他们刑满释放后的前途着想。于是他们就会从内心深处感受到党的监狱工作方针的英明伟大和改造人的诚意，从而激发起改造的积极性。同时，罪犯在学习一定生产技能以后也看到了自己的价值，看到了希望，从而增强重新做人的信心。

（二）有利于促进监狱生产的发展

随着我国社会主义市场经济体制的建立和社会主义现代化建设的发展，对企业素质和产品质量的要求越来越高，市场竞争越来越激烈。罪犯是监狱企业的主要劳动力，监狱企业能否在激烈的市场竞争中求得生存和发展，在很大程度上取决于罪犯的技术素质。只有提高他们的技术素质，才能生产出具有竞争力的高质量、高性能、高科技含量的产品，才能在激烈的市场竞争中取得主动。实践证明，罪犯技术教育搞得好的单位，产品质量就高，经济效益就好；凡是忽视罪犯技术教育的单位，产品质量就跟不上去，经济效益就差。

要使罪犯成为促进监狱生产发展的因素，就必须进行一定的生产技能培训。这些年来，不少监狱通过对罪犯进行职业技术教育，培养了一批技术力量，在一定程度上改变了罪犯技术素质低下的状况。但是从总体上看，当前无论数量和质量，都还远远不能适应监狱生产发展的需要。同时，随着监狱企业产业结构、产品结构的调整和新技术、新设备、新工艺的广泛采用，劳动力技术素质落后于现代化大生产的状况，已经成为制约监狱经济发展的一个重要因素。在这种情况

下，技术教育如果跟不上去，监狱企业就很难在激烈的市场竞争中站稳脚跟，求得发展。因此，加强罪犯的技术教育就成为监狱生产发展的紧迫任务之一。只有通过教育和培训提高罪犯的技术素质，才能使他们适应监狱生产发展的需要，使监狱经济的增长方式实现由粗放型向集约型转化，促进监狱经济持续、快速、健康发展。

（三）有利于罪犯刑满就业，向社会输送合格的劳动力

搞好罪犯的职业技术教育，提高他们的科学技术水平，是提高全民族科学技术水平的一个组成部分。刑释人员能否妥善安置就业，是影响重新犯罪率高低的重要因素。罪犯刑满释放后要成为社会需要的合格劳动力，就必须具有一定的生产技能。随着我国经济的发展、产业结构的调整以及劳动用工制度的改革，社会上就业竞争日趋激烈，这对刑满释放人员回归社会后就业的冲击是非常大的。由于年龄偏大、文化水平较低以及社会传统势力的偏见，刑释人员中相当一部分都遭遇就业难的现实困境。在这种形势下，罪犯如无一技之长，在回归社会之后就很难谋求一个合适的职业，其生存的处境也就相当艰难。而当前在押的罪犯中，大多数人文化素质低下，生产技能缺乏。如果不给他们补上这一课，他们就不能获得谋生的手段，很容易重新走上违法犯罪的道路。因此，通过职业技术教育，使罪犯掌握一定的生产技能，就能够为他们创造劳动就业的条件，提高其回归社会后的生存竞争能力。这是提高罪犯教育改造质量、巩固改造成果、维护社会稳定、预防和减少犯罪、保障国家和社会建设得以顺利进行的一项必不可少的重要措施。

二、职业技术教育的内容

（一）制定职业技术教育内容的依据

1. 社会发展的基本状况是制定罪犯职业技术教育内容的前提

罪犯职业技术教育的目的是使罪犯掌握一种或几种生产技能，以便在回归社会之后，能够凭借自己的能力在社会上自食其力。因此，其内容一定要根据社会发展的状况来决定，社会上需要什么，我们就给罪犯培训什么。否则，罪犯即使掌握一种或几种生产技能，也难有用武之地，不可能通过自己的能力谋得社会生存的条件。在这里，需要特别提出的是，目前在我国有些监狱，基于监狱生产的条件，罪犯的职业技术教育只是依据监狱生产培养技能。而监狱生产的产品有些已经落后于时代的要求，罪犯掌握了这种技能对其回归社会后自食其力并无帮助。因此，职业技能教育的内容一定要适应社会发展的状况。

2. 罪犯个体情况的差异也是确定罪犯职业技术教育的依据

确定罪犯职业技术教育的内容不仅要考虑社会就业状况（如社会市场对劳

动力的需求、对劳动者素质的要求)，还要考虑罪犯个体情况。因为每一个罪犯的身体状况、家庭环境、个人的兴趣爱好、气质类型等都存在很大的差异，而这种差异导致罪犯个体在接受职业技术教育时会有所选择。对于那些符合他的兴趣，并且认为有能力掌握的职业技术教育，他会欣然接受；而那些不能引起他的兴趣或者认为不能掌握的职业技术教育他就会本能排斥。所以，职业技术教育要考虑不同罪犯的多种需要。

3. 职业技术教育在一定程度上也要适应监狱的生产与发展

由于历史的原因，目前，我国监狱尚担负着一定的生产经营任务。这些生产对罪犯是有技能要求的，现实中罪犯在技能方面的不适应和欠缺，要求监狱机关组织职业技术教育时，也要兼顾监狱生产发展的要求。这样做，一方面是监狱生产经营的必需，另一方面也有助于罪犯在劳动实践中提高职业技能。

(二) 职业技术教育的一般内容

根据上述确定罪犯职业技术教育内容的要求，我们把罪犯职业技术教育的内容具体分为以下几部分：

1. 第一产业的职业技术培训

我国是一个农业大国，农业是我国立国之本，社会对农产品的需求是无期的。另外，在我国监狱里，来自农村的罪犯占绝大多数比例，农业生产是他们最熟悉的。因此，我们对罪犯的职业技术教育，首先应关注第一产业的职业技术培训，具体包括两方面：一是种植业，二是养殖业。种植业包括粮食种植、蔬菜种植、花卉种植、林木种植、草地种植等；养殖业包括家禽养殖、水产养殖、特种养殖（如兔子养殖、蝎子养殖、狐狸养殖）等。第一产业的职业技术培训好处在于教育设施设备的投入不是很大，受教育者一般不需要太高的文化知识基础。同时，这种培训简单易学，适合农村实际，符合罪犯的需要。

2. 第二产业的职业技术培训

对于那些来自城市的罪犯，第一产业的职业技能培训，不能适应他们的需要。监狱机关就要考虑第二产业的职业技能培训，它包括工业中的机械制造，原料加工技术以及机械修理技术等。第二产业的职业技能培训比较符合城市罪犯的实际情况，这些罪犯在进监狱之前，大多因为没有一技之长而沦为无业人员，而城市里很多工厂、企业都需要具备各种一技之长的工人。因此，他们若掌握第二产业的职业技能，回归社会后就能凭借自己的能力自食其力。

3. 第三产业的职业技术培训

随着我国经济的不断发展，人们生活水平和质量不断地提高，社会对第三产业的需求越来越大。因此，监狱对罪犯的职业技术培训应重点关注第三产业的技术培训。第三产业包括修理业如家电修理、汽车修理、摩托修理等，餐饮业如厨师、糕点制作，服务业如家政服务、社会服务等，装修业如城市建筑装修、住宅装修等。从我国目前的情况看，社会对第三产业的技术工人需求量很大，社会就业机会多。这些对于罪犯在刑满释放后改善自己的生存条件、经济状况提供了极为有利的条件。随着我国户籍制度的改革，掌握了第三产业技能的刑满释放人员，无论是来自农村的还是城镇的，都可大有作为。因此，监狱机关在职业技术教育中，一定要重视对罪犯进行第三产业的技能培训。

4. 职业道德教育

随着市场经济的发展，人们的经济观念发生了变化，甚至发生了扭曲和混乱。矫正机构内很多矫正教育对象都是由于经济原因走上了违法犯罪的道路，所以，必须加强职业道德教育。

首先，职业道德教育课应以正确的人生价值教育为主线，围绕爱岗敬业、诚实守信、办事公道、服务群众、奉献社会的职业道德教育和意志品质、适应能力、合作精神、心理承受力等关键能力的培养，进行职业选择、职业理想、职业精神和职业道德原则与规范的教育，使从业者树立全心全意为人民服务的观念，确立主人翁意识和敬业、乐业、创业的精神，明确职业道德的一般原则与规范，为职业道德的实践准备条件。

其次，要充分利用实践环节进行职业道德的教育与训练。职业道德是高度角色化和实践化的道德，职业道德的养成和职业道德教育目标，只有在实践中去感受、体会和领悟，才能养成良好的职业道德习惯。充分利用教学过程精心设计，聘请实习、实践基地的管理人员或行业劳动模范介绍该行业职业道德要求和规范；到操作现场感受职业道德和从业精神的内涵；写出职业道德实践体会，领悟良好的职业道德对企业、事业单位形象乃至生存的重要性。

最后，开展丰富的职业道德教育活动，形成职业道德修养。如帮助罪犯养成健康的心理素质、良好的人际关系，为职业道德教育准备良好的心理基础；聘请劳动模范开设专题讲座，进行爱岗敬业、无私奉献、开拓进取的敬业教育。

三、职业技术教育的方法

由于监狱生产和社会需要的多样性，对罪犯进行职业技术教育，要采取多种形式和方法。

（一）岗前培训

岗前培训主要是对新入监的罪犯经过入监教育、在分配到劳动岗位之前所进行的短期技术培训。培训时间一般在两个月左右。技术难度较大的，其时间可适当延长。

通过岗前培训，使罪犯掌握一般的生产基本知识，懂得工艺操作规程和安全生产常识，学会使用有关工具和设备的维修与保养。这种“先培训，后上岗”的培训要形成制度，并逐步做到“定向培训，定向分配”。

（二）在岗培训

在岗培训是利用正常的职业技术教育时间对罪犯进行初级、中级等级技术教育。参加这类技术培训的对象，一般应具有初中以上文化程度。方法以业余学习为主，实行课堂教学与岗位练习相结合。

初级等级技术培训，时间一般可以安排两年，参加学习的罪犯余刑一般在5年左右，通过学习，一般应达到二级、三级水平。

中级等级技术培训，时间一般可以安排3年，参加学习的罪犯余刑一般应在7年以上。通过学习，一般应达到四级至六级工水平，使其成为所从事工种的技术骨干。

以上两种等级技术培训，都要按照各行业、各工种的部颁“应知”“应会”标准开设课程，选择教材，制定教学大纲，安排教学计划，落实授课时间，保证教学质量。

（三）以师带徒

以师带徒是一种传统的传授技术方法。它是师傅一对一直接传授给徒弟的生产技术的一种方法，具有时间短、见效快的优点。

在监狱里“以师带徒”活动，一般应以生产车间为单位，在监狱民警的组织下进行。一般师傅需要具有四级工以上技术水平，徒弟要选择余刑在3年以上，积极改造，有培养前途的年轻罪犯。师徒关系确定后，由师徒共同制定学习计划，确定出徒时间，签订师徒合同。签订合同时，必须有师、徒、干部三方在场，各方签字方能生效。生效的合同在执行期间由干部进行监督。合同期限届满，由监狱统一组织考试，经考核合格的徒工，单独操作1个月，完成一定的工时，质量合乎要求，方能出徒。为了调动师傅带徒的积极性，监狱对带出合格的徒弟的师傅应给予适当的奖励，以促进“以师带徒”活动的开展。

（四）脱产培训

有条件的监狱，可以选择一部分年纪轻、刑期长、改造表现好，具有高中以上文化程度并有一定技术基础的罪犯，进行脱产重点培训，为监狱生产培养六级以上操作技工和从事工艺、工装、设计等方面的技术人才，使监狱生产的技术力量逐步形成以中级技术为主，初级、中级、高级技工搭配合理的技术等级结构。

（五）就业培训

就业培训主要是对服刑期间没有学到一技之长和虽学到一技之长但其所学的技术社会适应性较差，刑期满后不好就业的罪犯。在刑满释放前，对其进行当前社会需要的实用性短期职业技能培训，为刑释人员回归社会后的就业谋生创造条件。这种职业技术培训，一般由监狱组织，也可以与社会上的职业学校、职业技能培训中心等单位联合办班。

以上几种技术培训，都要根据《监狱法》和司法部、国家教委、劳动部《关于进一步加强对罪犯的文化职业教育和技能培训的通知》（司发通〔1995〕122 号）等有关规定，对参加职业技能培训和有一定技术专长的罪犯进行考核发证。其职业技能的考核鉴定，应在当地劳动行政部门的指导下，按照国家各产业部门颁发的各工种技术等级标准，由劳动行政部门或由劳动行政部门委托监狱组织考核。经考核鉴定合格的，由当地劳动行政部门或主管产业部门颁发《技术等级证书》或《技术合格证书》，符合评定技术职称条件的，可以评定技术职称。

第四节　心理健康教育

一、心理健康教育的概念

健康包括身体健康和心理健康。世界卫生组织把健康定义为不但没有身体缺陷和疾病，还要有生理、心理和社会适应能力的完整状态。这表明，人们既要注意身体健康，又要注意心理健康，才能达到真正、全面的健康。

罪犯犯罪的直接原因是他们在心理活动上出现了障碍，如认知障碍、情绪障碍、性格障碍等。从这个意义上讲，每名罪犯都是心理疾病患者。如果得不到及时有效的矫治，不仅不会缓解，甚至会因为特殊环境的负面影响而加重他们的心理不健康程度。《监狱教育改造工作规定》第 7 章第 45 条规定：“监狱应当对罪犯进行心理健康教育，宣传心理健康知识，使罪犯对心理问题学会自我调节、自我矫治。”这说明进行罪犯心理健康教育的重要性，它对于减轻罪犯心理负担，促进罪犯改造，彻底消除犯罪根源，重新适应社会，降低重新犯罪率，均有不可估量的作用。

心理健康教育就是通过向罪犯传播心理健康知识，转变罪犯的健康观念，提高罪犯对心理健康的认知，增进罪犯的心理健康水平和社会适应能力，促进罪犯心理的发展和不断完善，从而使罪犯自觉地运用心理健康知识，克服心理障碍，消除犯罪这一不适应社会生活的行为。

要衡量罪犯的心理是否健康，下列几项指标比较重要：

1. 能和他们建立积极、良好的人际关系

良好的人际关系是维持个体心理平衡和个性正常发展的重要条件之一。在监狱中，心理健康的犯人应该乐于与他人交往（包括与警察及其他罪犯之间的交往），而且能和他人建立协调、良好的关系。在与他人相处时，正面的态度（如尊敬、信任、关心、谅解等）常多于反面的态度（如仇恨、嫉妒、怀疑、畏惧等）。能够以诚恳、公平、谦虚、宽厚的态度对待他人，能尊重他人的权益和意见，也能容忍别人的短处和缺点，使他人乐于和他交往。虽然也不免有令人不悦甚至厌恶的对象，但在他们眼中，社会是由人际关系组成的，多数人是可与之为友的，在没有客观的事实为依据之前，不轻易对人表现出愤怒或怨恨的态度。

2. 有健全的情绪生活

所谓健全的情绪生活，是指积极愉悦的情绪状态（如高兴、喜悦、欢欣等）常多于消极不良的情绪状态（如愤怒、恐惧、焦虑等）。心理健康的罪犯，在服刑过程中，能基本保持情绪稳定、开朗、自信的生活状态。在挫折面前，能很快从消极的情绪中解脱出来，更不会在严重的打击之下自暴自弃甚至轻生。同时，他们也能适度地表达自己的喜怒哀乐，控制自己的不良情绪，对前途抱有希望，良好的心境占优势。

3. 乐于学习和劳动

学习和劳动是服刑中罪犯最主要的活动。心理健康的罪犯应该是乐于学习和劳动的，并能够在学习和劳动中充分地、建设性地发挥其智慧与能力，尽最大的努力获取最好的成绩。同时，他们常能在学习、劳动取得成绩时产生满足之感。相反，那些经常对学习和劳动产生厌恶、抵触情绪甚至恐惧感的罪犯，其心理健康状况就值得怀疑了。

4. 有正确的自我意识

人贵有自知之明，心理健康的罪犯既能客观地评价别人，又能正确地认识和对待自己。他们了解自己，自我评价客观，既不妄自尊大，也不妄自菲薄，始终保持恰当的自信，为自己确定切合实际的目标，不过分苛求自己，扬长避短，做自己力所能及的事情，不放弃任何改造自己、发展自己的机会。

5. 有正常的行为和协调的个性

心理健康的罪犯，其行为是一贯的、同一的，而不是反复无常的。行为反应适当，反应的强度与受到的刺激的强度相一致，该激动时激动，该冷静时冷静，恰如其分。心理活动和行为方式处于和谐统一之中，即具有“完整人格”或协调的个性。

6. 能面对现实、把握现实

心理健康的罪犯对因犯罪而被判刑入狱的现实能采取成熟的、健全的适应方式，绝不企图逃避。对于自己在学习、劳动和交往中所遇到的种种问题和困难，总是用切实有效的方法妥善解决，有一定的挫折承受力和改造好的意志力。

二、心理健康教育的内容

（一）罪犯心理健康教育的一般内容

根据司法部监狱局组织编写的全国监狱系统通用的《心理健康教育》教材，罪犯心理健康教育的内容主要包括：

1. 心理健康基本知识教育

向罪犯传授和普及心理健康常识，是监狱心理健康教育工作的重要组成部分。通过学习，罪犯掌握心理学和心理健康科学的基本常识，了解感知觉、记忆、情感、思维、意志等心理过程，动机、需要、能力、气质、性格等个性心理特征以及自我意识方面的基础知识，树立关于心理健康的科学观念，懂得心理健康的表现与判断标准，了解影响心理健康的各种可能因素及关系。

2. 认知模式教育

认知模式教育是让罪犯掌握认知的概念及其与心理健康的关系，了解罪犯常见的各种不良认知模式的表现及其危害，理解并掌握克服认知障碍的方法，培养正确的认知模式和思维方法。

3. 积极情感教育

积极情感教育是让罪犯认识到情绪、情感与心理健康之间的关联，了解罪犯常见的各种消极情绪和情感表现，懂得并掌握疏导和消除不良情感体验的原理和方法，建立积极向上的情感特征。

4. 意志力和生活方式优化教育

意志力优化教育主要是让罪犯充分了解意志对心理行为的调控作用，懂得意志品质对心理健康产生的影响，了解罪犯在意志品质缺陷方面的具体表现及其克服方法，增强心理承受力，培养优良的意志品质。生活方式优化教育是让罪犯懂得不同生活方式与心理健康的关系，了解罪犯不良生活方式的具体表现及其改变方法，建立良好的生活方式。

5. 人格健全教育

人格健全教育是让罪犯掌握健全人格和不健全人格的概念，认识到不健全人格对个体心理健康的消极影响，了解罪犯常见的人格缺陷表现，掌握消除不健全人格和培养健全人格的方法。

6. 自我意识教育

自我意识教育是让罪犯掌握自我意识的概念及其形成规律，懂得自我意识在个体心理健康中的地位与作用，了解罪犯常见的自我意识方面的缺陷或不足，理解并掌握建立和完善自我意识的方法。

7. 人际和谐教育

人际和谐教育是帮助罪犯懂得人际关系与心理健康的关系，认识到罪犯特殊身份给其人际关系产生的影响，了解罪犯常见的人际交往障碍及其消除方法，掌握人际交往的基本常识与技巧，建立和谐的、有助于罪犯良性发展的人际关系。

8. 心理测量、心理咨询与心理治疗知识教育

心理测量、心理咨询与心理治疗是心理矫治工作的不同环节。所谓心理测量、心理咨询与心理治疗知识教育，就是让罪犯掌握心理测量、心理咨询与心理治疗的概念、功能与流程等相关知识，在此基础上能够积极参加心理测验，正确看待心理测验的结果，主动寻求心理咨询的帮助，积极配合心理治疗。

（二）不同服刑阶段罪犯心理健康教育的具体内容

一般来讲，罪犯的改造过程大致分为三个阶段：服刑初期、服刑中期和服刑后期。在不同服刑阶段，罪犯的改造心态各有不同，也会引发不同的心理问题。因此，认识不同服刑阶段罪犯的心理特点及其存在的心理问题，有意识地采取针对性的心理健康教育方法，对维护和促进罪犯的心理健康并使之顺利完成改造任务有着重要的现实意义。不同服刑阶段罪犯心理健康教育的具体内容包括：

1. 服刑初期

服刑初期是罪犯入监后半年左右的一段时间。在这一时期，罪犯由于角色的转换，原有社会地位的丧失，生活环境的急剧变化，心理落差加大，在认识、情感、意志、行为上一时难以适应监狱生活。这一阶段罪犯的情绪很不稳定，失落、恐惧、悲观、怨恨、焦虑、抵触等各种消极情绪比较普遍，因此，心理健康教育十分必要。此时心理健康教育的主要任务是：帮助罪犯调整好自己的心态，适应监狱环境，确立目标，为今后改造奠定好基础。服刑初期的心理健康教育可放在入监教育中进行，旨在使罪犯初步了解和掌握心理学一般知识，认识心理健康的意义，积极配合监狱组织的各项活动，自觉调适自己的不良心理，对自己的身份和罪行有一个正确的认识，尽快适应监狱生活。具体包括：

（1）心理学及心理健康基本知识教育。

（2）调整自我，熟悉环境，适应环境。

（3）置换角色，面对现实，接受现实。

（4）重新确定目标，充实监狱生活。

（5）调整情绪，改善心情。

2. 服刑中期

服刑中期大致分为罪犯入监半年后至出监前半年的一段时间。与服刑初期和服刑后期相比，这是一个时间相对较长、心理问题全面凸显的时期。从表面上看，大多数罪犯都已初步适应了监狱生活，进入了心理上的改造适应期。但是这

种状况很不稳定，容易反复。尤其是一些突发性事件如家庭变故、婚姻纠纷、改造中的人际关系冲突等，极易引起他们情绪上的波动，导致心理问题的产生，影响自身的改造。同时由于监禁生活的影响，容易出现一些新的问题如监狱人格、伪装心理、性心理问题等。因此服刑中期是罪犯心理健康教育的关键时期，它既要巩固第一阶段罪犯心理健康教育的成果，又要不断解决一些新问题，并为下一阶段的罪犯心理健康教育打下良好的基础。

服刑中期心理健康教育的主要任务是：将罪犯纳入正常改造轨道，全面而且顺利地完成各项劳动、学习和改造任务。因此，这个时期心理健康教育的内容主要有：

（1）教育罪犯构建良好的自我意识。良好的自我意识是罪犯心理健康的基础，也是罪犯从强迫改造到自觉改造的关键。只有构建良好的自我意识，罪犯才能以积极主动的姿态投入日常的劳动和学习中，并且在劳动和学习中不断地完善自我，走向新生，而不是混刑度日。因此，在罪犯初步了解自我意识知识的基础上，帮助罪犯认识到原有自我意识的缺陷，教育罪犯重构自我意识，以便能够具有清醒的自我理性认识，健康的自我情感体验和有力的自我意志控制。自我意识的构建有赖于监狱生活的各个方面。为了达到预期效果，要教育罪犯正确对待劳动，理解劳动对于心理健康的重要意义，调动罪犯劳动的积极性，鼓励他们在劳动中磨炼意志，重塑自我。同时激发罪犯学习的兴趣，改变他们对于学习的被动态度或虚假热情，从知识中获取理性。

（2）引导罪犯建立和谐的人际关系。监狱是一个相对封闭而又特殊的社会，这就造成监狱人际关系既简单又复杂的特点。虽然它主要存在于监管人员与罪犯彼此之间，但它的实际过程却是复杂的。除了监狱民警与罪犯之间构成了包含着惩罚、控制、管理、教育、改造等复杂的行为模式的人际关系之外，罪犯之间的人际关系也是极为复杂的。他们生活于封闭而狭窄的空间里，任何细小的人际关系矛盾都可能因此成倍扩大。同时，罪犯作为道德文化低下的群体，更容易产生种种复杂的人际关系矛盾。这些矛盾，随着罪犯服刑生涯的继续，对罪犯心理的不良影响也日益加大。因此，监狱民警除了要把握好自身与罪犯的关系，还要引导罪犯彼此之间和谐相处，建立积极向上的、有益于身心健康的人际关系。

（3）培养罪犯对于挫折的心理承受能力。在服刑过程中，罪犯会遇到很多困难。如学习中力不从心，劳动中难以承受，因改造积极受到狱内罪犯非正式群体的刁难、报复和打击，因家庭遭遇天灾人祸或婚姻危机而焦虑悲观、动摇自己的决心等。种种挫折和困难常常影响罪犯的心理状态，因此干警就要对罪犯进行挫折教育，培养他们对精神刺激的承受力和抵抗力。

3. 服刑后期

服刑后期为临近出监前半年左右的一段时间。此时罪犯面临即将刑满释放。

由于罪犯处于监狱人（不自由）与自由公民的“临界点”，因此，其心理活动十分复杂，既有监狱情景刺激因素仍然作用于罪犯所产生的服刑心理，又有面临回归社会这一新刺激所带来的矛盾复杂的回归心理。他们既有将重新获得自由的喜悦与兴奋，又有对回归社会后可能遇到的一些问题的忧虑与不安；既有经过监狱改造认罪悔罪、重新做人的向善心理，又存在一些消极心理和认识上的偏差。因此，这时的健康教育具有总结性、补课性的特点，主要任务是巩固改造成果，帮助罪犯做好出监前的各项准备。服刑后期的心理健康教育可以放在出监教育中进行，具体包括：

（1）巩固罪犯心理健康教育的积极成果。处于服刑后期的罪犯，经过监狱机关的前一段时间的教育改造，面临即将结束的刑期，已经“破旧立新”的罪犯，会产生积极的回归心理如悔过自新心理、立功赎罪心理、发愤图强心理等。对于罪犯积极的回归社会心理，监狱民警应通过正强化机制和反馈机制，予以肯定、支持与鼓励。

（2）消除罪犯的消极回归心理。罪犯在服刑后期，原本残存的不良心理与期盼心理的结合，容易发展为消极的回归心理。具体表现为过于自信与自卑心理、强烈的需求心理、翻案报复心理、补偿心理等。对于这些消极心理，监狱民警应通过负强化机制，予以否定、矫正与批评。如引导罪犯调整好心态，减轻自卑心理，合理定位补偿心理，消除报复心理。另外，对于罪犯过于自信的心理也不容忽视，要引导罪犯正确评价自我，设想出狱后可能遇到的困难，提高挫折容忍能力与抵御犯罪诱因的能力。

（3）教给罪犯心理调适的方法。罪犯在监狱服刑中会监狱化，甚至形成监狱人格。因此要教给罪犯心理调适的方法，以减少乃至消除监禁生活带给他们的负面影响，同时，使他们在脱离严格的监禁生活后，自觉地调整心态，巩固改造积极成果，避免重新犯罪的发生。

三、心理健康教育的方法

（一）进行系统化的课堂教育

目前，系统化的课堂教学，因其覆盖面比较广，方式直接，形式正规，成为罪犯心理健康教育的一种首选方式。为了达到良好的效果，首先，应整体规划，统筹安排。将罪犯心理健康教育纳入罪犯教育的整体序列之中，作为罪犯的必学课程，每学期安排一定的课时，制定统一的教学计划，让罪犯系统地学习心理卫生、心理健康知识。其次，要选用合适的教材。近年来，全国已经出版了一些罪犯心理健康教育教材，如宋鸿余主编的《心理健康教育读物》，侯绍臻、王有模主编的《服刑人员心理健康教育读本》，孙业华主编的《罪犯心理健康教育理论与实践》等。目前，司法部监狱管理局已组织编写了全国统一的罪犯心理健康教育教材，这对于规范全国范围内的罪犯心理健康教育工作具有重要意义。最后，教学过程中，既要注重心理学基本理论的讲解，又要注重心理调解方法的传授。教师应由心理咨询或心理辅导员兼任。为了激励罪犯学习的积极性，教育过程中还可以穿插进行知识竞赛、演讲等活动来充实并强化教学内容。

（二）利用传播媒介开展宣传教育活动

在日常改造中，可利用监狱报、墙报、黑板报、广播、监狱系统内部创办的杂志等媒介宣传心理卫生、心理健康知识，录制电台、电视台有关健康的节目，组织罪犯收听、收看。在此基础上，各个监狱还可创造条件，将高新技术和心理科学方法相结合，帮助罪犯科学利用电话、网络等现代设备与社会相联系，组织社会各界的力量（尤其是罪犯的家属）参与对罪犯的改造，增强监狱吸纳社会信息的能力，改善罪犯封闭状态，促进罪犯人格健康发展。

（三）举办有关心理健康的专题讲座

监狱应针对不同类型及不同服刑时期的罪犯，开展心理学知识的专题讲座，这样能大大增强罪犯心理健康教育的针对性和有效性。如对暴力型罪犯，讲关于攻击性行为产生与控制方面的知识；对盗窃罪犯讲盗窃心理、盗窃癖产生的原因及预防；对性欲型罪犯讲性心理的发展及性心理障碍的知识；对初入监的罪犯讲应激与适应、挫折心理与调适心理的知识；对服刑中期的罪犯讲人格发展与犯罪的关系以及有关人际关系、自我意识等方面的知识；对服刑后期的罪犯讲理想与现实、自我规划、如何适应社会生活等有关知识。在条件允许的情况下，可邀请社会上的有关专家来进行这类讲座。凭借专家的知识性、权威性，讲座往往能够取得更好的效果。

（四）加强潜在课程建设

在罪犯心理健康教育的过程中，正规课程的教育不可缺少，潜在课程的熏陶也不容忽视。因为从教育学的角度看，课程应包括教育环境的所有因素。例如，监狱文化建设就是罪犯人格改造的潜在课程。所谓监狱文化建设，乃是监狱以自我理性认识为基础，对自身物质文化、制度文化和精神文化的改造和构建，推进罪犯人格的健康发展，成为人格改造的潜在课程。因此，在依法惩罚罪犯的前提下，通过监狱文化建设，为罪犯改造创造良好的精神环境和改造氛围，不失为培养罪犯健康心理的一项积极措施。

在人性化、理性化、人文化精神的指导下，目前，很多监狱都非常注重环境的绿化、整洁和美化，在大墙内种树、栽花、建起雕塑、喷泉、水池、假山等，使监狱这一坚固而严厉的环境被赋予自然和生命的内容和色彩，从而有利于罪犯身心健康和情绪、情感的培养。不同的监狱，可根据自身的特点，创造自己的特色。

（五）罪犯自我教育

大量的理论研究证明，罪犯不是改造的消极客体，而是能动的主体。所以，在罪犯心理健康教育方法上，监狱民警应注重罪犯的主体地位，努力探索以罪犯为学习活动主体的教育方法。如鼓励罪犯写日记，在日记中，罪犯作为主体的我对客体的我进行感受、体验和认识，在写日记的过程中进行自我理性构建。监狱民警所要做的，是指导罪犯如何将写日记的过程转化成为一种思考过程，而不是单纯记录日常琐事。对于罪犯的不健康心理，在外部力量介入的同时，应注重罪犯自我调节方法的传授。如有人提出并尝试运用的精神超越法、性情陶冶法、自我调控法、自我激励法、转移目标法、角色互换法等，都可以向罪犯传授，并给以正确引导。

在开发罪犯自身潜力的同时，还要注重利用罪犯群体的力量，造就一种积极的心理互动环境。比如，编排心理游戏、心理剧、心理操，组织心理矫治典型进行现身说法等。为罪犯创造一个相对宽松的心理互动环境，以便他们相互之间施加有益的影响，彼此之间建立和谐的人际关系。

实训设计

法制教育能力训练

一、实训背景

本监区新接收50名服刑人员，由于新入监服刑人员处于服刑生活的适应期，缺乏对监狱管理法律法规的了解，需要帮助服刑人员提高认罪意识、遵守监规监纪意识。监区组织一次法制教育课。

通过本次法制教育课，使新入监的服刑人员，提高认罪程度，接受刑罚处罚，服从管理，遵守监规监纪，接受监督，接受改造。

讲授时间为5分钟。

二、实训内容

1. 研究分析能力（找准认罪服法教育的切入点）。

2. 教育资料设计、组织能力。

根据新入监服刑人员的特点，组织教育的材料与内容，书写讲稿。

3. 教育活动的实施能力。

进行专题法制教育活动，实现教育效果。

三、实训要求

1. 根据新入监服刑人员的特点确定讲座的具体主题和题目。

2. 根据教育的目的，设计教育的内容，按规范组织讲座材料（演讲词）。

3. 按规范现场组织实施法制教育活动。

四、实训步骤

1. 3名学生为一组，根据提供的实训背景，共同制作一份法制教育的演讲词。

2. 以学生所在区队的班级为单位，各小组选派一位同学进行试讲后，再挑选一部分在课堂模拟讲授。由教师和学生组成评议小组对讲授过程进行评议。

五、实训的评价标准

测试项目	测试内容	评价标准	评价描述	测试得分
确定法制教育的切入点　30分	1. 选题符合新入监服刑人员的特点 2. 内容接近服刑人员的实际	1. 选题满足新入监服刑人员的需要　15分 2. 内容适应服刑人员的实际生活　15分		
教育内容的设计与组织　20分	1. 标题、主题明确、具体 2. 制作规范的讲稿	1. 标题规范、鲜明　5分 2. 主题突出、凝练　5分 3. 提供讲稿　5分 4. 讲稿格式规范、完整　5分		
教育表达　50分	1. 角色定位准确，自控力强 2. 交流自然，大方得体 3. 表达流畅，语音清晰 4. 情感丰富、真挚	1. 姿态端正、举止大方　7分 2. 表情自然、无怯场表现　8分 3. 思路清晰，线索贯通，层次分明　10分 4. 观点明确，表述通俗，语音清晰　10分 5. 联系实际，讲解生动，表达自然　10分 6. 时间安排合理　5分		
综合评价			得分合计	

第六章

罪犯教育的形式

方法是完成任务、达到目的的手段。罪犯教育方法是监狱为实现罪犯教育目的而采取的各种教育活动的策略和手段。《监狱法》第 61 条明确规定，罪犯教育应“采取集体教育与个别教育相结合、狱内教育与社会教育相结合的方法”。所以，在罪犯教育工作中，应坚持以马克思主义的思想方法为指导，以《监狱法》为依据，从监狱工作实际出发，采用行之有效的教育方法，实现罪犯教育目标。

第一节　集 体 教 育

一、集体教育的概念和特点

（一）集体教育的概念

集体教育是相对于个体教育而言的。集体教育是指对罪犯群体集中进行的，以解决普遍性问题为目的的思想引导、知识传授和行为养成活动。集体教育的受教育面较广，容易形成一定的声势和氛围，是一种普遍的、常用的罪犯教育形式。集体教育概念包含三层含义：一是明确教育目的，即以解决罪犯普遍性问题为目的；二是明确教育对象，即罪犯群体；三是指出教育途径，即思想引导、知识传授和行为养成。集体教育不仅对于解决服刑罪犯共性问题有效，而且还可以培养罪犯良好的集体观念和行为习惯，可发挥罪犯群体的教育影响作用。

（二）集体教育的特点

1. 规范性

集体教育规范性特点主要体现在：一是教育过程规范。集体教育活动目的明确，教育时间、地点、环境等方面要求严格，具有周密的计划，实施过程比较严谨。二是教育内容规范。针对服刑罪犯共性问题，向罪犯传递科学性、思想性、可靠性强的信息，有针对性地解决罪犯中存在的普遍性、共同性的问题。三是教育场所纪律要求严格规范。在集体教育过程中，罪犯必须依法遵守监规纪律，保持良好的教育秩序。

2. 权威性

集体教育是依法进行教育的一种法定方法，权威性显而易见。除此之外，其权威性还体现在：一是组织形式具有权威性。集体教育面向罪犯群体，教育规格高，教育范围广，要求严格。特别是以监狱为单位的集体教育形式，声势大，气氛严肃。二是施教者身份具有权威性。他们或是监狱、监区的领导，或是聘请的社会知名人士、政法部门的权威人士，其影响力大，容易引起罪犯注意。三是教育内容具有权威性。施教内容政策性强，与罪犯切身利益密切相关，对罪犯具有相当的吸引力。

3. 高效性

集体教育高效性特点主要体现在信息传播过程中。一是传播速度快；二是受教育面广；三是教育影响力大，效果突出。

二、集体教育的形式和方法

（一）集体教育的形式

1. 课堂式教育

课堂式教育是指在教室以班级授课的方式，按照制定的教学计划对罪犯进行教育。对罪犯进行思想政治教育、文化知识教育和职业技术教育多采用这种形式。

2. 会议式教育

会议式教育是指由专人就一定专题对罪犯群体进行宣讲或展开研讨的集体教育形式。这种教育形式比较灵活，教育内容相对独立，针对性强。适用于各种动员、总结、宣讲政策、表彰等。

3. 队列式教育

队列式教育是指通过列队训练、体操表演、队前训话、讲评等方式对罪犯进行教育。这种教育形式生动活泼，时间短、见效快，强制性、规范性突出。

4. 体验式教育

体验式教育是指让罪犯直接接触特定的情境进行教育的方式。例如，走向社会参观、观看展览、观摩教育片、走访受害人等。体验式教育方式比较生动、直观，容易激发罪犯的情感，促进其自我醒悟。

（二）集体教育的方法

1. 讲授法

讲授法是教育者用语言向罪犯口头传授知识的方法。通过系统地阐述政治、法治和道德观点，讲解科学文化知识和生产生活技能等，提高罪犯认识水平、知识技能水平和思想觉悟的一种方法。讲授法是在集体教育中应用最广泛的一种方法，它是课堂式教育形式的具体体现。上课、报告、讲座都是由主讲人通过单向交流的方式向罪犯传递信息。这种方法既适用于正规化的思想教育、文化教育和技术教育，也适用于专题性的社会帮教活动、法制认罪教育和形势政策教育。讲授法是一种对罪犯进行面对面的教育所采用的方法，涉及面广，影响范围大。因此，运用讲授法教育罪犯应注意以下几点：一是讲授内容要科学、准确，紧紧围绕监狱核心工作，观点鲜明，注重知识性、趣味性、思想性，传递的信息必须翔实可靠。二是选好主讲人，根据讲授的内容和组织形式，确定主讲人。主讲人要认真备课，围绕活动主题，注意把握讲授知识的重点、难点，要了解罪犯的实际改造表现，有的放矢，切忌大道理似的空洞宣教。同时，在讲授内容的深度上要符合罪犯实际，考虑到罪犯的年龄特征和认识水平，应注意到罪犯的可接受程度，照顾到不同层次的罪犯，由浅入深，达到重点突出、立论正确、结论肯定。在讲授过程中，还应注意到语言艺术，恰当运用体态语，增强语言的感染性，力求语言明白、准确、生动，所用语句符合罪犯接受水平。三是做好教育现场的教学管理，教育罪犯端正态度，严守课堂纪律，明确学习要求，并做好考核。

2. 讨论法

讨论法是在监狱民警的组织下，按照一定的要求，组织罪犯就某些问题发表见解，互相启发，共同提高思想认识的方法。讨论法多是在课堂讲授、报告、专题讲座之后，及时组织罪犯开展深入讨论。讨论法的运用，可以澄清罪犯模糊的是非观念，有助于帮助他们分清是非善恶，促使他们矫正错误观点和思维方式，进而端正改造态度。讨论法是一种多向交流的方法，它与讲授法的区别在于：讲授法是单向交流，罪犯处于被动接受的地位；讨论法可以让罪犯就某一问题发表自己的见解，可以相互启发，有助于发挥罪犯的主观能动性，在讨论过程中培养罪犯对问题的独立思考及钻研的能力和语言表达的能力，并通过相互交流，建立自信心。采用讨论法教育罪犯应注意的问题：一是讨论前的精心准备。监狱民警要根据教育目的拟定讨论的题目，确定讨论内容，并要事先召开罪犯小组长会议，作具体布置，提出明确要求和交代要注意的事项。二是在讨论时，监狱民警要注意调动罪犯参与讨论的积极性，要深入讨论小组，适度参与并引导，发挥教育者的主导作用。引导罪犯讨论共同关注的问题时，注意谈话的中心和方向。当罪犯对某些现象难以把握或对某个问题分歧过大而影响讨论顺利进行时，要及时、适当地予以引导。要给罪犯提供适当的解释，在解释时，注意表达要简要，通俗易懂，联系罪犯实际深入浅出，避免空洞说教。三是监狱民警在讨论结束后要做讨论总结，肯定正确的认识，否定错误的说法。

3. 榜样示范法

榜样示范法是以榜样影响罪犯的思想意识、情感和行为的一种集体教育的方法。用榜样示范可以避免罪犯对抽象教育产生厌烦或不理解的情绪。榜样的示范效应可以增强罪犯教育的说服力和感染力。运用榜样示范法教育罪犯，应注意以下几个问题：一是榜样的选择要贴近罪犯实际，要选择那些对罪犯影响较大，威信较高，容易引起罪犯共鸣的；二是要注意加强指导，适时引导罪犯与榜样对比，及时对罪犯良好行为进行表彰和奖励，增强榜样的影响力。

三、集体教育应注意的问题

1. 集体教育活动前的准备要充分

集体教育活动前的准备包括选好主讲人，应考虑到主讲人的权威、知识、表达对罪犯的影响力等方面；确定好教育内容，教育内容要与罪犯实际需要相适应，要符合绝大多数罪犯的需要，认真组织教育材料，增加知识性、趣味性和实效性。

2. 要营造良好的集体教育氛围

做好宣传工作，造好声势，保持教育场所的严肃性，充分发挥隐性教育功能。

3. 集体教育形式要多种多样

要注意组织后续教育活动，把集体教育与其他教育形式结合起来，诸如互动讨论，写学习心得、感想等，促使罪犯能更深入地理解教育内容。

4. 要重视集体教育过程的控制

保证集体教育秩序，充分发挥集体教育效能。

第二节　个别教育

一、个别教育的概念和特点

（一）个别教育的概念

个别教育是相对于集体教育而言的。个别教育是指针对罪犯个体的特殊问题而采取的一种单独的、面对面的思想影响、情感沟通和知识传授活动。

个别教育是我国监狱民警做好罪犯思想转化工作的优良传统和成功经验。多年的监狱工作实践证明，个别教育在转化罪犯思想、矫正罪犯恶习、改造罪犯成为守法公民工作中发挥了极其重要的作用。在新的历史时期，个别教育得到进一步丰富、发展和完善，并以法律的形式加以确定。

（二）个别教育的特点

1. 教育内容符合罪犯实际，针对性较强

罪犯个体在人格特征、犯罪经历、刑期、改造表现等方面存在差异，即使同一罪犯在不同的改造阶段也会存在差异，只有掌握不同罪犯或同一罪犯在不同改造阶段的情况，才能真正做到因人施教。对罪犯进行集体教育只能解决罪犯共性问题和大面积的问题，对于不同罪犯存在的个性问题只能通过个别教育方法来解决。不同问题的解决必须用不同的教育内容和教育方法。在教育过程中，个别教育是“看锁配钥匙”，是一对一、面对面地针对性较强的教育活动。

2. 教育方法因人而异，灵活性强

罪犯在服刑改造期间，在生活、劳动、学习过程中随时随地会暴露其错误的思想，会表现出不良的行为。监狱民警可以根据罪犯不同的实际情况，在第一时间和地点，运用个别教育的形式方法，及时给予教育引导，及时有效地解决问题。例如，个别谈话、感化启发、警戒法等。同时，监狱民警可以根据问题的轻重缓急等实际情况，区别对待，灵活掌握，避免“一刀切”、走形式。

3. 教育过程心理交融，沟通性、情感性强

个别教育是面对面、一对一的直接交流，它缩短了教育双方的心理距离，双方可以在面对面的交流中交谈个人的看法，道出自己的心声，感情能在“零距离”条件下迅速交流。监狱民警以教育改造罪犯灵魂工程师的“大爱”情怀对罪犯进行教育，在沟通交流中能及时了解、掌握罪犯的心理变化，及时对他们进行心理影响。由于是一对一的直接接触，有利于打消罪犯的担忧、恐惧心理，有利于罪犯问题的解决，有利于罪犯对监狱民警产生信赖感，进而增强改造信心。

4. 教育效果显著，稳固性强

个别教育更多的是双向交流。双方可以进行激烈的思想交锋，既有无情的批判、批评、指责，也有思想上的疏通，行为上的引导，更有心理上的慰藉、生活上的关怀。个别教育的针对性、灵活性、渗透性、心理相融性强等特点，决定了个别教育对罪犯心理影响得比较深刻、比较彻底。个别教育虽然耗时、费力，但一旦奏效，更经得起时间的检验，效果相对比较稳定。

二、个别教育的作用

（一）有利于罪犯个别性问题的解决，有效改造落后罪犯、顽危罪犯

辩证唯物主义认为，任何事物都是共性与个性、一般与个别、普遍性与特殊性的统一，都包含着矛盾的特殊性。“马克思主义最本质的东西，马克思主义活的灵魂，就在于具体分析具体的情况。”① 具体的情况就是指矛盾的特殊性。集体教育主要解决罪犯群体中的共性问题，不可能针对每个罪犯的具体情况进行深入细致的思想教育工作。在罪犯教育工作中，每个罪犯的违法犯罪性质、文化程度、人格特征、年龄等方面存在很大差异，即存在矛盾的特殊性。所以必须具体问题具体分析，因人施教，对症下药。个别教育是针对个体罪犯实施的教育，它有效地弥补了集体教育的不足。无论是在教育时间上，还是在教育内容方面，都使集体教育内容得到补充和深化。通过个别教育，能够及时了解罪犯深层次的思想动态，发现问题，有利于把握罪犯思想脉络，抓住思想症结。个别教育还可以通过某一罪犯了解其他罪犯的思想状况，掌握监内狱情动态，及时有效采取相应措施。个别教育对落后犯、顽危罪犯的教育改造效果更为突出。进行个别教育能够了解他们心理上的死结，并能够最大限度地帮助他们解开心理上的死结。监狱民警在个别教育中可以及时发现他们身上的“闪光点”，迅速找到转化他们的关键处。对他们的良性行为给予及时的鼓励肯定，使其“闪光点”不断发扬光大；对他们的错误行为、违法违纪行为给予坚决否定，使其对错误产生深刻反省。总之，通过个别教育可以帮助罪犯逐步克服消极因素，可以激发罪犯的改造信心和勇气，调动其改造积极性，达到思想转化的目的。“如果把集体教育比作粗加工，分类教育是深加工，那么，个别教育则是精加工，是精雕细刻。”②

（二）有利于深入了解掌握罪犯的全面情况，掌握罪犯教育主动权

要使罪犯教育取得成效，监狱民警就必须牢牢掌握教育的主动权。个别教育是监狱民警掌握教育主动权的一把钥匙。罪犯教育工作是一项复杂并艰巨的工作，特别是在社会飞速发展的新的历史时期，犯罪形势日趋严峻，涉毒、涉黑、涉枪等重大、恶性暴力犯罪逐渐增多。同时随着反腐败斗争的深入，职务犯罪人员增多，高智能、高学历、高职务的罪犯群体正在形成。罪犯构成的复杂化大大增加了罪犯教育工作的难度。服刑改造的罪犯整体上表现出身份意识淡化，抗改意识增强，反改行为多发的特点。由于罪犯本身的特点和其对教育影响的选择，过去许多行之有效的手段对罪犯失去原有的效力。面对如此复杂的现象，监狱民

① 《毛泽东选集》（第一卷）（4卷本），人民出版社1968年版，第872页。

② 高莹主编：《矫正教育学》，教育科学出版社2007年版，第196页。

警就必须不断地深入实际，了解罪犯的思想动态及各种新情况，通过个别教育，抓住罪犯思想症结，通过激烈的思想交锋，开启罪犯心扉，促其思想转变。同时，根据掌握的情况及罪犯思想的发展趋势还可以作出预测，做好防范工作，防患于未然，牢牢掌握教育的主动权。

（三）有利于完善罪犯教育手段，深化集体教育和分类教育

集体教育和分类教育主要解决罪犯群体所存在的共性问题。集体教育的突出特点是高效性，可以在单位时间内向多人同时传递信息，对众多罪犯产生影响。但也存在一定的教育缺陷：由于集体教育必须面对罪犯群体，因此在教育内容的选择、难度、进度等方面必须考虑到大多数罪犯的接受水平。因而，集体教育无法照顾到罪犯的个别差异，不能针对每个罪犯的情况进行深入细致的思想工作。个别教育方法的运用，正好弥补了集体教育的上述不足。它不仅在教育时间上进行补充，而且在教育内容和做法上也使集体教育进一步深化。只抓集体教育，往往会使工作流于一般化，不利于击中罪犯个体思想要害，还会使集体教育效果大打折扣。为了避免这一问题的发生，在教育实践中，必须将集体教育与个别教育有机结合起来，既要照顾到多数罪犯的共性问题，同时也应注意到个别罪犯的个性问题。从这个意义上说，个别教育是集体教育的补充和深化。

（四）有利于罪犯与监狱民警之间的心理沟通，缓解或消除双方对立情绪

管与被管、教与被教本身是一对矛盾，罪犯入监后，往往会产生疑惧心理和对立情绪。特定的角色、原有的犯罪心理，使罪犯与监狱的规范要求，与监狱民警的教育内容格格不入。在处分、奖惩等问题上常常和监狱民警发生矛盾，产生消极甚至是对立的情绪。这种对立情绪如果不能及时得到消除，很容易带入罪犯的行为当中，不仅会严重影响罪犯的改造积极性，有时甚至会导致罪犯破罐破摔或铤而走险。运用个别教育的方法，监狱民警直接与罪犯接触，进行深入的思想沟通，动之以情，晓之以理，以情感人，以理服人，让罪犯了解实情缘由，明白其中的道理，理解监狱民警的良苦用心，感受监狱民警的关心爱护，消除其对立情绪，促其积极改造。

（五）有利于提高监狱民警素质，提高改造质量

个别教育是监狱民警与罪犯最直接的面对面的教育，在一定意义上可以说是面对面的心理战、能力战、知识战。开展个别教育不仅要求监狱民警具有丰富的理论知识，还要有较丰富的社会经验及分析、论辩、演讲等能力，同时要具备清正廉明、秉公执法、为人坦诚、忠实守信的人格魅力。随着个别教育工作的深入发展，个别教育工作的显著成果，监狱对个别教育工作予以高度重视，个别教育能手不断涌现。监狱改造罪犯工作的客观现实，要求广大罪犯教育工作者必须不断地加强学习，提高自身的政治素质和业务能力，适应教育改造罪犯工作的需要。这就从客观上起到了提高监狱民警素质的作用。

三、个别教育中的罪犯心理

（一）防御心理

罪犯的防御心理在服刑中的突出表现是对监狱民警存有戒心，谈话拘谨，不暴露自己的真实想法，不愿正面回答监狱民警提出的问题。

（二）试探摸底心理

个别教育前，罪犯不知监狱民警找其谈话的内容，特别是有余罪和有违反监狱纪律行为的罪犯，一听到监狱民警要找其谈话，心理上更是忐忑不安。在个别谈话教育时，往往是心神不定，惶恐不安。

（三）轻视抵触心理

有些罪犯无悔改之意，把个别谈话理解为过筛子，抱着看破红尘、混刑熬日心理；也有的罪犯受到批评后，心怀不满，片面认为个别谈话是监狱民警看其不顺眼，因而产生对立情绪。

（四）懊丧心理

改造表现好，在罪犯中有一定威信的罪犯，偶尔违纪，自责心较为强烈，心情比较沉重，后悔莫及。因而监狱民警找他个别谈话教育时懊恼悔恨，垂头丧气。

四、个别教育与集体教育的关系

教育改造罪犯既离不开集体教育，又不可忽视个别教育，二者相辅相成，共同作用于罪犯，《监狱法》第 61 条明确规定了罪犯教育“采取集体教育与个别教育相结合”的教育方法。

首先，二者联系极为密切。集体教育主要是解决罪犯群体的共性问题，个别教育则是针对个别问题的解决。集体教育可为个别教育的开展创造条件；个别教育可为集体教育开展打下良好的思想基础。特别是在集体教育后，开展个别教育可以使集体教育效果得到深化；个别教育又可为开展集体教育提供素材。

其次，集体教育与个别教育的对象、内容、作用等存在差异，二者之间不可互相取代。只有把二者有机地结合起来，充分发挥各自的教育作用，互相补充，互相促进，形成教育合力，才能收到良好的教育效果。

五、个别教育的方法

实践中个别教育的主要方法是谈话法。

（一）谈话法的含义

谈话法是指监狱民警从罪犯的实际出发，有目的地对罪犯进行个别教育，面对面地与罪犯交流思想观点和情况，以求解决其思想和实际问题的方法。

（二）谈话法的种类

1. 按照监狱民警在谈话中所处的地位

按照监狱民警在谈话中所处的地位，可以将谈话法分为约谈式谈话和接谈式谈话。

（1）约谈式谈话。约谈式谈话是指监狱民警主动与罪犯谈话。这种谈话的方式是个别教育中主要的方式。约谈式谈话的特点是监狱民警作为谈话的主动方，是有计划、有目的地针对罪犯的实际找罪犯谈话，监狱民警居于主导地位。约谈式谈话目的性、针对性较强，属于进攻式谈话。罪犯作为被约谈话的个体，处于被动地位。

对罪犯使用约谈式谈话法进行教育，应注意以下几点：一是把握约谈时机。在改造实践中，干警找罪犯谈话是一项经常性的工作，适用于任何一个罪犯的思想转化工作。2003 年 6 月 13 日，司法部发布的《监狱教育改造工作规定》第 17 条规定，罪犯有下列情形之一的，监狱民警应当及时对其进行个别谈话教育：①新入监或者服刑监狱、监区变更时；②处遇变更或者劳动岗位调换时；③受到奖励或者惩处时；④罪犯之间产生矛盾或者发生冲突时；⑤离监探亲前后或者家庭出现变故时；⑥无人会见或者家人长时间不与其联络时；⑦行为反常、情绪异常时；⑧主动要求谈话时；⑨暂予监外执行、假释或者刑满释放出监前；⑩其他需要进行个别谈话教育的。二是谈话前要做好充分准备。明确谈话目的，理清谈话思路，围绕找谁谈—为什么谈—谈什么—谈话达到什么目的来制定谈话方案。并根据谈话内容作出预案，应对谈话中可能出现的情况。三是在谈话中注意运用谈话技巧，努力营造谈话氛围。由于罪犯在约谈式谈话中处于被动地位，疑虑、防范心理较突出，监狱民警在谈话中必须要尊重罪犯人格，加强情感沟通，拉近双方距离，使罪犯能敞开心扉，表露自己的真实心理状态。在谈话中允许罪犯阐述自己的意见和看法，保留自己的观点，坚持以理服人，不武断，不搞形式主义。四是要注意及时总结，反思、衡量谈话效果，同时制定下一步教育方案。

（2）接谈式谈话。接谈式谈话是指罪犯主动要求谈话，监狱民警接谈的谈话。接谈式谈话的特点是监狱民警处于被动地接受谈话的地位，且谈话对象不确定，谈话目的不明确，谈话内容相对比较复杂，接谈干警准备不充分。接谈式谈话属于转守为攻型的谈话。

做好接谈式谈话应注意以下几点：一是及时接待，真诚对待，不可推脱，端正谈话态度，尽可能地变被动为主动；二是认真倾听，迅速摸清罪犯谈话意图，合理运用倾听艺术，及时反馈，引导罪犯说清谈话意图，分析罪犯谈话内容，尽快对罪犯所谈问题作出判断；三是区别情况，妥善处理，或是继续谈下去，或是约定时间再谈，切忌拒绝谈话、轻易下结论或草率结束谈话。

2. 按谈话的内容

按谈话的内容划分，可分为批评式谈话、激励式谈话、疏导式谈话和制服式谈话。

（1）批评式谈话。批评式谈话是个别教育中经常使用的一种谈话方式。批评式谈话是针对那些有明显违纪行为和有错误言论的罪犯，直接提出批评的谈话方式。批评谈话的目的是否定和纠正罪犯的错误言行，表明监狱民警的立场、观点和态度，维护正常的改造秩序。进行批评式谈话需要注意以下几点：一是实事求是地分析罪犯犯错误的原因，不要以点带面，简单粗暴，全面否定，要通过摆事实，讲道理的方式循循善诱地进行批评；二是要尊重罪犯人格，保护其自尊心，注意批评的场合、时间及语言；三是注重策略，根据批评对象特征采用暗示批评或直接批评的方式；四是在批评过程中尽量避免“一言堂”的说教，要允许罪犯申辩，给他们澄清事实的机会。

（2）激励式谈话。激励式谈话是对罪犯的行为或某一闪光点给予肯定或表扬，使他们得到鼓励，在希望中转化的方法。激励理论认为：“激发动机的因素有两类：一类是保健因素，如改善环境条件、维持人际关系等，它起着防止个体产生不满意情绪的作用；另一类是激励因素，如认可、赞赏、给予较高的期望等，它使个体产生满意感，并作出最好的表现。”激励理论告诉人们，要充分发挥罪犯教育的作用，培养罪犯的自尊心、责任感，提高罪犯的认识水平，转变罪犯的自我意识，就要充分发挥激励因素的作用，对罪犯细致的变化要及时给予肯定、鼓励及引导，尤其是那些顽劣犯、改造表现不好的罪犯，自卑心理尤为突出，最怕被人看死、看扁。在个别教育中，不能“一棍子打死”，要善于发现罪犯身上的闪光点，要时刻让罪犯看到希望，让他们在明确自身改造问题的同时，也能看到自身的优点，也能学好，让罪犯在希望中改造。在谈话中，对罪犯的改造情况要给予肯定，对罪犯的改造表现要给予评价，让罪犯知道自己改造进步的情况，从而使他的改造态度和方法得到强化，激起进一步改造好的愿望。同时，通过谈话，在激发其上进心的同时，又可以使罪犯看到自己的缺点、错误，产生克服缺点、错误的意愿，形成改造行为的良性循环。

（3）疏导式谈话。疏导式谈话是监狱民警针对罪犯的思想问题和不良行为进行的说理、疏通和引导的方法。

罪犯在服刑过程中，经常会出现这样或那样的心理症结，也可能经常产生偏差行为。在罪犯教育工作中，解决罪犯的心理矛盾、心理问题及心理冲突的最好方法是进行疏通引导。“塞则不通，疏能畅通。”监狱民警要经常分析罪犯的思想状况，仔细观察罪犯的行为表现，一旦发生异常，要主动及时地找罪犯个别谈话，进行疏导，在疏通中引导，在引导中疏通。把思想工作做在前头，把问题消灭在萌芽状态，避免不良行为的发生。运用疏导式谈话法，一是要求监狱民警要善于发现罪犯的思想问题，做到主动、及时。二是要求监狱民警要联系罪犯实际，比如个性特征、具体的问题进行疏导，不能操之过急。三是要求监狱民警态度要耐心、真诚，逐步引导。四是允许罪犯反复，反复时循序善诱地启发引导。

（4）制服式谈话。制服式谈话是当违规违纪或重新犯罪的罪犯拒不认错、认罪时，在掌握确凿证据前提下给予严词揭露，使其不得不低头认错、认罪的谈话方式。这种谈话的特点是突出揭露、语言犀利、不留情面、步步紧逼。这种谈话的作用是能够有效地削弱或打消罪犯的抗改气焰，挫其锐气，瓦解其侥幸心理。运用制服式谈话方法，一是要注意掌握确凿证据；二是要认真分析罪犯产生错误的行为或重新犯罪的行为及行为的主观动机、客观原因；三是要抓住罪犯心理，击中要害；四是要准确把握谈话中的语言及政策，运用要灵活。

除以上介绍的几种谈话法外，还有启发式、感化式、警戒式等多种谈话方法。在罪犯教育实践中，只有根据具体情况，有效运用各种谈话方式，才能使个别教育更加具有针对性、适应性，才能取得较好的教育效果。

六、个别教育应注意的环节

（一）要掌握情况，设计方案，把握个别教育的最佳时机

对罪犯进行个别教育，必须全面掌握教育对象的各方面情况，对罪犯的思想状况、年龄、性别、文化水平、个性特征等进行全面分析，设计出个别教育的实施方案。谈话时机应选择在最有效、最容易产生关键性作用的时候。一般来说，个别教育最佳时机包括：一是在改造中有成绩受到表扬、奖励时；二是在改造中遇到困难、挫折或考核分低，需帮助、关心时；三是家庭中的生活事件影响罪犯情绪时；四是调换改造环境，思想、情绪产生波动时；五是改造中出现违规、违纪，需要及时查明、解决时；六是受到不公正待遇，需要公平处理、伸张正义时。除此之外，应根据具体情况因人、因时、因地制宜，及时、准确地抓住最佳时机，取得事半功倍的效果。

（二）要循序渐进，切忌急于求成

对罪犯的个别教育是一种有计划、有准备、有目的、有针对性的教育，它具有潜在性、复杂性、长期性等显著特点。教育者要及时了解掌握罪犯情况，经常深入罪犯三大现场，随时注意观察罪犯在学习、劳动、生活中的表现，对罪犯存在的问题要认真分析和处理。对罪犯进行个别教育的时候，要有耐心、信心，不能指望经过一两次的个别教育，就能让罪犯发生质的变化，要做到一步一个脚印，切忌急于求成。

（三）要多一些宽容和理解，多一些赞美和鼓励

在对罪犯进行个别教育时，要在法律允许的范围内，多一些理解和宽容。理解和宽容不仅可以消除监狱民警与罪犯之间的一些隔阂，减少一些不必要的误会，还可以化解双方的矛盾，让罪犯感到温馨，感到世界原来如此美好，树立重新做人的自信。在对罪犯进行个别谈话教育时，注意多使用一些赞美和鼓励的言语，赞美和鼓励会对罪犯起到鼓舞和激励的作用，能够激发罪犯的潜能和积极性，使其内心产生美好和喜悦的情感，同时可以减少罪犯的恐惧感。

（四）要注重个别教育内容与语言相统一

谈话内容要注重实际，既要言之有理、有据、切中要害，又要符合罪犯的接受能力和个性特征；语言表达既要生动、易懂，又要是非分明、褒贬有度，尊重罪犯人格，不说大话、假话、脏话。

第三节 社会教育

社会教育是教育改造罪犯的一个重要手段和方法。《监狱法》第61条明确规定，教育改造罪犯要实行“狱内教育与社会教育相结合的办法”，这一规定使社会教育有了明确的法律依据。

一、社会教育的概念和特点

（一）社会教育的概念

社会教育的概念有广义和狭义两种。广义的社会教育是指一切社会生活影响个人身心发展的教育。狭义的社会教育是指“学校以外的一切文化教育设施对青少年、儿童和成人进行的各种教育活动”①。

对罪犯的社会教育是一种特殊的社会教育，它是指监狱利用社会各方面的力量，共同参与、影响、转化罪犯思想的一种教育活动。

（二）社会教育的特点

1. 教育主体的多样性

狱内教育是利用监狱内的师资、设施对罪犯实施的各种教育，具体的教育主体是单一的监狱民警；社会教育是依靠社会力量对罪犯进行教育，教育主体不是单一的，而是多方面的。除监狱机关外，政法机关，人大，政协及工、青、妇、

① 王秉中主编：《罪犯教育学》，群众出版社2003年版，第245页。

团等群众团体，社会知名人士，罪犯家属，改过自新的刑满释放人员等，都是社会教育的参与者，具有广泛的代表性。强大的社会帮教群体与监狱机关共同努力，才能取得更好的罪犯教育效果。

2. 教育活动的开放性

传统的罪犯教育具有封闭性特点，教育主体单一，教育场所只局限于监狱，社会教育改变了传统的教育形式，无论是邀请有关领导、社会知名人士、罪犯亲属到监狱对罪犯进行面对面的启发教育，还是组织罪犯到社会上参观、学习、汇报演出等，都是监狱走向开放的具体体现，是社会了解监狱、关注监狱工作的一个重要形式。灵活多样的罪犯教育形式，必将对罪犯教育工作起到促进作用。

3. 社会教育形式、内容的灵活性

"走出去""请进来"、签订帮教协议等多种方法，极大地丰富了狱内教育形式和内容，有利于调动罪犯改造积极性。

（三）社会教育的作用

1. 发挥罪犯教育的综合优势，增强罪犯改造信心

监狱作为刑罚执行机关，其法定职能就是惩罚改造罪犯。但是，改造罪犯仅仅依靠监狱自身的力量是不够的，必须从多途径、多渠道对罪犯施以综合影响，把狱内强制性教育与社会上多形式、多内容的教育有机地结合起来，借助政法各部门、社会团体、罪犯亲属各方面的力量，群策群力，优势互补。借助社会力量对罪犯进行教育，不仅可以极大地丰富完善罪犯教育体系，发挥综合优势，还可以不断增强罪犯的改造信心。"走出去""请进来"的社会教育形式能够使罪犯体会到国家和社会的温暖，让他们仿佛回到家庭和社会的怀抱，直接感受到亲人的态度、社会的态度。真诚的关怀与殷切的希望，能极大地调动罪犯的改造积极性，并使其在希望中加速改造。

2. 增强社会各方面的责任感，促进监狱工作的整体发展

《监狱法》第68条规定："国家机关、社会团体、部队、企业事业单位和社会各界人士以及罪犯的亲属，应当协助监狱做好对罪犯的教育改造工作。"这是监狱能够获得社会各方面支持的法律依据。社会教育工作的开展，有助于社会各方面明确对罪犯教育的责任、义务，有助于他们加深对监狱工作宗旨的理解，有助于对监狱民警光荣使命和艰苦的工作条件的进一步了解，从而促使社会各方面对监狱工作给予大力支持，有利于形成全社会支持、参与，全体公民关心、帮助罪犯转变的齐抓共管的监狱工作新格局，从而推动监狱工作全面发展。

3. 符合罪犯思想转变规律，促进罪犯再社会化进程

罪犯因受到刑罚处罚被强制离开原来的工作、生活环境，到监狱服刑，他们最渴望的是家人的理解、社会的接纳。当罪犯对自己的罪行有了一定的认识，产

生了悔改的意愿和重新做人的行为时，最担心的就是家人和社会的抛弃。社会教育能够使罪犯及时感受到时代信息，开阔罪犯视野，感受到社会对他们的关怀和信任，亲人的理解和期望，从而激发罪犯改造的积极性，使罪犯再社会化进程得到有效推进。

二、社会教育的形式

社会教育的主要形式包括“请进来”“走出去”、签订帮教协议。

（一）“请进来”的形式

“请进来”形式是监狱根据改造罪犯的需要，有目的地邀请狱外社会力量对罪犯进行帮助和教育。① 这是目前我国监狱利用社会力量改造罪犯运用最广泛的一种形式。具体形式包括：

1. 规劝引导

规劝引导是邀请罪犯的亲属或同事、朋友以及社会有关人士，对罪犯进行劝告，鼓励其重新做人。主要包括：

（1）亲属规劝。罪犯亲属、朋友参与帮教，进行规劝是转化罪犯思想的有效方法。罪犯与亲属具有血缘关系、经济关系和情感关系，因而情感相容，互相信赖，认同感较强。亲属规劝，罪犯逆反心理相对差一点，比较愿意听，接受得比较快。在罪犯教育实践中，常常遇到罪犯思想上出了毛病，监狱民警多次教育未能见效，而通过家属规劝，毛病就治好了。亲属规劝的主要方式是接见和通信。要发挥好亲属规劝的作用就要从接见入手，利用罪犯亲属接见的机会，主动与罪犯亲属联系，取得他们的信任和支持，并做好充分准备，将罪犯改造表现情况如实向罪犯亲属介绍，使他们明确规劝内容和要求。对那些亲情关系淡漠的罪犯及亲属，主动与他们联系，用真情感化他们，促使他们改善关系，关心帮助罪犯改造。除此之外，要鼓励罪犯及亲属多通信、多沟通，经常开展“一封家书”活动，将罪犯亲属的规劝信件有选择地进行宣传，让其他罪犯受到教育。

（2）社会人士规劝。邀请包括各级党政机关的领导、社会先进人物、被害人、一些在社会上取得成绩的刑满释放人员来监狱进行帮教活动。社会人士来监狱作报告，事先要向他们说明罪犯的有关情况，根据罪犯教育计划，提出报告内容和要求。例如，政策法律的内容宣传、解读，爱国主义专题报告，先进事迹报告，心理咨询、辅导等。报告时，要向罪犯简要介绍报告人的身份，使罪犯更好地接受规劝教育。

（3）单位团体规劝。邀请社会上的企事业团体来监狱探望罪犯，对罪犯进

① 参见王秉中主编：《罪犯教育学》，群众出版社2003年版，第256页。

行思想教育。监狱要热情接待，向他们介绍监狱改造罪犯的实际情况，组织他们与罪犯交流、座谈，给予规劝教育。

2. 榜样示范

以典型人物的先进事迹去影响罪犯的思想和行为的教育方法是最有感染力和说服力的社会教育方法。邀请先进模范或英雄人物对罪犯进行榜样示范，不仅使罪犯知道和理解典型人物的具体言行，而且能够以正压邪，纠正一些反面的、落后的东西。选择的榜样既可以是党中央和人民政府号召全国人民学习的英雄人物，也可以是回归社会后，做出突出贡献受到政府奖励的刑满释放人员。后者由于同罪犯有着共同的经历，他们用自身的经历体会来鼓励、影响罪犯，具有很强的说服力和教育作用，在罪犯中的影响大、效果好。

（二）“走出去”的形式

“走出去”就是有计划地组织罪犯走出监狱到社会接受教育。“走出去”是充分利用社会资源开展罪犯教育工作的一种有效方法，它在一定程度上弥补了狱内教育的不足。具体包括以下几种方式：

1. 组织参观

组织部分罪犯参观经济建设成就展，参观工厂、农村，参观博物馆、展览馆、纪念馆等地，接受社会主义和爱国主义教育，培养罪犯的集体主义和公德意识。

2. 现身演讲

组织部分改造表现突出的罪犯到社会上向党政机关、企事业单位、学校汇报改造表现，进行现身说法和悔罪演讲。现身演讲不仅对社会起到警示教育作用，同时对罪犯自身思想改造也是一次深刻的洗礼。

3. 汇报演出

组织罪犯艺术团到社会上进行演出，在对社会公众进行法制教育的同时，罪犯也感受到了社会的发展变化，从而受到了形势教育。

4. 离监探亲激励

按照《监狱法》的规定，准许符合条件的罪犯回家探亲。利用罪犯探亲的机会，请罪犯家庭所在地的有关部门领导、亲属对罪犯进行教育，加速罪犯改造步伐，促其早日获得新生。

5. 亲情电话沟通

通过亲情电话，罪犯可以间接了解社会信息，了解亲人生活状况、他们对自己的态度，利用亲情电话可以缓解罪犯郁闷心理，也会提升他们重返社会的自信心。

（三）签订帮教协议，建立帮教组织

签订帮教协议是社会教育的一个基本方法，是促使帮教活动经常化、制度化的一项重要措施。签订帮教协议是监狱与有关党政机关、基层组织或个人，为了正常开展社会帮教工作，明确各自的责任而订立的书面契约。签订帮教协议可以加强罪犯自我约束能力，增强签约方督促、帮教罪犯的责任。帮教协议既可以是监狱方主动签订，也可以是罪犯亲属、社区志愿者、单位等相关人员来监狱签订。帮教协议的主要内容包括帮教方承诺、监狱承诺及罪犯的保证内容等。如监狱要向帮教方提供罪犯的表现情况、提供帮教场所、时间及相应条件等；帮教方要定期通信、接见，稳定罪犯改造情绪，促使其积极改造；罪犯要保证认真接受帮教，定期汇报等。

三、社会教育应注意的问题

（一）扩大社会帮教层面，积极探索社会帮教形式

罪犯是失去人身自由的人，从某种意义上说，是社会弱势群体，他们面临的问题很多。因此，需要帮教的人也很多，有的是关于婚姻的，有的是关于财产的，有的是关于法律案件的，有的是关于自身心理健康的，还有的是关于刑释就业的等。这就需要社会形成一个家庭亲情帮教，社会名人帮教，社会志愿者结对帮教，部门企业安置帮教，专业人员法律、心理帮教等多种形式并存的全方位多层次辐射、齐抓共管的社会帮教体系，最大限度地扩大帮教层面。同时，要创新帮教活动内容，提升帮教质量，追求帮教实效，防止帮教活动流于形式。把“请进来”与“走出去”两者结合起来，探索社会帮教活动新形式。

（二）建立一支以社会志愿者为主的专业化、高素质的社会帮教队伍

积极推进社会志愿者帮教活动，加强社会帮教活动组织管理，需要建立一支以社会志愿者为主的专业化、高素质的社会帮教队伍，有组织地定期与不定期开展形式多样的社会帮教活动。对监狱服刑罪犯进行帮教的人员，必须具有一定的帮教能力，不仅能用正确的思想引导罪犯，还能运用相关的法律知识帮助罪犯认识问题，并具有一定的文化修养和文明的言谈举止。社会应倡导、鼓励高等院校的大学生从事社会志愿者帮教活动。

（三）建立完善的社会帮教长效考核机制，确保帮教工作的成效

一是激活帮教工作内在机制，提升帮教的活力。制定并完善社会帮教工作制度，构建社会帮教工作长效机制的法律机制；强化社会帮教工作目标责任制，构建社会帮教工作长效机制的考核机制。二是保持帮教活动的正常化，提升帮教氛围，如建立社会帮教日，开展“监狱开放日”活动等。

（四）监狱与社会劳动部门要充分合作，积极开展职业技术培训，做好刑释人员安置帮教工作

罪犯在刑满释放后遇到的最大的问题就是就业问题，能否解决刑释人员就业，不仅关系到刑释人员的生存，也是刑释人员是否会重新走向犯罪的关键所

在。刑满释放后如何就业，一直是监内罪犯普遍关注的热点。监狱与社会劳动部门可以合作，开办监内就业服务热线，举办现场就业指导、咨询、招聘会，并在条件成熟的监狱成立临时监狱人才市场，实现刑满就业直线服务，切实为刑释人员解决出路问题。

利用社会力量参与对罪犯的教育改造，既是监狱交融社会的平台，又是社会了解监狱的窗口；既是提高罪犯教育改造质量的一种形式，又是教育改造罪犯的有效手段。要着眼于社会帮教长效机制的建立，使帮教形式、帮教内容更加贴近教育改造罪犯的实际，真正实现监狱与社会的资源共享。

第四节　辅 助 教 育

一、辅助教育的概念

辅助教育是相对主导教育而言的一种教育形式，具有推进和充实主导教育的作用。辅助教育是监狱对罪犯实施政治思想教育、文化技术教育和美育的一条重要途径。辅助教育指监狱根据罪犯教育的目的和要求，组织罪犯开展的有利于罪犯教育目的实现的，融知识性、趣味性、思想性为一体的直观、生动的教育活动。辅助教育是通过开展罪犯感兴趣的活动来营造积极改造的氛围，目的是使罪犯自觉地接受教育。辅助教育内容主要体现在文化建设方面。辅助教育作为改造罪犯的辅助手段，具有趣味性、直观性、生动性的特点。

二、辅助教育的作用

（一）辅助性教育对罪犯接受改造具有促进作用

监狱主导教育具有规范性、严肃性和强制性特征，罪犯在接受监狱主导教育中往往处于被动地位。一些改造态度不端正，缺乏正确改造动机的罪犯，往往对监狱开展的教育活动产生抵触情绪，参与教育改造活动的积极性不高。开展辅助教育，可以充分利用它的特点和优势，吸引罪犯主动参加丰富多彩的活动，寓教于乐。特别是一些罪犯有着各种各样的业余爱好，对于他们的业余爱好，如何因势利导，扬其所长，促使其积极向上，是教育改造工作中必须重视的一个重要问题。开展丰富多彩的文学艺术、体育比赛活动，不仅能展示其才华，满足其心理需求，还可以有效地占领业余阵地，把罪犯旺盛的精力、过剩的能量释放在有益身心健康的活动上，使罪犯在活动中得到教育，使罪犯的精神世界变得丰富多彩，生活情趣变得高尚文明。

（二）辅助教育可以缓解、消除罪犯的紧张、焦虑情绪，丰富罪犯的精神生活

罪犯受到刑罚处罚在监狱内服刑，面临的主要问题就是监狱适应问题。丧失人身自由、社会地位发生根本改变已经是他们人生的一次重创，况且监狱生活不但人身自由受到限制，活动范围、学习、生活、劳动等许多活动内容也都带有强制性。面对严酷的现实，罪犯心理失衡，出现紧张、焦虑状态是自然而然的。开展辅助教育，通过组织文体活动、电化教育和各种竞赛活动，寓教于乐，有助于缓解罪犯紧张、焦虑心理。在活动中激发罪犯的上进心、荣誉感，培养他们良好的兴趣、爱好，在团队竞赛活动中培养他们与人交往、合作的意识，可以使罪犯在获得丰富情感体验的基础上，扩大视野，增进知识和技能，提高自身修养，丰富精神生活。

（三）辅助教育可以挖掘罪犯潜能，发挥罪犯自我教育作用

自我教育是指罪犯自己对自己所进行的教育，是一种自觉的自我完善的过程。罪犯自我教育效果的取得离不开罪犯的主动参与。辅助教育活动的显著特点是有计划、有目的地组织开展罪犯喜闻乐见的、趣味性强的活动，这些活动往往都是罪犯感兴趣、主动参与的，这是罪犯自我教育的基础。在活动中，充分发挥罪犯的聪明才智，并使其从中体验到自己的力量和智慧，锻炼自己的意志。罪犯渴望被欣赏、被赞扬、被尊重的心理在活动中能得到极大满足，从而激发出他们内心积极向善的因素，在潜移默化和不知不觉中受到教育启迪。罪犯心情舒畅，自我约束力、求知欲都会相应得到提高，组织纪律性得到加强。

三、辅助教育的形式

辅助教育的形式多种多样，在罪犯教育实践中经常采用的有以下几种：

（一）电化教育

电化教育就是利用广播、电视、录像、电影、计算机、可视电话、网络等工具，对罪犯传授知识，进行教育的活动。电化教育模式在罪犯教育中应用比较普遍，教育效果比较突出。在电化教育过程中，形象、生动、有趣的教育形式能吸引罪犯注意力，调动他们的学习积极性，与罪犯可接受性相适应。特别是当今正处于网络时代和信息时代，有效运用电化教育形式，可以开阔罪犯视野，扩大知识面，提高学习效率。

随着监狱工作科学化、法治化、社会化建设的不断深入，越来越多的科技手段被应用于罪犯教育活动中。充分利用广播、电视、计算机等现代化教学工具发展远程教育，可以克服由于监狱地处偏远而产生的与社会信息交流不畅的困难。发挥监狱局域网、电视演播室的特殊教育作用，有条件的监狱运用数据技术开通

罪犯局域网，建立服刑人员生活指导网，构建查询、咨询、法律援助、社会帮教、心理咨询、回归就业等交流平台，帮助罪犯解决实际需要。充分发挥电化教育的作用，使罪犯置身于数字化的学习环境熏陶之中，从而培养罪犯的自我规范、自我发展和自我调控的能力。

（二）文体活动

开展健康、有益的文体活动，是辅助教育的一种重要形式。组织罪犯开展文体活动不受设施条件限制，简便易行。文体活动的主要形式包括节日文艺活动、电影鉴赏、音乐评论、文艺会演、歌咏比赛、智力竞赛、各种游艺活动以及各种球赛、棋赛、拔河比赛、运动会等。

组织文体活动应制订完整的活动计划，既不能影响正常的改造活动，又不能因改造任务重没时间而放弃。要注意把健康的思想内容渗透到罪犯喜闻乐见、兴趣浓厚的活动中去，使罪犯在活动中受到潜移默化的影响。比如，通过篮球、拔河等群体项目的比赛，培养罪犯集体荣誉感、大局意识和团队合作精神。在活动中还要善于发现专长者，及时给予他们鼓励、引导，并以适当方式培养和提高他们的专长，目的在于培养他们健康的生活情趣。

（三）文化园地

文化园地是罪犯教育工作的重要宣传阵地，是陶冶罪犯情操，活跃业余生活的一种有效形式。它的主要内容包括黑板报、墙报、监狱报、图书馆、阅览室。加强文化园地建设，可以使罪犯互相交流思想、沟通信息、丰富业余生活，对罪犯改造能起到鼓励和促进作用。

（四）仪式活动

通过传统节日、升旗仪式、刑满释放日、未成年犯成人礼等特殊日子组织活动，强化罪犯守法意识、悔罪意识，使罪犯从思想上真正的认罪悔罪。

四、辅助教育应注意的问题

一是辅助教育应纳入罪犯教育工作范围内，有目的、有计划、有组织地开展。在年度罪犯教育计划中，要强调辅助教育计划的制订，包括活动内容、范围、组织人员、活动程序等。二是辅助教育活动要集思想性、知识性、趣味性、娱乐性为一体，在活动范围上照顾到罪犯个体和群体，吸引更多罪犯参加活动。三是在辅助教育中要注意发挥监狱民警的主导作用，审时度势，发挥不同罪犯的优势、特点，调动他们的积极性、主动性。四是辅助教育活动要因地制宜、量力而行，有效利用现有的环境条件，开展丰富多彩的教育活动。

第五节　心理测验与心理咨询

一、心理测验

（一）心理测验的含义

心理测验是根据客观的、标准化的程序来测验个体的某种行为，以便判定个体差异的一种方法。①心理测验主要有两种类型：一是智力测验，二是人格测验。智力测验即一般能力测验。人格测验是指个性中除能力以外的所有测验，既包括对个性的综合性测验，也包括对某个心理变量如情绪、气质、性格的测验。监狱对罪犯进行的心理测验主要是进行人格测验。

心理测验的功能主要体现在两个方面：一是预测功能。通过考察人的潜在能力和特征，从而预测其未来发展的前景。二是诊断功能。通过判定个体各方面心理因素的差异，查明某个人的心理特征，以便进行因材施教、使用选拔，也可以发现其个性缺陷等。心理测验要实现预测、诊断功能，必须做到标准化，即按照一定的方法和程序编制。对人进行心理测验必须符合以下条件：一是测验过程的程序化和测验结果的数量化，数量代表心理特征；二是测验需要得到受测者的密切配合。

（二）罪犯心理测验的含义及量表

1. 罪犯心理测验的含义

罪犯心理测验是根据客观的、标准化的程序来测验罪犯个体的某种行为，以便判定罪犯个体差异的一种方法。罪犯心理测验是心理测验在监狱工作中的运用，是对罪犯进行心理评估的重要方法之一，是检测罪犯心理状态，发现心理问题，进行心理诊断的有效方式。心理诊断在一定意义上就是运用心理测验表对被诊断者进行心理测查，对测查结果进行分析研究，从而对被诊断者的心理状况与特征做出判定。

2. 罪犯心理测验常用量表

用于罪犯心理诊断的量表种类比较多，既有通用量表，也有专门量表，这里介绍几种监狱较为常用的量表：

---

① 参见章恩友：《罪犯心理矫治基本原理》，群众出版社 2004 年版，第 162 页。

（1）卡特尔16项个性因素量表（16PF）

由美国心理学家卡特尔根据他的人格特质理论编制的测量量表，共有187个测试项目，分三级回答（肯定、否定、折中回答）。这16项个性因素是乐群性（A）、聪慧性（B）、稳定性（C）、恃强性（E）、兴奋性（F）、有恒性（G）、敢为性（H）、敏感性（I）、怀疑性（L）、幻想性（M）、世故性（N）、忧虑性（O）、实验性（Q1）、独立性（Q2）、自制性（Q3）、紧张性（Q4）。16项个性因素的分数相对独立，每一项因素与其他各因素的相关度低。这一量表能够较好地反映人格的复杂层面及其组合，信息量比较大，有利于发现罪犯的心理缺陷，了解罪犯心理健康方面的问题，该量表通常用作罪犯入监时的个性诊断工具。

（2）气质类型问卷

气质类型问卷用于测定罪犯的神经类型和气质类型。了解罪犯气质类型，是开展实施个别教育工作的主要依据。气质类型问卷共有60个问题，要求被试者作5级回答（符合、比较符合、吃不准、比较不符、完全不符）。凡某种气质类型的得分高于其他3种气质类型的得分且在4分以上便可以确定倾向为该种典型的气质类型。分别是胆汁质、多血质、黏液质和抑郁质四种典型气质类型。不同气质类型表现出不同的特点，了解掌握罪犯不同气质类型特点，是对其进行个别教育时选择教育方法的重要依据。

（3）明尼芬达多项人格测验（MMPI）

由美国心理学家哈撒韦和精神科医生麦舍利编制的，包含疑病、抑郁、歇斯底里等十种临床症状量表，是一种用途广泛的人格量表。可用于判别、区分精神病患者和正常者。监狱多用来预测罪犯刑满释放后的行为倾向，做再犯罪可能性预测。

（4）症状自评量表（SCL－90）

症状自评量表包含九种心理症状，涉及思维、情感、行为、人际关系、生活习惯等方面的偏离和异常。用来检测一定时间内罪犯心理卫生与健康的综合症状。既可以作为罪犯心理健康状况测查，也可以作为进一步检查的基础。

（5）中国罪犯心理测试量表中的个性分测验（COPA－PI）

中国罪犯心理测试量表包含13个维度共144项，这个量表是我国自行研发的专门为监狱中罪犯进行心理测验编制的量表。目前，监狱对罪犯施测多用此量表。

（三）实施罪犯心理测验应注意的问题

1. 科学正确认识心理测验

要客观、全面地认识心理测验，不能过高地估量心理测验的效能，也不能忽视心理测验对研究罪犯心理的重要作用。既要看到心理测验的优点，又要注意到它的局限性，在实践中应把心理测验与其他方法有机地结合起来，对罪犯心理做出全面的分析、研究。

2. 合理、有效地使用心理测验

为了更好地发挥心理测验的效能，在使用心理测验时要做到三点：一是保证测验者是经过专门训练的专业人员。在监狱主要应由经过专门培训的，具有一定心理学专业知识的监狱民警担任。这样，才能保证测验量表的选择、测验的组织实施，测验结果的解释准备无误。二是做好施测前的准备工作，包括施测人员自身的准备和测试对象、环境的准备两方面。测验人员要选择针对性的量表，熟悉指导语，准备好测验材料，充分估计到在施测过程中可能出现的问题，在施测前特别要注意做好施测对象的思想工作，由于服刑罪犯具有的“监狱人格”特征，即怀疑、逃避、应对、顺从等心理，会促使罪犯在测试中注意力不集中或不正确看待心理测验。因此，在组织罪犯施测中就要特别注意做罪犯的思想工作，讲明测试的意义，保持良好的施测关系，并尽量营造有利于罪犯真正进入心理测验的环境。同时还要注意到罪犯个体差异，采用不同的施测手段。三是施测者严格遵守保密原则，对测验结果显示出的某种迹象，要注意保护隐私，对有危险倾向的罪犯要及时采取相应干预手段。

3. 科学解释心理测验结果

对测验结果要结合罪犯实际，科学合理地予以解释，不可模式化千篇一律地刻板解释，要具体问题具体分析，只有在测验的基础上多方收集有关资料，才能对罪犯心理测验结果进行科学合理的解释。

二、罪犯心理咨询

（一）罪犯心理咨询的概念

罪犯心理咨询是心理咨询在监狱工作中的应用。它是指监狱组织专业心理咨询人员通过会谈等咨询技术和方法，帮助求询罪犯解决心理问题，促进心理健康发展，实现罪犯重新社会化的活动。罪犯心理咨询是要运用心理学的理论和方法，不是简单的说服教育。罪犯心理咨询作为一种特殊的教育方法手段，在罪犯教育中既有一般教育的共性，又有其特殊性。它是一种系统性的教育活动，它不局限于服刑罪犯的具体问题，它对罪犯的教育作用是长远的、发展性的。

（二）罪犯心理咨询的原则

1. 咨询双方平等相处原则

咨询双方平等相处原则是罪犯心理咨询的一个首要原则。罪犯心理咨询是通过建立良好的人际关系来达到咨询目的。在咨询过程中，与求询罪犯建立起信任关系是心理咨询的首要环节。监狱民警与罪犯两者处于改造与被改造的特殊地位，这导致罪犯难以摆脱自己作为罪犯的角色。监狱咨询员的多重角色也很难以纯咨询者的角色进入咨询。一方面，可能会出现求询罪犯对咨询人员的不信任；另一方面，监狱咨询员可能漠视求询罪犯，这样很容易形成咨询障碍。因此，在罪犯咨询过程中，咨询者要营造轻松的咨询环境，对求询罪犯以诚相待，尊重罪犯人格，不鄙视、不轻视求询罪犯，淡化监狱民警角色，强化咨询者角色，平等交流。这样，求询罪犯才能敞开心扉、吐露心声。

2. 以启发和劝导为主的原则

罪犯心理咨询的本质是助人自助，既是帮助罪犯的过程，也是一个教育罪犯的过程。面对求询者，监狱心理咨询员不能说教，只能启发、劝导，这就要求咨询人员为求询罪犯着想，运用自己的心理学专业知识、技能，帮助罪犯认识自己的问题。要使有心理问题的罪犯在咨询活动中感到温暖和力量，摆脱消沉的情绪；要帮助求询罪犯树立自信心，振作起来。咨询人员要善于发现来访罪犯心理、行为上的积极因素，及时给予肯定和引导。在启发教育的时候，要注意正面教育，特别是针对求询罪犯涉及的减刑、假释、人际关系、婚姻等方面的问题，要耐心听取他们的倾诉，及时运用内容反应、情感反应和面质等技术，帮助罪犯调整思路，不简单附和、迁就。与求询罪犯共同分析问题，引导他们调整看问题的视角，学会正确看待自己和他人，建立新的认知结构，提高抗挫折能力及环境适应能力。咨询人员切忌包揽罪犯问题解决的方法，而应启发引导求询者依靠自己的力量克服困难、解决问题。

3. 有条件保密原则

尊重求询罪犯的个人隐私权，既是咨询人员职业道德的要求和法律的责任义务，也是求得求询罪犯信任，确保咨询顺畅开展的前提和保证。保密原则要求咨询人员在咨询过程中获得的有关求询罪犯个人的隐私或缺陷，不得随意公开或传播。没有保密，则意味着心理咨询失去存在的基础。罪犯之所以能够向咨询人员倾吐心声，就是相信咨询人员不仅能够为他们提供心理帮助，而且能够为其保密。事实上，一些求询罪犯在求询过程中，由于过分担心自己的秘密被泄漏出去，在陈述过程中，一方面试探咨询员的诚信，另一方面吞吞吐吐、遮遮掩掩。由此可见，保密在求询罪犯的心中占有重要的地位。

在罪犯心理咨询过程中，保密原则要求与求询罪犯的谈话内容不能作为“犯情”向监狱民警汇报，对他们宣泄的言论、观点也不能作为考核依据。鉴于求询罪犯特殊身份，也不能一味地强调保密原则而对咨询获得的所有信息都予以保密。咨询人员在获悉求询罪犯有严重危险行为信息时，对监狱安全稳定可能造成重大影响时，应及时与有关部门沟通反馈信息，以确保监管工作的安全。

4. 咨询与教育、辅导、治疗相结合原则

在对求询罪犯进行心理咨询的过程中，结合心理教育与辅导，可以起到更好的咨询效果。心理教育与心理辅导面向全体罪犯，贯穿罪犯教育始终，都具有预防和发展的功能。支持心理咨询活动（特别是咨询的后续活动）的开展，有利于罪犯教育工作的整体推进。

5. 确保安全原则

在监狱开展心理咨询工作，要充分考虑到监狱工作的特殊性和各种可能出现的风险。罪犯群体的特殊性，要求在开展心理咨询工作时，从咨询场所、条件、人员等方面都应做好必要的安全防范，在确保咨询人员安全的前提下，积极稳妥地开展罪犯心理咨询工作。

（三）罪犯心理咨询的主要形式

罪犯心理咨询的形式多种多样。根据咨询采用的方式，可分为面谈咨询、电话咨询和书信咨询；根据咨询人数，可分为个体咨询和团体咨询。

1. 面谈咨询

面谈咨询是罪犯心理咨询中最重要、最常见的形式。面谈咨询是指在监狱专门设置的咨询机构中，咨询员与求询罪犯以谈话方式为主进行的咨询。面谈咨询的特点是双方可以直接面对面的交流、互动。通过面谈咨询，求询罪犯可以详尽地倾诉自己的苦闷、烦恼、焦虑、不安。咨询员可以与来访者面对面地进行磋商、讨论、分析和询问。在面谈过程中可以对求询罪犯直接观察，了解其心理状态。直接面谈的方式容易使咨询双方建立良好的咨询氛围，提供了双方最大限度接触的可能性，安全的咨询环境可以使求询罪犯无保留地表达自己的喜怒哀乐，倾吐自己的秘密，为咨询人员深入地了解求询罪犯创造了条件。

运用面谈咨询应注意以下几个方面问题：一是咨询人员要具备丰富的专业知识和咨询技术，能娴熟地运用心理咨询技术进行咨询；二是咨询环境既要有利于双方交谈而又不受外界干扰；三是咨询现场除咨询双方外，无关人员尽量回避；四是在面谈咨询中，咨询人员对求询罪犯应予以最大限度的支持和接受，平等待人，营造良好的咨询氛围；五是在咨询过程中要灵活运用各种咨询技巧，冷静对待求询罪犯的发难，尽量避免他们在比较敏感的问题上发难，如监狱内的管理问题、社会个别现象问题、对刑法态度问题等。一旦出现此种情况，要依据有关政策策略予以引导，要及时转移话题，避免影响咨询主题。

2. 电话咨询

电话咨询是通过电话对求询罪犯进行安慰、劝告和引导的咨询形式，是一种较为方便而又迅速及时的心理咨询方式。电话咨询具有随时、迅速、匿名的特点，在监狱罪犯心理咨询中占据非常重要的地位，被罪犯认可的程度较高。

在开展电话咨询中应注意以下几方面问题：一是监区内设置专用的心理咨询电话，电话放置要有隐私性、便捷性、不被干扰性；二是电话咨询员要具备较高的专业素质和责任感；三是适度控制电话咨询时间，不宜过长；四是注意发挥电话咨询的作用，避免演变成简单的投诉、发泄。

3. 书信咨询

书信咨询是指咨询人员通过书信往来为求询罪犯解惑释疑所进行的咨询。书信咨询主要是让求询罪犯通过在监狱内设置的咨询箱进行求询，满足咨询需求。书信咨询不受空间限制，咨询双方可以随时随地通过书信求询或咨询。有些罪犯不愿当面求询，或对求询问题羞于启齿，或一些咨询问题通过书信的方式更能表达清晰，运用书信咨询就非常便利。

在运用书信咨询方法时应注意：一是建立完整的咨询制度，如咨询信件的收发制度、与咨询人员的沟通制度、信息反馈制度等；二是有效运用书信咨询、面谈咨询和电话咨询，将三者有机结合才能更好地发挥咨询作用；三是对于在书信咨询中发现突发的心理危机、严重的异常心理要及时安排面谈咨询，以免错失咨询、治疗良机。

4. 个别咨询

个别咨询就是咨询人员与罪犯一对一的咨询活动。个别咨询既可以是面谈咨询，也可以是电话咨询和书信咨询。个别咨询的特点是针对性强，有利于保密，便于深入交流，效果比较好。在个别咨询中应注意咨询环境，避免出现危险情形。

5. 团体咨询

团体咨询是指咨询人员对有若干名求询罪犯组成的罪犯群体进行的咨询活动。团体咨询既适用于某一类型罪犯如暴力犯、盗窃犯等，又适用于对具有某些共同心理问题的罪犯进行指导。团体咨询的特点是人多、气氛浓、面广、影响大。由于团体咨询是一种多向性的交流，来访罪犯的问题比较接近，都具有解决问题的迫切性，这会促使他们积极的讨论问题，对一些具有人际交往障碍的罪犯帮助比较大。

团体咨询的程序：首先，由咨询者根据求询罪犯提出的问题以及罪犯的实际差异，划分小组。其次，由咨询者通过讲解、交流、探明团体内成员的心理问题，再使罪犯通过录像、参观等形式，对自身的问题有一个总体上的认识。最后，开展团体活动，通过讨论问题及角色扮演等形式，共同寻求解决问题的方法，作出决定并付诸实行。

团体咨询对共性的、表层的问题解决比较有效，深层次的心理问题则需要通过个别咨询来解决。因此，在监狱工作实践中，要注意团体咨询与个别咨询的有机结合，以便高效、快捷地解决罪犯的心理问题，更好地发挥罪犯心理咨询的作用。

（四）罪犯心理咨询的过程

罪犯心理咨询的过程是咨询者协助求询罪犯共同确定问题、解决问题的过程。罪犯心理咨询包括五个阶段：信息收集阶段、明确问题阶段、咨询目标确立阶段、帮助和改变阶段和结束巩固阶段。

1. 信息收集阶段

信息收集阶段是心理咨询开始的首要阶段。这一阶段的主要任务有两个：一是广泛深入地收集与求询罪犯问题有关的资料；二是与求询罪犯建立初步的信任关系。

求询罪犯相关资料包括：（1）求询罪犯的身份及基本性格特征，如年龄、捕前职业、文化程度、家庭及婚姻状况等，了解求询罪犯基本情况有助于分析罪犯心理问题产生的背景。除此之外，还应了解求询罪犯的成长过程、兴趣爱好、健康状况、改造生活状况等；（2）求询罪犯的问题所在，如究竟被什么问题困扰，问题的严重程度、问题持续的时间、问题产生的原因，本人对此有无明确的意识等。在这一阶段，除听取罪犯本人介绍外，可以利用心理测验来确定心理问题的程度。

建立初步的信任关系。建立良好的咨询关系是进入心理咨询过程的第一步，是咨询成功的基础。要建立良好的咨询关系，必须做到以下几点：一是尊重求询罪犯。罪犯进入咨询室，咨询员应该热情而自然地对他表示欢迎，愿意为他提供帮助。然后，向求询罪犯简要地介绍心理咨询的性质和原则，特别要讲明保密原则，同时简要介绍自己。在交谈过程中，始终保持平等、信任、真诚的态度。对求询罪犯所述问题不嘲笑、不动怒，要尽快消除初次见面的陌生感，给求询罪犯留下良好的第一印象。二是接纳求询罪犯。对求询罪犯要无条件地接纳，耐心倾听，给予真诚的关注、温暖、热情，做到全神贯注。留心罪犯的一言一行，做一个耐心的听众，不以厌烦、教训的口吻打断罪犯的诉说。恰当运用提问技术，内容反应技术，鼓励引导罪犯倾诉。三是温暖、热情、真诚贯穿谈话过程始终。

2. 明确问题阶段

明确问题阶段主要是根据收集到的相关资料，分析判断求询罪犯心理问题的类型和程度。

首先，要弄清求询罪犯的问题属于何种类型。求询罪犯的心理问题可能是精神病的症状，这属于精神病学范畴，发现后应及时转介；有的求询罪犯的心理问题可能属于神经症状，如焦虑症、恐惧症、强迫症、抑郁症等；也可能是一般适应性问题，如监狱适应困难、人际关系紧张等。明确问题阶段是对求询罪犯的心理问题进行辨别的基础。

其次，要评估求询罪犯心理问题的严重程度。对求询罪犯心理问题严重程度评估具有重要的意义，它可以帮助咨询人员做出下一步决断。例如，确定哪些问题可以通过面谈咨询逐步解决，哪些问题需要借助其他力量进行直接干预等。

最后，要弄清求询罪犯心理问题产生的原因。求询罪犯心理问题的原因有多种，可能与个人发展、人格特征、世界观等内部因素有关，也可能与监狱改造环境、家庭、生活事件等外部环境因素有关。咨询人员要充分了解求询罪犯心理问题发生发展的来龙去脉及影响因素，了解求询罪犯狱内外生活环境、状况等背景材料，了解求询罪犯看待问题的认知模式，以及应对困难与挫折的方式方法，通过仔细分析以寻找产生问题的主要原因。

3. 咨询目标确立阶段

罪犯心理咨询目标包括终极目标、中间目标和直接目标。终极目标是指心理咨询最终达到的目标。中间目标是指求询罪犯目前需要解决的问题得到解决。直接目标则是指当事人面临的具体问题的消除。通常所说心理咨询员与求询罪犯共同确立的目标，主要是指直接目标，它是每次心理咨询的具体目标。咨询目标的确定需要求询罪犯与咨询者共同参与、共同配合。既要考虑求询罪犯的问题和需要，又要遵循心理咨询的基本理论；既要有直接目标，也要有中间目标和终极目标。在制定咨询目标时应注意以下几点：（1）咨询的目标应是具体的、可操作的。制定的咨询目标越具体，就越容易操作，也就越容易见到效果。（2）咨询目标是现实可行的。制定咨询目标不能脱离罪犯实际，目标不宜过高。（3）咨询目标最好是双方都能接受。如果咨询目标存在分歧，双方应展开讨论求得共识。不能统一，则应以求询罪犯的目标为主，随着咨询的深入逐步达到统一。（4）咨询目标有轻重缓急。（5）咨询目标应是积极的，有利于求询罪犯改造的。（6）咨询目标应经常进行评价和适当调整。

4. 帮助和改变阶段

帮助和改变阶段的主要任务是咨询员应用心理学的方法和技术来帮助求询罪犯消除心理问题。帮助和改变阶段是心理咨询的关键时期，它对心理咨询的效果起着极为重要的作用。在这一阶段，咨询员要注意坚持指导、帮助与包办、代替相区别的原则，无论使用哪种流派的咨询理论、技术，都应以促使求询罪犯领悟改变为最终目的。

5. 结束巩固阶段

结束巩固阶段的主要任务是对咨询情况做一个小结。帮助求询罪犯回顾咨询要点，检查目标的实现情况，进一步巩固咨询所取得的成绩。同时还应做好追踪考察，通过追踪考察一方面可以知道咨询是否成功、有效；另一方面也可以总结咨询经验，改进方式，提高咨询员的咨询水平。

（五）罪犯心理咨询的技术

1. 建立良好咨询关系的技术

咨询关系是贯穿心理咨询始终的重要内容，良好的咨询关系不仅能给求询罪犯一种安全感、温馨感，同时也能促进求询罪犯对咨询员的信任，减少其防御心理，使其认真地自我探索，进而提高自尊心和自信心。在建立良好咨询关系的过程中，咨询员的态度和技术起着主导作用。

（1）同感

所谓同感，是指在咨询过程中，咨询员不但要有能力正确地了解咨询人的感受，同时还要将这种了解传达给对方，从而促使当事人对自己的感受和经验有更深的认识。同感包含两方面内容：一是充分理解，二是准确表达。要达到充分的同感，咨询员要将自己移入求询罪犯的处境中尝试他的感受，经历他所面对的压力，体会他所作的决定和行为的原因。要善于观察求询罪犯各种表情来增进同感的准确性。例如，通过求询罪犯的语言内容、语调的变化及眼神、姿势、表情等非语言动作等方面进行观察。同时，咨询员要具备良好的语言表达能力，将自己对求询罪犯的充分理解反馈给他们。

（2）尊重

尊重是指咨询员对来访者接纳的态度。求询罪犯普遍存在自卑与顾虑心理，他们渴望得到尊重、接纳与信任。咨询员对他们的尊重，会给他们创造一个安全、温暖的谈话环境，这样的环境能促使他们最大限度地表达自己。要热情地接纳求询罪犯，首先，咨询员要提高自身对接纳重要性的认识，并能时刻反思自己是否宽容和接纳求询罪犯的人生态度，特别是求询罪犯的一些令人不能容忍的心理和行为。其次，咨询员要将看待求询罪犯的着眼点放在“人”上，而不是“他是罪犯”上。要以职业身份尊重、接纳求询罪犯，包括他的积极方面与消极方面。最后，要注意通过关注、聆听的行为和非批评、非指责性的语言来表示对他的尊重。要与求询者保持人格上的平等，以礼相待。避免形成“政府”与“罪犯”的对话关系。

（3）真诚

真诚是指在咨询过程中，咨询员开诚布公地与求询罪犯交谈，直截了当地表达自己的想法。真诚对于咨询关系是非常重要的，咨询员的真诚不仅可以给求询罪犯提供一个安全自由的氛围，而且可以为求询罪犯做出榜样。看着咨询员的真诚开放，求询罪犯也会慢慢地放下自己的面具，诚实地开放自己，坦然表露自己的喜怒哀乐。真诚是咨询成功的关键因素之一。真诚不是强求的，它是咨询过程中的一种自然表现。咨询员的真诚要恰如其分，要有助于求询罪犯的成长，不能把真诚简单理解为说实话。那些有害于罪犯的言语，哪怕是真诚的也不能说出来，要因人而异。

2. 谈话技术

心理咨询中的谈话比一般谈话要复杂得多，咨询员的会谈技术，对咨询过程起着主导作用。

（1）倾听技术

心理咨询中的倾听是“投入的倾听”，不仅仅是听听而已。它要求咨询员在听的时候，要全身心地投入，包括机体、感情和智力的整体投入。倾听时，不仅要听懂求询罪犯表达的意思，还要听出弦外音、潜台词或隐含的意思。同时，在倾听过程中要适时地借助言语，引导、启发求询罪犯自我表达，从而获得对求询罪犯问题的全面了解。

（2）提问技术

提问有两种形式：一种是开放性提问，咨询员运用“什么”“怎么”“为什么”“能否”等词来发问；另一种是封闭式提问，咨询员用“是不是”“对不对”“有没有”等词来发问。

开放性提问是实践中最有用的提问技术，它可以引导求询罪犯更多地讲出有关的情况、想法、情绪等。例如，“能不能告诉我，什么事令你这样烦恼?”这种以“能不能”开始的提问，可以促使求询罪犯自己做出独特的回答。“什么样的情境令你最紧张?”这种用“什么”在内的疑问句提问，可以促使求询罪犯找出某些与问题有关的特定的事实资料。

开放式提问的主要特点是给求询罪犯回答问题以较大的自由度。通过求询罪犯对问题的回答，咨询员能够获得当事人比较全面、系统的资料，对咨询员分析求询罪犯的心理问题有很大帮助。咨询员使用开放式询问，必须与求询罪犯建立良好的咨询关系，这是开放式询问顺利进行的基础。要注意让求询罪犯充分地表达他们的感受和想法，问话注意语气、语调的运用，避免咄咄逼人。对求询罪犯回答问题时可能出现的离题现象，也不要责怪或不耐烦，多运用共情式、疑问式、语气温和的发问方式，让求询罪犯感受到咨询员想真心实意地了解事实真相并帮助他解决问题的态度。

封闭式提问的特点是可以缩小讨论范围，澄清事实和帮助求询罪犯集中注意某主要问题。例如“你现在心情很沉重，是吗?”“我理解得对吗?”使用封闭式询问要适当，只是在会谈后期使用封闭式询问，且次数不宜多。因为封闭式询问不能给求询罪犯较大的自由度，在一定程度上限制求询罪犯的思路和自我表达，不利于咨询员对求询罪犯资料的收集和问题的深入了解，也不利于咨询关系的表达。

3. 影响技术

咨询过程除了需要良好的咨询关系和较好的倾听、提问技术外，还需要咨询员更积极主动地通过自己的专业理论知识和技术、个人的生活经验及对求询罪犯特有的理解来影响罪犯，促进罪犯在认知、行为上的改变，进而获得心理的健康。

（1）内容表达技术

内容表达技术是指咨询员针对求询罪犯的叙述，表达自己的意见，直接对罪犯施加影响的技术。内容表达常用于反馈、提供忠告与信息等。利用内容表达技术可以使求询罪犯更多地了解自己的状况，接受更多的相关信息，并能得到相关问题的处理建议等。合理有效的内容表达可以对求询罪犯产生积极的心理影响。

（2）情感表达技术

情感表达技术是咨询员对求询罪犯表明自己的情绪、情感。情感表达既能反映出对求询罪犯的理解，又能反映自己的感受，有助于求询罪犯自我表达，有利于咨询的顺利进行。运用情感表达，切忌咨询员个人情感宣泄。

（3）自我开放技术

自我开放技术是指咨询员在必要的情况下适当将自己的感觉、经验和个人行为与求询罪犯分享的影响技术。自我开放有助于咨询员与求询罪犯建立相互信任和开诚布公的良好关系，促使求询罪犯更有效地开放自己，注意到自己忽略的一些细节。运用开放技术有利于求询罪犯更深入的思考和自我改变。

（4）解释

解释是指咨询员在充分理解求询罪犯的基础上，以自己的观点来说明求询罪犯所述事件的意义，让求询罪犯从新的角度去了解咨询员对问题的看法。解释是一种重要的影响技术。解释通过向罪犯提供另一参考体系，帮助他们改变原有的认知，进而改变其不良的情绪和行为。在运用解释这一影响技术时，要对求询罪犯问题的重点有全面的把握。解释的时间不宜过早；解释要深入浅出，符合求询罪犯的可接受程度；解释要简明扼要，尽量少用一些专业术语。在解释过程中，尽量用试探性的保留态度，给求询罪犯留有思考、接受或拒绝的余地。总之，解释是影响技术中最为复杂的也是最有效的技术之一。咨询员要合理、灵活、富有创造性地应用解释技术，在求询罪犯能够接受的范围内，达到帮助求询罪犯客观、全面、准确认识自己的目的。

（5）指导技术

指导技术是指咨询员告诉求询罪犯应采取什么行动，包括直接让求询罪犯做某些事或说某些话的影响技术。指导是最有影响的技巧，下面主要介绍语言的改变、角色性行为训练两种技巧。

①言语的改变。认知理论认为人的情绪和行为与其认知模式密切相关，如果求询罪犯有不合理的思维模式，如绝对化、极端化，则会导致其不良情绪和行为。指导言语改变技巧的实质就是运用认知原理，通过改变求询罪犯的言语，达

到改变其不良情绪和行为的目的。如咨询员对求询罪犯说：“请把你说的‘我应该减刑’改为‘我希望减刑’，把‘我干不了’改为‘我可能干不了’”等。在求询罪犯中最常见的绝对化语句是“我应该怎样”或“一定要怎样”，咨询员应该指导求询罪犯将“应该”改为“希望”，把“一定”改为“争取”。指导语句改变，使求询罪犯的压力有所缓解，前者是绝对化，没有退路，没有了调和的余地，也是完全主观性的，没有考虑客观情境因素。

②角色性行为训练。指导角色性行为训练的心理学原理是社会模仿学习理论。角色性行为训练就是通过角色替代、角色互换等方式，帮助求询罪犯学习各种与人交往或应付情景的技能。角色性行为训练能减轻求询罪犯的心理压力。例如，让求询罪犯扮演正在接见的一名罪犯，咨询员每隔一段时间就安排另一角色，如妻子要离婚，父母要断绝关系，监狱民警指责其不好好改造等。通过不断改变刺激，可以了解求询罪犯应对各种干扰刺激的能力，同时也提高其应对干扰的能力。运用角色性行为训练应注意角色演出内容要紧紧围绕求询罪犯的心理问题，要求求询罪犯尽量投入角色中，对情境设计要实际具体，特别要重视角色扮演后的讨论与分析。

（六）开展心理咨询工作应注意的问题

1. 加强宣传，提高监狱民警及罪犯对心理咨询工作重要性的认识

一方面，要使监狱民警充分认识心理咨询在改造罪犯与维护狱内安全稳定所起到的重要作用；另一方面，要教育引导服刑罪犯充分认识心理咨询工作对促进自身身心健康，取得良好改造成果的重要作用。

2. 合理运用各种咨询技术，提高咨询效率

咨询员要熟练掌握并运用各种咨询理论、技术。在咨询实践中，针对不同求询罪犯合理采用不同的咨询技术，提高咨询效率，实现咨询目的。

3. 正确对待咨询阻力，有效克服咨询阻力

咨询工作不是一帆风顺的，在咨询过程中常常会遇到来自不同方面的阻力。咨询员要有充分的心理准备，要有自信心，应对各种阻力，灵活对待阻力，通过双方协商尽量减少或克服咨询阻力。充分认识自己的优势，真诚地面对自己、面对求询罪犯。

延伸阅读

马卡连柯的“跳蚤”理论

安·谢·马卡连柯（1888～1939年），乌克兰人。苏联杰出的无产阶级教育

实践家和教育理论家。“十月革命”后的苏俄，由于战争导致大量儿童流离失所，成为流浪儿和问题少年。从1920年至1935年的16年，马卡连柯先后创办“高尔基工学团”和“捷尔任斯基公社”，专门对这些流浪儿和问题少年进行教育改造，取得了巨大的成功，先后把三千多名流浪儿童和少年违法者改造、教育成为社会主义的积极建设者，马卡连柯也因此赢得了苏联人民的崇敬和他的学生们的无限爱戴。“跳蚤”理论正是他先进的教育理念之一。

马卡连柯认为，作为教育工作者，要善于从教育对象身上发现优点并引导他们前进。在“工学团”的学员中有位叫卡拉邦诺夫的，常偷东西，被认为是“不可救药”的人。然而，马卡连柯仍然看到他积极的一面，指出卡拉邦诺夫工作的时候非常有魄力，而且充满热情，在他的身上真可以说是迸发出活力和灵感的火花。又如，还有一位叫塔拉涅茨，马卡连柯认为他活泼、机智，并且有出色的组织能力。在《教育诗篇》中，马卡连柯还记述了他在人民教育委员会遇见的一个名叫波列旋楚克的“少年犯”。这个儿童被缺陷儿童教育科认为是一个“精神病患者”，是“疯子”。可是，马卡连柯一眼便看到这个孩子身上充满了活力。他觉得“每个跳蚤都有它的用处”，何况是一个人，是一个能够过合理生活的人。于是他就把波列旋楚克带到工学团来了。经了解，这个孩子父母双亡，家境贫苦，性格孤僻，不爱说话。马卡连柯针对他的性格特点进行教育，把他培养成为一个优秀的学员。

这就是马卡连柯的“跳蚤”理论：善于发现每一个人身上的优点和长处，并不断鼓励和肯定他们，培养他们的自信心，引导他们战胜困难，走向未来。

马卡连柯关于“每个跳蚤都有它的用处”的观点是很值得我们借鉴和学习的。监狱民警与服刑人员开展个别教育，是为服刑人员化解矛盾的过程，克服困难的过程，解决问题的过程，引导他们顺利完成刑罚的过程，更是给予他们在人生的道路上前进动力的过程。在这一过程中，我们不仅要指出他们身上存在的不足和问题，更要发现其优势和长处，充分调动其自身的积极性，以增强其自身解决问题、克服困难和化解矛盾的信心和能力。只有这样，才能达到个别教育的目的，取得最佳的教育效果，才能真正从根本上解决问题。

第七章

不同犯罪性质罪犯的教育

第一节　对财产型罪犯的教育

财产型罪犯，又称利欲型或物欲型罪犯，是指以强烈的物质欲望作为内驱力，以各种手段非法占有公私财产，对社会秩序造成严重危害，依法构成犯罪，受到刑罚处罚，正在监狱关押改造的犯罪分子。根据《刑法》分则第三章、第五章、第八章的规定，财产型罪犯主要是指破坏社会主义市场经济秩序罪、侵犯财产罪、贪污贿赂罪的犯罪分子等。

一、经济型罪犯的教育

（一）经济型罪犯的概念

经济犯罪是指为谋取经济利益而实施的犯罪。这种犯罪是经济领域里的自然人或者法人以欺骗或隐蔽的手法，或者利用职务上包括政治上的优势与便利，谋取不法经济利益，从而违反经济管理法规、破坏社会主义市场经济秩序，违反行政管理法规和政府管制、破坏社会管理秩序，妨害国家机关正常工作秩序的各种犯罪行为。根据《刑法》，经济犯罪主要有：职务侵占、挪用公款犯罪，贪污、贿赂犯罪，金融诈骗犯罪，税收犯罪，证券、票证方面的犯罪，不正当竞争犯罪，违反行政管理和政府管制的犯罪，如走私、毒品犯罪，制假、贩假、逃汇、骗汇犯罪等。经济型罪犯（以下简称经济犯）是指违反国家有关法律，为谋取非法利益，严重破坏社会主义市场经济秩序和经济关系，依法受到刑罚处罚，在监狱服刑的人。

（二）经济犯的主要特点

1. 拜金主义思想严重

经济犯违法犯罪的主要动力就是对金钱的追求。由于价值观的扭曲，用金钱观念代替人生价值和社会价值，他们把追求物质享受作为生活的全部内容和唯一目标，信奉“人为财死，鸟为食亡”“人无外财不富，马无夜草不肥”等腐朽哲学。入狱后，有的把金钱和物质看得极重，不惜违反监规监纪；有的热衷于权钱交易，用金钱铺路，搞“自由服刑”，企图逃避劳动，获得轻松方便。

2. 罪责感差

经济犯存在有罪不认心理，对自己犯罪原因的评价是歪曲的、不客观的，找各种理由为自己的犯罪辩解。他们对自己被判刑感到委屈、吃亏，认为轻罪重判，内心矛盾重重。有的把自己的罪行与社会上揭露出来的大人物、大案子比，感到心理不平衡，对法律的公正性产生怀疑，内心焦躁不安。有的对社会有怨恨情绪，对监狱机关的教育改造有强烈的逆反心理。此外，由于他们所造成的危害是损及国家或集体的经济利益，一般不直接涉及具体某一个人，从而形不成因他人利害关系受损而引起的良心上的自我谴责，造成了他们心理上的坦然，在改造中缺少这方面的压力。

3. 自尊、虚荣心理强烈

经济犯基于在原有工作、生活环境中养成的行为习惯，自尊、虚荣心理都较为强烈。留恋过去的生活，常在回忆过去，或在他犯面前谈论过去的辉煌，喜欢其他犯人用原先的职务称呼自己，满足心理虚荣的需要；既畏惧刑罚惩罚，又极力表现出强烈的自尊，在一切可能显示自己的机会里，表现出清高自傲或是知识能力的优异或是阅历经验的非凡。

4. 不善于暴露思想，处事圆滑

经济犯原处于社会的大环境之中，见多识广，阅历丰富，结识三教九流，体味多种人生，形成了一套处事圆滑，八面玲珑，注意方方面面的影响，善于“夹着尾巴做人”的处事方法。具体在改造中主要有以下几种表现：一是在干警面前不公开表露对某一问题的真实看法；二是在其他犯人面前不论是非；三是在犯人中注意不造成对立面，对看不惯的人和事极少言表。经济犯的性格一般属于中性，很少表现为十分内向或十分外向。他们一般能够从社会经验的角度或以自己的行政经历，来揣度干警的心思，观察干警的行为，总结干警的性格特点和工作作风，以便在日常的改造中能够见风使舵，从容行事，有所适从，以赢得干警的好感和肯定。

5. 喜结交同类，行为自律性较强

由于经济犯有着大同小异甚至十分类似的犯罪经历，心理上有相容之处。他们在一般情况下很难与其他类型罪犯相处，在一起进行思想、观念和感情交流。而是喜欢结交同类，相互之间无话不谈，在狱内形成一个小小的人际关系网络。经济犯的心理承受能力较其他类型的罪犯要强，比较善于控制自己的情绪，不易激动和宣泄，能够在新的环境之中求得心理平衡，在日常改造中集中表现为：在干警面前谨小慎微，在同犯面前往往权衡利弊，一般不会像其他类型罪犯常发生类似打架斗殴的违纪现象。

6. 关心政治、部分罪犯对改造前程寄希望于社会关系的影响

经济犯基于特殊经历或出于改造的需要，对国家发生的政治事件比较敏感，尤其是国家经济政治方面的调整，对他们更具有吸引力。对国家经济政策的变化走向以及与个人切身利益的关系，经常对之进行分析，并为将来的出路着手准备。部分经济犯的人际关系网络对监狱的正常改造秩序形成了某种程度的冲击，给想走改造捷径的人以可乘之机，从而给那些对社会关系抱有极高期望的人以极大的幻想，对他们自身的改造产生了不少的消极影响。

7. 脱逃心理不明显

经济犯一般多系初犯、偶犯，恶习较浅，道德品质具有一定的可塑性，对自我一般有比较客观的评价，对事能够考虑因果关系，尤其是置身于监管环境中，在一般的情况下能够保持冷静、理智、驾驭自己，不采取铤而走险的冒险行为。经济犯利用自身技能优势，比较容易取得改造成绩，在减刑假释方面具有优越条件，这些都是促成经济犯脱逃心理淡化的原因。

（三）对经济犯的教育改造对策

1. 加强法制教育，使其认罪悔罪

对经济犯进行法制教育的主要内容是刑法、公司法、金融法、税法、劳动法等。另外要结合经济犯的特征，确定有针对性的教育改造内容，实施有效的教育方法，理直气壮地“剥掉”他们的自私、贪婪、虚伪、奢侈的丑恶本质。通过法制教育，使他们认清给社会、集体带来的严重危害和巨大损失，认识受到惩罚的必然性，深刻检查自己的罪行，抛弃不切实际的幻想，增强罪责感和改造意识。

2. 加强人生观、道德观的教育，注意思想转化

引导他们从世界观、人生观、价值观上寻找深层次的犯罪原因，让他们从走上犯罪道路到受到刑罚惩罚的整个历程中进一步反省拜金主义、享乐主义、个人主义思想意识对其个人和社会的危害，分清荣辱是非，使他们能彻底摒弃贪婪的个人私欲观和扭曲的价值观，唤醒其道德良知、激发积极向上心理，实现思想转化。

3. 结合各自特点，加强个别教育

经济犯罪的构成各不相同，其行为和心理活动也各有差异，因此要结合经济犯各自特点，做细致、耐心的转化工作。在个别教育中，首先要着力解决他们对教育改造产生的逆反心理，这是个别教育能否成功的基础。经济犯判刑入狱后，

社会地位发生了显著的变化，产生了强烈的心理落差，既难以接受现实，对一切感到反感，又对改造前途感到悲观失望。因此，要消除这一障碍，就要在情感上疏通，消除对立情绪，要积极主动接近他们，在生活上给予关怀和温暖，找到沟通情感的切入点，让他们体会到监狱民警的温情。在管理上，要把握好尺度，处理问题要有理有据，让他们心悦诚服地接受管理。对经济犯的个别教育必须结合每个犯人的个性特征、社会阅历、犯罪性质进行心理转化工作。个别教育中允许他们讲自己的看法或观点，也允许他们思想出现反复。要认真分析问题或症结存在的原因，对错误的观点给予驳斥，摆事实讲道理，耐心地进行说服教育。总之，在个别教育中要言辞恳切，体现信任、尊重、关怀；又要体现出以法服人，以理服人，只有这样才能收到满意的教育效果。

4. 监内教育与社会帮教相结合

社会帮教是矫正经济犯不可忽视的辅助手段。定期向犯人家属发公开信，向他们讲清政策，晓以利害，请家属积极配合监狱进行帮教规劝活动。积极争取社会各方面的力量对罪犯开展各种形式的帮教活动，如可以邀请有关部门讲解他们关心的时事政治，分析国家的大政方针；配合反腐败斗争和法制教育，组织经济犯走向社会“现身说法”。这样不仅对社会起到直观的法制教育作用，而且也能起到加深自我教育的作用。

二、盗窃型罪犯的教育

（一）盗窃型罪犯的概念

盗窃型罪犯（以下称为盗窃犯）是以非法占有为目的，秘密窃取数额较大的公私财物，依法受到刑罚处罚，在监狱关押改造的犯罪分子。在监狱服刑的罪犯，盗窃犯占全国在押犯总数的一半左右，是我国监狱在押犯中人数最多的罪犯群体，且仍有上升趋势。盗窃犯重新犯罪率较高，是监狱监管改造工作的难点之一。盗窃犯以刑期长短和恶习深浅为标准，分为初犯、偶犯、累犯等。

（二）盗窃犯的主要特点

1. 利欲熏心，自私自利，贪图享受

盗窃犯贪财恋物，贪得无厌，具有超乎寻常的物质欲望。盗窃犯奉金钱为圭臬，只要能弄到钱财，一切都不在乎。盗窃犯“拜金主义”思想根深蒂固，认为人与人之间的交往完全是赤裸裸的金钱关系，一些高尚的道德情操、修养品味，在这类人身上几乎是一片空白。在人际关系和改造中，表现为自私自利，以极端的利己主义为核心。由于在物欲上具有贪婪性，他们不考虑个人的现实条件和经济条件，追求吃喝玩乐，追求高消费，相互攀比，贪图享受。这种扭曲的价值观念是从小养成业已成性的“顽疾”，是改造的一个难点。

2. 罪责感淡漠，改造意识淡化

绝大多数盗窃犯没有犯罪羞耻感和悔罪感，不承认或不愿承认所犯罪行的社会危害性。一些社会阴暗面的存在，给一部分盗窃犯为自己的罪行开脱提供了借口与“论据”。他们把自己犯罪的原因推向客观，强调社会环境的不利影响，极力否定其丑恶行为的主观性，不认为自己被判刑改造是罪有应得。他们认为当今社会上贪污受贿或钻法律空子而逍遥法外的“大鱼”大有人在，被抓的只是我们这些“小鱼”，悔恨的不是犯罪，而是自己的“失手”。由于缺乏悔罪意识，其作为罪犯的角色意识、改造意识日益淡化，对监狱的严格管束和改造非常反感，表现为消极抵抗，大错不犯，小错不断，违规违纪现象十分突出。

3. 好逸恶劳，混刑怠工

好逸恶劳、好吃懒做、不劳而获是盗窃犯的通病。他们中以前绝大多数是游手好闲、有业不就、吃喝玩乐的“二流子”“懒汉”。入狱后，很多人仍然留恋过去花天酒地、纸醉金迷的生活，怕苦怕累，厌恶、畏惧劳动，只是慑于刑罚的威严被迫、消极地参加劳动。所以在劳动中惯用消极怠工、软磨硬泡的伎俩，能滑就滑、能躲就躲，小病装大病，无病呻吟，出工不出力，甚至用装疯卖傻、自伤自残来逃避劳动，有的干脆逃脱，抗拒劳动。所以，教育改造他们不劳而获的“寄生”心理，树立他们的劳动观念，是我们对盗窃犯教育改造的一个难题。

4. 意志薄弱，恶习难改

由于长期的盗窃生活，他们的注意对象具有明显的倾向性，对财物十分敏感，形成比较牢固的心理定式和行为动作，在监内仍表现出偷窃成癖的习性，视偷为一种精神满足。他们无时无刻不在设法攫取不义之财，一看见别人的钱财就手痒难耐，必欲占为己有而后快，挥霍殆尽而心安。长期不劳而获的生活经历，使相当一部分盗窃犯缺乏吃苦耐劳的意志，自控能力和自我约束能力差，经受不了严格的监规狱纪的约束，常常表现出改造行为的盲目性和改造过程的反复性。

5. 纠合力较强，易结团伙

由于相对集中的关押，客观上给盗窃犯纠合创造了条件，再加上有相似的经历，使他们攀老乡、拉帮结派，极易形成团伙。在调查中发现以地域为纽带的小团伙中，盗窃犯较为稳定。在这个小团伙中所谓的“头”就是多次进行的盗窃犯，他们具有一定的反改造经验，“号召力”、煽动性较强，经常使用“软”“硬”两种手段拉拢和打击报复同监改造的罪犯，对正常的改造秩序影响较大。

（三）盗窃犯的教育改造对策

1. 进行信仰道德教育，引导罪犯正确消费

错误的世界观、扭曲的人生观、畸形的价值观，是盗窃犯走向犯罪道路的根本原因。只有彻底转变这些错误的信仰道德，树立正确的思想，才能使他们走上

积极改造、脱胎换骨的新生之路。一方面，要从批判拜金主义、享乐主义和极端利己主义入手，让罪犯真正明白人为什么活着，应该怎样活着，怎样做人以及做什么样的人，一破一立，把正确理论的灌输和对腐朽颓废观念的揭露与批判结合起来，帮助他们明确是与非，辨别善与恶，分清荣与辱等。另一方面，针对盗窃犯畸形的消费心态，进行消费观的教育与引导，指明畸形消费的危害，开展科学消费的专题讨论，揭露和批评那些在服刑中向家里大肆要钱、要物、要吃喝的不良行为。使他们懂得消费与享受必须以自己的辛勤付出为前提，而不能寄生于他人或社会，将自己的幸福建立在别人的痛苦之上。

2. 加强认罪悔罪教育，深挖犯罪根源和危害

针对不少盗窃犯认罪浅层化、悔罪表面化的特点，要组织引导盗窃罪犯深刻反省问题，深挖犯罪根源和危害，认罪悔罪。一是要针对罪犯中普遍存在的“犯罪外因论”，深入揭批其犯罪恶性。坚持因人制宜的原则，组织专题解剖和分析，从灵魂深处挖掘其犯罪思想，使其彻底认罪。二是要组织罪犯进行经常性的“谈犯罪危害”活动。既可以用“群体累加法”，以大队或中队为单位，总计罪犯对社会人、财、物造成的危害，增强罪犯的罪责感；也可以用“角色转换法”，让罪犯进行“假若我是受害者”的反思，以加深罪犯的罪恶感。还可用“连锁叠加法”，用身边或其他典型案例，说明犯罪危害造成的连锁反应。让罪犯既看到自己犯罪数得清的物质性危害，又看到数不清的精神性危害，加深认罪悔罪。三是要结合法律知识教育，使罪犯理解法律的正义性和不可侵犯性及犯罪应受惩罚的必然性和合理性，改变他们“认关系不认法律”“认倒霉不认罪恶”“混改造不讲悔过”的错误心态，使罪犯正确地对待刑罚，自觉接受改造。

3. 强化劳动改造，矫治好逸恶劳思想

多数盗窃犯都是由于懒、馋、贪才变成了阶下囚，其中“懒”是发生质变的根本。而治懒只有充分运用劳动改造这一手段才能达到目的。首先，要全面实施对罪犯的强制性劳动。将盗窃犯安排在劳动环境比较艰苦、劳动强度比较高、任务比较重、时间比较紧的劳动岗位。让他们在这些岗位，从紧张的劳动中品尝生活的艰辛，体会到物质财富来之不易。建立严格的劳动考核制度，给他们定功效、定任务、定质量、实行严格的安全操作规程。对达不到要求，完不成任务的，都与“百分制考核”挂钩，在当月考核中兑现，使一切伪病、自伤、偷奸耍滑逃避劳动的行为受到严厉的处理和打击，从而最大限度地调动盗窃犯的改造积极性。其次，在组织罪犯进行生产劳动过程中，要有意识地对他们进行组织性、纪律性教育和创造性劳动的教育。要把“劳”与“教”紧密地结合起来，做到“劳”中有“教”，寓“教”于“劳”。要引导罪犯在体会劳动的艰辛的同时亲身体验劳动创造世界的喜悦和光荣，要借助劳动中集体组织的协作配合特

征，让罪犯在劳动中重新认识人与人之间的关系，获得团队精神、协作配合的新意识，从而洗刷他们损人利己的肮脏灵魂，在劳动实践中感受到自我价值，重塑灵魂。久而久之，他们的意志、情感都有了变化，导致思想意识、行为方式的根本转变，形成良好的劳动习惯，进而树立热爱劳动的思想。最后，矫治好逸恶劳思想，使罪犯树立正确的劳动价值观，要求每个干部具备良好的职业素质，秉公办事，依法办事，对罪犯每一点成绩都要给予肯定，有考核、有记录。使罪犯充分认识到劳动光荣，劳动是出路，劳动是希望，从而潜移默化，使罪犯树立用劳动汗水洗涤思想污垢，清除各种寄生腐蚀的思想和信念，树立热爱劳动、诚实劳动的观念，努力培养自食其力的本领，做有用于社会的人。

4. 矫正罪犯恶习，抓好行为养成教育

盗窃犯大多自由放荡，贪图钱物。要改变这些恶习，必须进行扎扎实实的行为养成教育，要从“生活规范化，言行规范化，劳动强度化，各项活动制度化”等方面进行管理教育。要严厉打击狱内偷盗，打击传播犯罪手段、方法和技巧的行为，防止罪犯之间相互交叉感染。具备条件的监狱，可根据罪犯的恶习深浅、刑期的长短等情况，实行分押分管分类，避免或减少交叉感染。对那些恶习较深的惯窃犯，要严密防范，严格控制一些关键的工种和岗位，不轻易让他们单独占据。通过规范化管理教育，从根本上改变他们的认知结构、思想情感和行为方式，培养罪犯自律、自重、自我约束的能力，为罪犯自觉接受教育改造创造良好的条件。

5. 重视监区文化建设，创造有利环境

良好的监区文化对盗窃犯的行为约束、心理平衡、情趣转移、气氛感染等有着矫治、导向、净化的作用。监区的布局应简朴、庄重，既不失监狱特征，又有明洁、蓬勃的气氛。首先，可以组织盗窃犯进行书法美术、通讯报道的学习，丰富业余时间的文化生活；其次，可以绿化、美化监区环境，组织盗窃犯自己动手种花养草，改变不良习性；最后，要认真搞好以盗窃犯的自我矫治为中心的广播、黑板报、宣传栏、学习园地、图书室和墙报警语等宣传工具，创造一个适宜盗窃犯改造的有利环境。

三、毒品型罪犯的教育

（一）毒品型罪犯的概念

毒品犯罪是一种国际性犯罪，可归纳为非法生产毒品的犯罪、非法贩卖毒品的犯罪和非法持有、使用毒品的犯罪三类。毒品型罪犯（以下简称毒品犯）是指违反禁毒法规，从事与毒品有关的危害公民身心健康和破坏社会秩序的活动，依法被判处刑罚，在监狱关押改造的人。改革开放以来，我国毒品犯罪迅速蔓延，团伙化、智力化、国际化趋势日益突出。

（二）毒品犯的主要特点

1. 虚伪改造，罪责缺乏，悔改意识不强

绝大多数毒品犯是以个人为核心的，行为上表现为自私自利，为了寻求感官刺激，满足个人的私欲，一意孤行，不考虑自己的违法犯罪行为对社会、家庭、他人所造成的严重后果。在改造过程中，他们善用两面手法，表面上服从管教，在劳动中也较为积极，但只是为了多挣分快减刑，并未真心悔过。非但未认清犯罪危害，甚至为自己涂脂抹粉，认为毒品犯罪是现代社会的时髦罪、高层次犯罪，比强奸、流氓“文明”，比杀人、放火“善良”，比叛国、投敌“忠诚”。变态的道德意识、颠倒的价值观念、逆反的生活态度是这类罪犯罪恶感、罪责感、赎罪感淡薄的重要原因。

2. 好逸恶劳，挥霍享乐，畸形物欲强烈

追求高额暴利和超级精神享受，是毒品犯走上犯罪道路的重要原因。毒品交易的“一本万利”使他们纸醉金迷，穷奢极欲、挥霍无度的生活使他们养成了好吃懒做、好逸恶劳、放荡不羁的恶习。入狱后，其不劳而获、挥霍成性的畸形享乐观也处处得以表现。在劳动上，有的贪图安逸，怕苦怕累，借口吸过毒、体质差，要求干部照顾，减少定额，千方百计逃避劳动。即使参加劳动，也是消极应付，能混则混，能躲则躲；对能够得到奖励的事抢着干，而对没有好处的事尽力躲避；有的在减刑假释前表现积极，而一旦减刑、假释无望则故态复萌，不思进取。在生活上，讲享受，摆阔气，千方百计要求家人、朋友多寄邮包汇款，多带会见物品，以满足畸形的需求。

3. 心理扭曲，难以自控，容易引发事端

毒品犯中以贩养吸的罪犯较多，吸毒容易戒毒难，监狱的改造生活可以断绝毒品犯的毒品来源，但是短期内无法断绝吸过毒的毒品犯在生理上、心理上的强烈需求和渴望毒品的刺激。他们情绪激动浮躁，波动频繁，心绪烦乱，坐卧不宁，行为反常；迫于监管的压力，又产生十分严重的拘禁心理，抑郁沮丧，对警官教育无动于衷，监狱的管理教育一时难以奏效。他们与其他的罪犯关系紧张，敌对情绪重，敏感多疑，易受激怒，耐受力差。在改造中往往会利用一切可乘之机，不择手段去获取所谓的“自由”，加上毒品犯对严格管理和改造生活适应性差，对抗心理较强，有时甚至会铤而走险，对监狱的安全稳定构成了严重威胁。

4. 言行诡秘，善于伪装，行为难以掌握

随着国家加大对毒品犯的打击力度，毒品犯深深感受到法律和政策的威力。加之在犯罪过程中形成的敏感、多疑、诡秘的心理，他们在被投入改造后，言行谨慎，自我保护意识强，行动隐蔽性大。在认罪方面，虽内心不服，但表面上又假装认罪服判，表示要老老实实接受改造。在前途方面，既善于伪装，也善于应变，且大多纠合班组骨干参与，为自己织起“保护网”。加之平时寡言少语，与一般罪犯接触少，真实思想动机藏而不露，违规活动隐藏较深。

5. 急功近利，拉拢腐蚀，投机改造突出

急功近利是毒品犯共有的心理特征。在改造过程中，为了达到“劳动要轻，减刑要快”的目的，他们表现出强烈的投机改造心理。一方面拉拢罪犯中的骨干，希望他们在劳动中照顾，在违规时给予方便；另一方面竭力腐蚀监狱警官。他们坚信“有钱就能摆平一切”，指使亲朋通过各种渠道向警官发起很强的攻势，想方设法寻找突破口。有的与警官攀老乡、认同窗，搞感情投资；有的利用社会关系搭桥，向警官送礼物；还有的甚至直接向警官行贿，企图搞钱权交易。

（三）毒品犯的教育改造对策

1. 严格管理，突出防范

鉴于毒品犯在改造中的特点，入监初期，应对有无吸毒史、是否同案犯分开关押。要认真落实监管工作有关制度，尤其是入监、会见、接触“三关”的防范。“入监关”指毒品犯人入监时的人身检查，绝不能马虎大意；“会见关”即与亲友会见时必须严格控制，严防异物入监；“接触关”即毒品犯在监内外的接触交往活动，要时刻置于警官的监控之下。要彻底切断毒源，防止吸毒；及时准确地把握其动向，及时发现不安定因素和潜在的危险隐患；防止引发各类事故，掌握工作的主动权。

2. 加强认罪服法教育，增加毒品犯责任感

第一次毒品犯罪，有些罪犯可能是法盲犯罪，但随着时间的推移和社会加大对毒品犯罪的打击力度，他们中的大多数人属于知法犯法，抱着侥幸心理铤而走险犯罪。对他们加强认罪服法教育就十分有必要，通过有关法律、禁毒法规和案例教育，使他们了解因吸毒而造成的各种悲剧，感受吸毒等于透支生命，种毒、贩毒等于谋财害命，从思想深处认识毒品的危害性，从内心深处产生对毒品的憎恶感，增强罪责意识，深挖犯罪根源，走上认罪悔罪道路。

3. 进行系列专项教育，培养罪犯自觉抵制毒品意识

一是加强中国近代史与爱国主义教育，使他们了解在中国近代史上由于鸦片使中国遭受的屈辱历史，中国人被辱称为“东亚病夫”。通过教育激发他们的爱国热情，增加他们远离毒品的认识和自觉性。二是加强人生观、劳动观教育。毒品犯犯罪的主要原因是享乐主义和拜金主义的人生观驱使，他们把沉醉于缥缈幻觉及挣钱发财当作人生的唯一目标，并沉陷其中，对他们进行人生观教育是非常必要的。与此同时，针对毒品犯罪中相当一部分人是因为懒惰散漫、好逸恶劳而走上犯罪道路的特点，必须对他们进行劳动观教育，使他们能认识劳动的意义，

督促他们积极参加劳动，重塑灵魂。三是进行社会公德与形势教育。即以《公民道德建设实施纲要》进行社会公德教育，使他们明确认识到毒品是国际社会的公害，是逆社会公德的丑恶现象，充分认识我国政府和人民反毒斗争的决心。四是利用多种形式如音像设施、图片等揭露毒品的危害。那些生不如死、人格扭曲、形态怪异、形如枯槁的吸毒人员对毒品的控诉，对吸毒的罪犯必定有警醒作用。在矫治的过程中，不断利用这些画面、图片加以刺激，让他们去感悟，在良知复苏的过程中，增加他们对往日涉毒的厌恶，从而使他们内心深处激发起远离毒品的愿望和情感。

4. 进行心理矫治，力求心理脱毒

心理矫治对毒品犯有独特功效。民警应根据毒品犯各自不同的特点，依靠心理矫治来帮助毒品犯缓解和克服心理障碍。一是要对所有毒品犯进行心理调查，通过查档、面谈、观察、测试等手段，掌握其心理现状，预测未来行为倾向，掌握其心理问题。二是对有轻度心理问题的毒品犯要积极开展心理咨询活动。通过咨询，使他们的认识、情感和态度有所变化，逐步消除心理问题，更好地适应改造环境，保持身心健康。三是对一些心理障碍较为严重，已发生“病变”的毒品犯，要由经过专门训练的人员对其进行心理治疗，改变和消除其病理状态，使病情得到好转和康复，建立起良好的心理品质，促进思想改造。

5. 借助亲情教育，感化其改恶从善

监狱要争取毒品犯的家属、亲友对改造工作的支持，充分发挥亲情教育的作用。要借助社会力量，大力开展社会帮教活动。要主动与单位、街道、居委会、派出所取得联系，与他们联合开展帮教工作，感化改造罪犯，不断巩固教育改造效果，达到治本与治标相结合的目的，使毒品犯早日走向新生。

第二节　对暴力型罪犯的教育

一、暴力型罪犯的概念

暴力型罪犯一般是指以暴力手段实施犯罪行为，依法被判处刑罚，正在监狱关押改造的人。根据我国《刑法》的规定，并结合有关学者的研究成果，以罪犯不同的动机为标准，可将暴力型罪犯分为利欲类、发泄型、报复型和称霸型四种。暴力型犯罪是犯罪现象的主要表现形式之一。近年来，我国暴力型犯罪的数量不断增多，给社会稳定和人民群众生命财产安全造成了极大的威胁。随着社会上暴力型犯罪的增多，监内罪犯中暴力型罪犯所占的比例日趋加大。暴力型罪犯因其具有的攻击性，正日益成为影响监管安全的主要隐患。对暴力型罪犯教育改造的好坏，直接影响监管改造工作能否顺利进行，也关系着社会的稳定和国家的长治久安。因此，抓住暴力型罪犯在教育改造中的特点，增强教育改造工作的针对性和实效性，提高教育改造质量，具有迫在眉睫和重要的现实意义。

二、暴力型罪犯的特点

（一）认知水平低下，对事物的理解偏激

暴力型罪犯文化、科学、法律知识贫乏，导致其认知水平低下，辨别是非的能力差，对事物的全部和实质不能正确地把握和认识。对待和看待事物，往往只看一点，不计其余。大多数暴力型罪犯在其错误、偏激思想的支配下，对消极的社会现象持认同和肯定的态度。不能正确地认识自己的罪行，认为社会对自己不公，具有极大的愤懑心理，思想消极。

（二）情感层次低下，冷酷自私

暴力型罪犯，大多情感层次低下，缺乏高尚的仁爱心理，情感冷漠，冷酷自私。在他们看来，人与人之间根本就没有什么真情。人与人之间的交往，只不过是互相利用而已。这些人往往是以自己阴暗的心理去推测他人，戴着有色眼镜去观察认识社会，得出的结论就是“人人都是自私的”“人不为己，天诛地灭”，缺乏对社会、集体、他人的责任感、义务感和同情心。

（三）心理需求层次低下，个人需求欲望畸形

在暴力型罪犯中，有相当一部分属于物欲型罪犯。这些人的心理被恶性膨胀的物欲所扭曲而严重畸形，心中只有物质享乐，当个人的欲望通过正常手段无法满足时，就会铤而走险，不计后果。这不仅是其实施图财害命、杀人越货、泄愤报复、寻衅滋事、聚众斗殴等犯罪行为的原因，而且也是影响对他们实施教育改造的重要因素。暴力型罪犯在改造期间，有的以拳脚相加或以武力相威胁，逼迫其他罪犯向他们“进贡”，敛取财物，以满足个人的贪利需要；有的通过恃强凌弱、争强逞能，以树立在罪犯中的“领袖”地位，满足权欲。

（四）侥幸心理严重，法律意识淡漠

有相当一部分暴力型罪犯，法律意识淡漠，侥幸心理严重。这些罪犯在实施犯罪行为时，缺乏或根本没有法律或道德的压力。他们在侥幸心理的驱动下，往往认为自己的手段高明，司法机关不会发现；也有的自认为受害人不敢去告发，法律追究不到自己；甚至还有的错误认为自己有靠山、有路子，可以躲过法律的制裁。

（五）改造意识淡薄，功利思想突出

暴力型罪犯，改造意识淡薄，在改造中往往是只求过得去，大错不犯、小错不断的倾向明显。在改造过程中，功利意识突出，只想享受权利，不愿履行义务。有的罪犯甚至和监狱民警讨价还价，如果没有好处和实惠，则消极改造。这些罪犯，完全忘记了自己的罪犯身份和作为罪犯应履行的义务。他们对监狱组织的各种思想、文化和职业技术教育普遍不感兴趣，有的甚至为上课关禁闭，宁愿加班加点多劳动，也不愿意参加有关的思想、文化和职业技能的教育。

（六）情绪易激怒，易冲动，危险性大

在暴力型罪犯中，青壮年居多；气质类型，属胆汁质居多。他们脾气暴躁，情绪易激怒，易冲动，自我控制力差，遇事很少周密考虑，且不计后果，突发性强，危险性大。微不足道的事情就可能成为导火索，引起情绪的急剧变化，短时间内出现激动状态，丧失理智。狱内的打架斗殴、行凶、伤害，多数是由这些暴力型罪犯所为，他们是监管工作中必须严加防范的重点对象。

（七）情绪易外露，不稳定

暴力型罪犯情绪较少隐藏，相互感情融洽时，就在一起说笑打闹，称兄道弟；一不投机，便反目成仇，发生对指、对骂，以致对打。他们的情绪变化无常。他们易冲动，也易冷静；易爆发、也易平息；易激昂，也易消沉。无论哪一种情绪表现都不会持续太长时间，容易变化。

（八）纠合性强，报复心理严重

暴力型罪犯虽具有自私、冷酷的一面，但又有逞强好胜、讲究行帮义气的一面。好结团伙，他们中一些所谓性格相同、志趣相通者，往往因共同的利益纠合在一起，形成消极的反改造团伙。当其利益受损，或在改造中受到“委屈”，或与其他罪犯产生矛盾时，往往就要用自己的方式去解决，进行疯狂的报复。有些时候，甚至不惜受到严惩和加刑，也要讨回“公道”，表现出极其固执、粗野、凶残的特性和报复心理。这种不良团伙的形成，对监管改造工作具有极大的破坏力。

（九）行为盲动，攻击性倾向严重

暴力型罪犯，性格多为粗暴、野蛮，情感超越理智，信奉“拳头就是真理”“枪杆子里出英雄”的信条，崇尚暴力。稍遇不合自己心愿和利益的事情，不思曲直，张口就骂，举手就打；且胆大妄为，攻击性强。甚至有些时候，故意滋事，大打出手，以此发泄对社会或他人的不满，达到其逞强称霸的目的。

（十）人际关系紧张

暴力型罪犯在狱内与其他罪犯相处时，话不投机便大打出手；对来探视的亲友稍不遂意就破口大骂，甚至扬言断绝往来；对干警的批评教育，心情不佳时，也顶撞对抗。这些都造成他们紧张的人际关系。

三、暴力型罪犯的教育改造对策

（一）严格执行监管法规，加强管束

暴力型罪犯情感易冲动，行为盲目，不计后果，危险性大于其他类型的罪犯，而且不习惯严格的管束。因此必须在严格执行各项监管制度的基础上，严格落实“双出双入”“四固定”“包夹”等防范措施，充分发挥监管的威慑和防范作用。除按《监狱服刑人员行为规范》严格规范其行为外，还应根据暴力型罪犯的特点，对其提出更为明确具体和有针对性的行为要求，并组织罪犯互相监督、相互检查，确保行为要求的落实，使其有一种改造的紧迫感，逐渐养成自觉遵守监规队纪的习惯。对在狱内打架斗殴、寻衅闹事等带有暴力倾向的行为，要严格惩处。

（二）教育感化，以理服人

针对暴力型罪犯的情感特点，要特别注意采取恰当的管束方法，充分发挥管理的感化作用。在处理问题时，应尽量避免与罪犯发生正面冲突，以免激化矛盾。要摆事实，讲道理，以理服人。在实际工作中，要把坚持原则与解决罪犯的实际问题结合起来。对罪犯的合理要求，能够解决的要及时解决；暂时解决不了的，要耐心地说明情况。对无理的要求，要坚持原则，给予必要的批评教育。在管束中，要把启发疏导、表扬鼓励与批评劝诫和情感交流结合起来，使罪犯真正感受到监狱和监狱民警对他们的关心和爱护。要对他们采取“人格上尊重，生活上关心，改造上鼓励，处理问题冷静”的办法，做好教育、感化、挽救工作。

（三）强化法制教育

暴力型罪犯一般能承认自己的犯罪事实，认为法院定罪是正确的，同时又感到法院的量刑过重，心理上有强烈的投射性，常把犯罪推向客观。因此要教育暴力型罪犯认罪服法时，应采取揭露的手段，严肃指出暴力犯罪的危害性和残忍性。另外，可采取案例分析的方法，消除他们在认罪和量刑上的错误观念。比如，举行“以案学法”的辩论会，“典型案例”的剖析讲座，加深对自己罪行的认识，使其幡然醒悟，端正认罪服法的态度，促使其道德感、愧疚感、负罪感的复归。

（四）因人施教，搞好个别教育

个别教育是对暴力型罪犯教育行之有效的手段之一，可以解决集体教育难以解决的问题。对暴力型罪犯进行个别教育，坚持因人施教的原则，要着重磨炼其耐性，培养其冷静沉着的自制力，引导其好胜心理。具体讲，一是在劳动中磨炼，让暴力型罪犯在诸如缝纫、刺绣、绘画、编织等需要极大耐心和细致的工作中磨炼性格；二是教育暴力型罪犯要学会制怒，运用反馈法让他们看到一怒之下的种种恶果，学会在刺激面前强迫制怒，并善于从怒火中冷静下来，在控制自我的基础上，能诚恳大度地规劝对方，推崇平和、谦让、稳重，反对粗暴、蛮横、凶残；三是根据暴力型罪犯具有好显示、逞强好胜的心理，积极组织他们学雷锋、做好事，开展劳动和思想改造评比竞赛活动，引导他们比劳动态度、比生产效率、比遵守监规、比做好人好事、比文明礼貌，把一切可以调动的积极因素都引导到正面的方向上来。

（五）强化暴力型罪犯职业技术教育，提高其谋生素质

暴力型罪犯的刑期一般都较长，他们在服刑期间会感到刑期难熬，前途无望，经常会出现“破罐子破摔”、混刑度日的抗拒教育心理，个别极度悲观失望，自寻短见。根据监狱生产和罪犯刑释后的就业需要，创造条件，在狱内开办技术课教学，加强生产技术教育，让他们在监狱这所特殊学校里，学会适应社会需求的一技之长，不仅可以提高改造质量，还可以使他们树立重新做人的决心和信心，安心服刑改造。

（六）注重心理矫治，培养健康心理

对暴力型罪犯的心理矫治，必须依据心理学和教育改造学的原理，加强意志品质、情绪状态、理智思维三方面的心理矫治，培养健康心理。一是要通过对暴力型罪犯的观察、分析、访谈、心理素质测量等，建立“罪犯教育改造心理档案”，将每一阶段的实际教育改造情况计入档案，以便今后更好地制定矫治措施。二是有针对性地进行心理教育，通过开设专门心理门诊，对暴力型罪犯就其突出问题予以解释；也可以宣泄疏导，使其宣泄心中的“不快”，以平稳心理，并运用鼓励、暗示、感化、冷却处理等方法，逐步让他们信服、信赖咨询。只有这样，才能使罪犯敞开思想，暴露灵魂深处的东西，达到矫治的目的。

（七）创建良好的改造氛围，提高罪犯的自控力

加强文化熏陶和环境约束，提高罪犯的自控力。针对暴力型罪犯自身修养差、自控能力低、易受外界环境影响的特点，应大力加强读书、演讲、文艺、体育等活动，加强对罪犯世界观、人生观和价值观的教育，提高罪犯的文化修养。同时，创造相对美好和谐的学习、生活环境，转移罪犯的消极兴奋点，使罪犯融入美好和谐的改造环境之中，淡化犯罪意识，提高自控能力。

建立健康、和谐的人际环境，增强罪犯的自控力。暴力型罪犯缺乏自控力，易受外界刺激而失控。因此，建立健康、和谐的人际环境，一方面可杜绝各种不良的诱因，另一方面又能发挥罪犯群体互相制约，互相监督的作用，有利于增强罪犯的自控力。

第三节　对淫欲型罪犯的教育

一、淫欲型罪犯的概念

淫欲型罪犯是指在性方面侵犯公民人身权利，破坏两性关系，妨害社会秩序，依法受到刑罚处罚，在监狱关押改造的人。淫欲型犯罪包括强奸罪，强制猥亵、侮辱罪，猥亵儿童罪，引诱、容留、强迫妇女卖淫罪，聚众淫乱罪等。淫欲型犯罪主要侵犯的是女性神圣不可侵犯的性权利，是对人格尊严和人性的粗暴践踏，具有严重的社会危害性。这种犯罪不仅扰乱了社会秩序，而且作为社会上极其丑恶的社会现象，具有严重的腐蚀性，是滋生犯罪的“温床”。因此，研究淫欲型罪犯在教育改造中的特点，探索对该类罪犯的教育矫治对策，对于提高改造质量，降低重新犯罪率，具有不容忽视的理论和现实意义。

二、淫欲型罪犯的特点

（一）性观念歪曲，性道德腐朽

淫欲型罪犯在思想上具有腐朽的性意识、扭曲的性心理，他们对性行为的是非、美丑、善恶缺乏正确的认识。他们信奉“花开在春天，风流在少年”“宁在花下死，做鬼也风流”“人身在世，及时行乐”等腐朽的人生哲学。由于性观念歪曲，头脑中存有性享乐至上的淫欲观，他们把玩弄异性作为人生的第一需要。对自己的犯罪行为不以为耻，反以为荣，没有羞耻心，甚至在监狱内还要向管教干部或其他罪犯卖弄风骚，夸耀自己的淫欲行为和糜烂生活。

（二）认罪悔罪意识差

受原有的世界观、人生观、道德观所支配，受刑罚处罚和当前处遇所影响，他们千方百计把犯罪原因推向外界、推向环境、推向受害异性。推卸责任或缩小责任的心理，是淫欲型罪犯在服刑中明显而又牢固的心理特征，悔改之心难以产生。

（三）犯罪体验深，性需求强烈

大多数淫欲型罪犯有着较长时间的淫乱史，性体验深刻，故在相当长的时期内，在其意识中，性表象不时出现，性冲动频繁发生，性需求强烈。他们迷恋淫乱的性生活，通过讲淫乱情节来表现他们的犯罪意念，甚至通过同性恋、鸡奸等代偿性的性行为来发泄他们的性欲。

（四）情绪不稳定，意志薄弱

多数淫欲型罪犯由于长期在外过着放荡不羁的生活，入监后在生理和心理上的畸形需要不可能得到满足，因而经常表现出心神不定，烦躁不安，对学习、劳动抱有无所谓态度，无心改造。这些人能达到劳动改造的要求，但内在的畸形心理往往无多大变化。在矫治过程中可能会产生不同程度的改恶从善的愿望，但行为意志往往十分薄弱，自觉控制自己的情绪、约束自己行为能力较差，抵挡不住各种诱惑和内心的犯罪冲动。一旦受到性刺激因素的挑逗和影响，往往会发生本能的冲动，从而故态复萌，重新犯罪。

（五）自卑感强，心理负担沉重

受传统伦理观念的影响，淫欲型罪犯在和其他类型的罪犯相处时，总觉得自己低人一等，而且其他类型的罪犯也往往看不起他们，甚至对他们不屑一顾，不愿与之为伍。这也更加剧了淫欲型罪犯的自卑感，自己对自己失去了改好的信心。淫欲型罪犯一般明白自己犯的是丧尽天良之罪，为世人所不齿，有愧于父老乡亲，更负于儿女，因而害怕被人歧视，但又无法摆脱被人歧视，他们既想早日回归社会，又对回归社会充满焦虑和惶恐，因而心理负担十分严重。

三、淫欲型罪犯的教育改造对策

（一）制定特殊行为规范，强化养成教育

为了有效矫治淫欲型罪犯的恶习，抑制淫欲型犯罪的不良行为和心理习惯，对淫欲型罪犯必须制定有针对性的特殊行为规范。淫欲型罪犯在服刑中易出现的问题，有交流犯罪伎俩；传阅、书写淫秽书报、手抄本；吹奏、哼唱黄色歌曲；搞同性恋或进行鸡奸等。对这些问题要严格监管，并进行重罚。而对有良好表现的则给予重奖，以示鼓励和强化。另外，对易出现问题的场所和角落进行重点布控，加强管理。对一些主观恶性较深、人身危险性较大，改造不稳定的罪犯，要加大教育转化力度，并采取批判、集训等方式分化瓦解。要用监狱罪犯行为规范和监规纪律对淫欲型罪犯进行规范性约束和训练，通过严格的养成教育，摒弃恶习，养成良好的行为习惯，锤炼品质，锻炼意志，陶冶情操，做到令行禁止，增强自我控制能力和自我调节能力。

（二）加强性教育，普及性知识

性无知，性生理、性心理的愚昧是导致性犯罪的重要因素。对淫欲型罪犯开展性心理、性生理、性伦理知识教育十分必要。性知识教育应从以下几方面入手：一是学习性生理知识，增强罪犯自我调节的能力；二是掌握生理知识，加强对性疾病的预防；三是培养良好健康的性心理素质，提高罪犯性信息刺激承受力；四是认识性行为的双重性，克服罪犯在两性问题上的片面性和盲动性。需要说明的是，在进行性教育的过程中，应有严肃的素材和端正的态度，以科学的方法进行指导。也可以采取聘请性学专家举办性知识讲座等形式，帮助罪犯充分认识性生理、性心理及性意识的发生、发展、变化过程，用科学的性知识去抵制腐朽的性意识和性诱惑。

（三）加强性道德教育，增强罪犯的免疫力

对淫欲型罪犯的教育要加强正面灌输，促使其原有的错误观念发生改变，这就需要欲立先破的过程。一是应帮助罪犯认清腐朽淫乐观的实质。性自由是资产阶级享乐主义，纵欲自由等利己主义人生观和腐朽的道德观在两性问题上的反映，其实质是个人性欲的充分满足和绝对自由，是极端的自私和赤裸裸的兽行。二是应使罪犯了解掌握社会主义性道德的内容，遵守男女平等、相互尊重、一夫一妻准则。同时要使罪犯全面正确地把握我国性道德对性行为的五个标准，即合法、自愿、无伤、相爱、隐藏，引导罪犯用社会主义性道德的基本内容和性行为标准分析评价自己存在的性道德缺陷，促使他们萌发对性犯罪的羞耻感和悔改心理。三是加强社会主义性道德修养，引导罪犯锻炼自己的性道德意志，进行自我教育、自我改造、自我锻炼、自我陶冶。教育罪犯学会以坚强的意志控制自己的性冲动，用正确的思想支配自己的行为，并自觉地遵守有关的性规范准则，避免性犯罪的发生。

（四）开展有益身心的活动，培养健康的情趣爱好

淫欲型罪犯生活中的注意力往往围绕性问题转，性兴趣基本上是其思想的中心。改造这些罪犯就要想方设法将其生活兴趣转移到其他方面，积极疏导他们剩余的精力和过度的欲望，不给他们过多的闲暇时间和单独活动时间。开展各种有益身心的文体活动，如演讲、绘画、唱歌、体育竞赛等，培养罪犯新的文明健康的动力定型，使他们积极投身于各种改造活动和健康有益的活动中，学会转移自己的注意力，抑制自己的性欲望，逐渐提高其自我心理调适能力。将正确的价值观和道德观寓于形象生活的各项活动中，陶冶情操、充实生活、净化心灵，潜移默化地改变其不良的情趣和爱好。

（五）运用科学方法，对性犯罪进行病理分析和心理矫治

性罪犯之所以走上犯罪道路，除了思想道德等主要因素外，也不能排除其特有的人格障碍和生理原因。对少数性变态、性欲亢进的淫欲型罪犯，可考虑分开距离，让他们难以接触到引发性冲动的因素。积极开展心理咨询和心理矫治活动，分析病因，可采取一定的医疗措施，如“厌恶疗法”“药物疗法”，配合心理治疗，重点矫治，形成一个综合的全方位的集监管、教育、治疗、矫治于一体的科学改造模式。

延伸阅读

李某，男，28 岁，因故意伤害罪被判处有期徒刑 12 年。李某性格鲁莽，脾气暴躁，入狱后多次与同监罪犯发生口角，因故意滋事、哄闹监舍受过两次禁闭处分，经常通过伪装生病等手段逃避劳动，对教育学习十分被动，并纠集部分消极改造分子成立抗改帮派，与监狱民警暗中作对，影响极坏。

针对上述情况，监区民警分析认为，李某属于典型的暴力型罪犯，认真分析其犯罪原因，发现李某自幼父母离异，缺少管教，初中没毕业就与社会闲散人员一起在社会流浪。监区民警注重从情感化进行教育，找来李某多年未谋面的母亲，与之签订帮教协议，重树生活信心，重燃生命希望。依法严格管理、对其提出更为明确具体和有针对性的行为要求，并要组织罪犯互相监督、相互检查。在管束中，把启发疏导、表扬鼓励与批评劝诫和情感交流结合起来，使李某真正感受到监狱和监狱民警对他的爱护。考虑李某的刑期和接受能力，安排合适工种，加强职业技术教育，让其掌握一技之长，出狱之后生活有所着落。一段时间过后，李某的改造面貌发生很大的变化，从违反监规到严格遵守，从逃避劳动到超额完成任务，从一名消极改造分子转变成为积极改造分子。

第八章

不同类型罪犯的教育

第一节　对未成年罪犯的教育

一、未成年罪犯的概念

未成年罪犯是指因触犯国家刑律而被判处刑罚的满 14 周岁未满 18 周岁，并在监狱服刑的人。未成年罪犯正处于长身体、长知识的时期，他们思想尚未定型，可塑性强，具有特殊性。因此，国家根据未成年罪犯的身心特点，对未成年罪犯的教育改造制定了特殊的政策。《监狱法》第 74 条规定："对未成年犯应当在未成年犯管教所执行刑罚。"第 75 条第 1 款规定："对未成年犯执行刑罚应当以教育改造为主。未成年犯的劳动，应当符合未成年人的特点，以学习文化和生产技能为主。"这些规定为未成年罪犯改造提供了有利的条件和环境。

二、未成年罪犯的犯罪原因和特点

（一）未成年罪犯的犯罪原因

1. 生理原因

未成年罪犯处在身心发展不平衡的青少年时期，是人生中的"断乳期"和"叛逆期"，是人从儿童向青年过渡的至为关键的一个时期。处于这一特殊时期的人，无论是从生理上还是心理上，都经历着一场巨变，主要表现为：求知欲增强，交往需要增加，有虚荣心，喜欢刺激，富于幻想，易接受暗示，模仿力强，有好胜心，易于冲动，爱感情用事，有较强的独立意向，希望根据自己的想法、兴趣去行事，认识问题直观、片面，缺乏成年人具备的分析、判断、辨别能力。这种身心发展的不平衡，使他们抵抗外部世界的干扰能力显得相当脆弱，一旦遇到外界不良因素的刺激，很容易做出越轨的举动，实施违法犯罪。

2. 个性原因

个性倾向性是个性中最主动、最积极的因素，它决定着人对现实的态度，决定着人的认识和活动的趋向与选择。个性倾向性包括人的需要和动机、兴趣、观念等，不良个性倾向性是大多数未成年人实施犯罪行为的主观心理因素。未成年罪犯的不良个性倾向在需要方面主要表现为：具有强烈的物质欲、权力欲、报复欲。在观念体系上主要表现为：以自我为中心，极端利己的价值观；追求金钱、享乐、名利、实惠的人生观；善恶、美丑、荣辱、爱憎、是非颠倒的道德观；“哥们义气”高于一切的封建行帮式的友谊观；放荡不羁，崇尚低级感官刺激的性爱观等。正是在这些强烈畸形的欲望驱使和错误观念的支配下，使一些未成年人走上了犯罪的道路。

3. 家庭原因

家庭是未成年人生活、成长的第一空间，是他们最早接触的“小社会”。父母代表社会对子女的教化也是最为深刻的，甚至会影响子女的一生。调查与研究表明，未成年人的身心在家庭这一环境中能否健康发展，与家长对家庭的责任感、态度，对子女的教育引导，与其自身性格和言行举止有着密切的联系。若父母对家庭具有强烈的社会责任感，对子女的态度适当，教育、引导得法，自身性格、言行举止良好，家庭的内聚力、亲和力强，正面影响大，那么子女实施不道德行为、违法犯罪的可能性就很小。反之，子女受到的负面影响大，实施违法犯罪行为的可能性就大，甚至直接导致犯罪。其中影响未成年罪犯犯罪的不良因素主要有亲情过剩、疏于管教、家庭暴力、单亲家庭、不轨家庭五种家庭教育。

（1）亲情过剩。目前，在我国城镇，18 岁以下的未成年人大多数是独生子女。这些在“四二一”家庭结构中长大的独生子女，从小就受到祖辈、父辈的百般宠爱，被过度的亲情所包围。他们中有些人因而养成了不良性格，形成了不良的意识和行为习惯，凡事总是先考虑自己，从个人角度出发，不达目的不罢休。为了达到个人目的，满足自身的需要，他们可以不择手段，不受任何约束，甚至以身试法，以致违法犯罪。

（2）疏于管教。一些家长对子女的管教缺乏应有的社会责任感，自觉与不自觉地放弃了对子女的管教义务。对子女身上的错误和缺点，或是不闻不问，放任自流；或是蜻蜓点水，关心帮助不够；或是一打一骂了事。更有甚者，为了发家致富，有的家长竟使子女弃学经商，不惜以子女成为新文盲或半文盲为代价。生活在疏于管教家庭中的子女，因得不到父母及时而悉心的管教，养成不良品性，终由小错到大错，直至违法犯罪。

（3）家庭暴力。对生活在暴力家庭之中的青少年来说，因耳濡目染或亲身体验过暴力侵害，心理受损明显，心中阴影严重，致使子女养成仇恨、冷酷、撒谎、逆反等不良性格。家庭暴力导致一些未成年人离家出走，到社会上去寻找温暖与爱心，因而难免被坏人引诱利用；或者导致一些未成年人直接向社会“施暴”，向“弱者”施暴。

（4）单亲家庭。近几年来，家庭离婚现象越来越严重，单亲家庭日益增多，这对未成年人健康成长极为不利。由于种种原因，一些单亲家庭的父亲或母亲缺少了原来对子女的关心、体贴、爱护、管理和教育。有的家长甚至从一个极端走到另一个极端，粗暴的打骂子女、虐待子女。这一切都给未成年人的身心造成了伤害，一些未成年人因此变得孤僻、抑制、自卑、冷漠、任性、仇恨父母，对学习、生活和家庭失去信心。这种心理很容易被别有用心的人所利用，导致未成年人违法犯罪。

（5）不轨家庭。不轨家庭是指家庭成员中有不道德或违法犯罪行为的家庭。生活在不轨家庭中的未成年人，易接受暗示，模仿成人的不良举止，久而久之，逐渐同化、堕落，最终滑入违法犯罪的泥潭。

4. 学校管理教育方面的缺失

（1）对“差生”关爱不够。由于现行应试教育制度本身存在的弊端，使一些学校对“差生”爱护不够，缺乏关心与耐心。他们或者采取歧视、冷漠的态度，对“差生”视而不见，放任不管；或者只是向家长“告状”了事；有的教师则态度粗暴，采取训斥、辱骂、体罚、讽刺挖苦的做法。其结果往往伤害了学生的自尊心，使他们对学校与教师产生强烈的抵触情绪与逆反心理，对学校和教师的信赖、依附心理逐渐减弱，甚至荡然无存。于是，一些“差生”索性“破罐子破摔”，无所顾忌，在校内或社会上游荡，惹是生非，违法乱纪，甚至实施严重危害社会的活动；一些“差生”则干脆辍学，过早流入社会，混迹于不良小群体，在与有劣迹的人员交往过程中，受到同化，走上邪路。

（2）法制宣传教育不够。一些学校的法制宣传教育工作未能展开，或开展得不够，致使一些未成年人不能掌握必要的法律知识而成为法盲，或一知半解。由于缺乏法律知识，法律意识难以形成，法制观念淡薄，使这些未成年人在触犯法律后，还不知道或不太清楚个人的行为将受到有关法律的制裁。

（3）青春期性健康教育和性道德教育不够。未成年人处在青春期，一些学校却有意无意地回避、放弃对未成年人的青春期性健康、性道德教育，这使一些未成年人丧失了从正当渠道接受正确教育的机会，而接受了来自社会不良的性信息、性知识与性观念，有的因此而陷入性犯罪泥潭，走上违法犯罪的道路。

（4）心理健康教育的缺乏。青少年时期是一个人心理发展最不平衡的时期，他们渴望独立，把自己看成一个成年人，不希望被人说教，但是他们对外界的认知、情感、意志还不成熟，还没有完成主观世界与客观世界的统一性。

5. 社会不良因素的影响

（1）社会不良现象的影响。在市场经济大潮的冲击下，以权谋私，索贿受贿，权钱交易，权色交易，吃喝玩乐，奢侈腐化等现象严重败坏了社会风气，也给未成年人带来极大的负面影响。

（2）社会部分人员高消费生活的刺激。在社会主义市场经济条件下，人们的生活水平日益提高，生活方式在发生变化，但社会贫富差距依然存在。一些先富起来的大款、大腕们的高消费生活方式，给一些家境贫穷或不太富裕的未成年人心理带来严重的心理不平衡。他们从最初的羡慕、眼红发展到想亲自体验仿效，直到竭力追求。为了搞到大量的金钱去实现个人的目标，他们采取了违法犯罪的手段如盗窃、抢劫、卖淫等。

（3）精神垃圾的腐蚀、毒害。由于文化市场管理失范，某些环节管理不严，查处不力，致使一些质量低劣，格调低下，内容庸俗，以宣扬色情、暴力为主的精神产品充斥文化市场，这对一些缺乏辨别能力的未成年人毒害很大。

（二）未成年罪犯的犯罪特点

我国处于发展社会主义市场经济的时期，新的体制尚未完全确立，社会的某些领域存在暂时的无序和失控现象，人们的思想意识较为混乱。同时由于未成年人的认知能力较低，尚未形成成熟的人格，一旦得不到有效的保护，极有可能走向犯罪。尽管社会不断加大治理未成年人违法犯罪的力度，但由于诸多因素，使未成年人犯罪成为社会犯罪构成人员的一个主要方面。主要呈现以下特点：

1. 犯罪人数急剧上升

据相关统计，20 世纪 90 年代中期以来，中国未成年人犯罪案件占全部涉案人员的比重始终在一半以上，约为 10 年前的 3 倍。

2. 犯罪性质恶劣

一是暴力犯罪上升，其中财产型犯罪尤为突出；二是预谋犯罪上升。这一方面反映出未成年人在作案过程中，手段凶狠、残忍；另一方面又呈现出明显的成人化和智能化特点。

3. 犯罪方式团伙化

根据有关资料，在未成年人犯罪中，一人或结伴作案的只占 20%，其他均为团伙作案。这类犯罪能量大，范围广，得逞率高，社会破坏力强。

4. 犯罪呈现低龄化趋势

近几年以来，在未成年人犯罪中，犯罪的低龄化倾向非常明显，在有些犯罪案件中，参与作案的未成年人最小年龄低至 10 岁。

三、未成年罪犯的心理和行为特点

（一）没有罪责感，改造行为差

没有罪责感，改造行为差主要表现在有罪不认，认罪不服，缺乏罪责感和赎罪心理，改造得过且过，没有明确的改造目标；享乐思想突出，怕过艰苦的改造生活；有时公然顶撞警官，视监规为儿戏，小打小闹不断，由于他们缺乏罪责感，在改造中表现出经常违犯监规纪律的行为。

（二）消极性格特点明显，恶习较多

多数未成年罪犯存在消极性格特点，主要表现为随心所欲、放荡不羁、情绪易变、追求新鲜刺激，争强斗狠、自我表现欲望强烈、好“打抱不平”等性格的消极方面。而这些消极的性格特点，在行为上形成了种种恶习。入监期后，表现为行为无规无矩、东西乱扔乱丢、粗话脏话连篇。在劳动中拈轻怕重，偷懒耍滑，出工不出力。在学习上怕苦怕累，厌恶学习，认为读书无用等。

（三）情绪不稳定，易冲动，经常恣意行事

未成年罪犯的情绪往往与本能需求或低级欲望相联系，常因欲求不能被满足而产生消极否定情绪，其消极情绪产生得快，消失得也快，稳定性差。他们往往缺少理智，对自己情绪调控能力较差，容易因为一点小事而兴奋激动或怒不可遏，情绪的冲动性较明显，在冲动情绪支配下易产生盲目的行动，产生对人、对己都不利的危害结果。尤其是在激情状态下，可以不顾监规纪律约束，恣意行事，不计后果，因而存在现实的危险性。

（四）爱慕虚荣，生活奢华

未成年罪犯往往非常看重自己的“脸面”，他们会通过各种渠道显示自己的本领，以便博得其他罪犯的尊重。对于伤害自己“尊严”的行为反应强烈，难以忍受。某些未成年罪犯为了显示自己的与众不同，不管自己的家庭能否承受，吃讲营养，穿讲高档，用讲排场，通过高消费来满足自己的虚荣心。

（五）依附性强，好结团伙

由于未成年罪犯在心理上还不完全成熟，虽然有了独立性意向，但仍然具有一定的依赖性，合群愿望强烈，喜欢广交朋友并成群结伙地活动。加之封建行帮思想的影响，未成年罪犯在刑期间，仍然会以“老乡”为基本形式，以“同案”为辅助形式形成各种狱内非正式群体。在利益与需求一致的时候，他们会不计后果采取统一行动，破坏监所秩序。

（六）缺乏自我控制能力，改造反复性大

未成年罪犯由于年龄较小，生理与心理阶段的特征和自我意识尚未形成，思想发展不成熟，缺乏自我控制能力，遇事容易冲动，做事不计后果，情景性极强，行为盲从。同时，他们在心理和行为上冲动但不固执，容易悔改但不够稳定。与其他未成年罪犯为一点小事可以大打出手；但监狱民警对其进行推心置腹地谈话后，他们又会痛哭流涕，感动不已，表示要痛改前非。转化和逆变，变好和变坏往往交替出现，改造反复性大。

四、未成年罪犯的教育改造措施

（一）加强对未成年罪犯的思想教育，狠抓行为矫治和养成工作，重新培养未成年罪犯的良好道德品质和行为习惯

针对未成年罪犯缺失正确思想、恶习较多的特点，要大力加强未成年人的思想教育和行为养成教育的比重和强度，从道德观、世界观、人生观和价值观的树立和行为习惯的培养入手，重点做好以下工作：一是强化社会主义道德观、世界观、人生观和价值观教育，了解美与丑，野蛮与文明，英雄与亡命的区别和标准，自觉用社会主义信念规范自己的行为。二是强化行为矫正和行为训练。明确行为规范的标准，狠抓改造行为规范的宣传和落实，在日常管理中对照规范严格要求，及时矫正不良言行。抓好未成年罪犯开会、队列、上课、出收工、就餐、文体娱乐等集体活动中的行为训练，培养令行禁止、一切行动听指挥的意识。三是狠抓内务卫生，开展经常性的检查评比活动，表扬先进，批评落后，让其养成良好的生活行为习惯。

（二）加强心理健康教育和心理矫治，培养未成年罪犯的健康人格

对未成年人来说，由于他们正处于“心理上的断乳期”，在这个阶段，他们的独立意识大为增强。但面对困难和挫折的心理承受能力却较差，一旦遇到失败，就容易灰心丧气，甚至自暴自弃，“破罐子破摔”，走上报复社会、与社会对抗的违法犯罪道路。《预防未成年人犯罪法》第5条规定：“预防未成年人犯罪，应当结合未成年人不同年龄的生理、心理特点，加强青春期教育、心理矫治和预防犯罪对策的研究。”心理健康教育是矫治未成年罪犯违法犯罪的重要治本措施。因此，监狱、未成年犯管教所在对未成年罪犯的教育改造过程中，要采取心理矫治的科学方法，提高教育改造质量。要根据未成年罪犯的生理、心理发展特点，运用有关心理教育方法和手段，培养他们良好的心理素质，促进他们身心全面和谐发展。要建立心理健康教育和心理矫治机构，开通心理咨询电话，开设心理辅导网站，对有心理障碍和行为异常的未成年罪犯进行心理咨询与心理矫治。在对未成年罪犯的教育改造中，监狱民警首先要培养他们的自信心，形成健全的人格。同时，在心理健康教育过程中，要谨慎使用测试量表或其他测试手段，不能强迫他们接受心理测量，不能简单依靠量表测试结果下结论。

（三）将文化知识的学习，职业技能培训列为日常教育改造工作的第一项重要任务

针对未成年罪犯文化程度普遍较低的现状，立足未成年罪犯的未来实际和监狱的改造职能及未来社会的需要，监狱、未成年犯管教所不仅要扫盲，而且要办好小学、初中班的教学，大力倡导未成年罪犯自觉接受中等和高等教育，采取灵活多样的教育方式，进行文化知识补课，真正提升未成年罪犯的知识层次和水平。在提高未成年罪犯文化水平的同时，要大力开展职业技术教育，监狱要根据未成年罪犯的身心特点和监狱实际，联合社会劳动部门、职业学校，采取多种途径，尽可能为未成年罪犯学习技术创造条件，使其学会某一生产技能，掌握一技之长，在释放后能立足于社会。

（四）丰富监区文化生活，营造良好改造氛围

根据未成年罪犯的身心特点，组织他们开展形式多样、丰富多彩的文化娱乐活动。监内黑板报、宣传栏、图书室、阅览室和监狱小报，让罪犯自己办，自己编，自己读，自己感悟。定期开展健康有益的读书会、朗诵会、演讲会，发展未成年罪犯的智力。经常开展歌咏比赛，举办文艺晚会，自编自演，小型多样，活跃监内生活。经常开展体育活动，举办运动会，开展球类、棋类比赛活动，在促进他们身体素质提高的同时，也给他们一个展示自己才能的机会。同时，还可以组织他们观看电视、电影，举办讲座，接受革命传统教育，全方位培养其健康向上的心理，转移他们的再犯罪心理，营造一种积极、健康、和谐的教育改造环境。

（五）培养积极、健康、向上的良好群体

未成年罪犯模仿、从众心理较强，在群体活动中各种恶习容易相互感染，这就要求监狱民警建立一个比较健康的未成年罪犯改造集体。一方面，应发挥舆论的导向作用，奖优罚劣，引导他们养成良好的习惯和作风，以规范自己的行为；另一方面，要树立榜样，推出小组或分队为样板，让全体人员学习仿效，从而把个别的、局部的良性效应变成整体的和全局性的行为规范，使之逐渐形成一个健康向上的大群体。

第二节 对女性罪犯的教育

女性罪犯是指因实施犯罪行为而触犯刑律，依法受到刑罚处罚，在监狱服刑的女性。女性罪犯的类型主要有杀人、伤害、抢劫等暴力型罪犯；盗窃、诈骗、

贪污、拐卖人口、贩毒等财产型罪犯；重婚、强奸及强迫、引诱、容留妇女卖淫犯罪等婚姻家庭和性罪错型罪犯；“法轮功”及其他邪教类等类型罪犯。

一、女性罪犯的心理和行为特点

（一）理性思维较差，感性思维较强

理性思维较差，感性思维较强的主要表现：一是认知范围的狭窄性。女性罪犯对自己的罪行不能正确评价，对监管法规、政策等许多问题不能正确理解，不是牵强附会，就是发生抵触。二是认知过程的直观性。女性罪犯对抽象概念较难接受，相信经验，否定理性，抽象思维能力低于男犯，但感知的敏锐性常超过男犯。三是认知的独立性差。缺乏主见，易受他人暗示影响，认知易反复，思想不稳定。

（二）注重实际价值观，改造中讲求务实

女性罪犯一般无较高的追求，不关注政治，目光短浅，改造中的心理活动与生活琐事相联系，注重内心的愉快体验，以吃饱穿好、健康安全、人际关系和睦、受监狱民警青睐、将来出狱后能有个好归宿为满足。为了能得到监狱民警的认可，一般能服从分配，而且吃苦耐劳，能保质保量完成生产任务，在竞赛中也不甘落后于人。

（三）思亲恋家情绪强烈，且外露、持久，不易自控

女性罪犯入狱后极易对亲人产生思恋之情。因思念亲人而神不守舍，严重者竟不进饭食，终日哭泣，悲痛欲绝。亲人的接见、来信和寄来邮包，能使其感受到幸福和安慰，并增添几分积极的改造动力；但若长期与家庭缺少联系，则情绪低沉，对改造也失去信心，甚至产生消极抗工的行为。

（四）渴求亲密情感，易拉帮结伙

女性罪犯通常乐于过群体生活，喜欢与他人交往并结成伙伴关系，进行共同活动。她们常以情感为纽带，三三两两结成亲密的伙伴关系，在生活上相互关照，在遇到争吵纠纷时相互支持。但是女性罪犯的这种伙伴关系常因利益冲突而中断，随后又各自寻求新的伙伴关系。

（五）自我显示情绪突出，爱表现自己

女性罪犯往往虚荣心较强，总希望自己成为人们注意的焦点，在自我显示情绪的作用下，喜欢与他人攀比，争出风头。如果别人比她长得更漂亮、生活用品更高档、更受监狱民警信赖等，则会嫉妒得寝食难安，并因此而千方百计寻机报复，为自己扫清障碍。

（六）依附归属感强烈，喜欢寻找靠山

女性罪犯在观念上常把自己置于受保护的弱者地位，常希望自己能依附于强

者，认为这样既安全又能较好应对各种复杂情况。在监狱中，女性罪犯的依附对象有时是她们心目中的人民警察，她们把个人的命运、希望寄托于监狱民警的赏识和怜悯，有时也可能是女性罪犯中的强者。

此外，女性罪犯在监狱中的情感与一般女性相比，也有一些独特之处。如感情细腻多变，敏感多疑，郁结难解；情绪波动性大，自控力差，外露性强。某些农村重刑女性罪犯愚昧、轻生情绪严重，相信轮回转世、因果报应等。

（七）缺乏坚定的意志力，改造易出现反复和动摇

女性罪犯大多因经受不住生活的挫折和考验而犯罪，因此，女性罪犯的意志往往缺乏坚定性。这在服刑期间表现为，在某些消极因素影响下，或遇到困难和干扰时，女性罪犯会表现出改造中的动摇反复或停滞不前。

（八）爱美之心强烈，追求物质享受

由于监狱生活相对于社会生活比较清苦，因此女性罪犯对吃穿住用的需要比较重视，改善伙食、看电影和电视、进行多种文娱活动成为女性罪犯企盼经常得到满足的需求。女性罪犯比男性罪犯更爱美，平时就比较注意穿着和环境整洁，比较关心自己的容貌，注重保持青春健美。尤其是到了节假日，个个都要精心打扮，展示自己的魅力。

二、女性罪犯的教育改造措施

（一）强化个别教育力度，增强教育改造效果

女性罪犯在改造中都希望得到监狱民警的重视，渴望得到关怀，更希望得到尊重和表扬。通过个别教育，可以建立起她们对监狱民警的信任感，提高她们改造的积极性。由于女性罪犯在社会化过程中所形成的人格缺陷不同，文化、智力、能力、个性、兴趣等也不同，因而必须针对女性罪犯各自不同的情况，制定相应的个别教育方案。在教育过程中，要保证个别教育的深入性、连续性和有效性。

（二）强化知识技能教育力度，提升其生存能力

要加强女性罪犯的知识技能教育，用知识消除她们的愚昧，使她们真正成为有一定知识修养的遵纪守法公民。除了对女性罪犯进行文化知识教育外，还要强化职业技能培养的力度，提升她们回归社会后的生存能力。监狱应为她们提供适合的技能培训，如烹饪、缝纫、美容美发、花木栽培、机械修理及医护等传统综合技术，使她们具有一技之长，出狱后能够自谋生路，自食其力，不再因为生存问题而走上违法犯罪的道路。

（三）强化情感教育，实施以情感化

由于女性罪犯的情绪、情感居第一位，因此改造女性罪犯需要重视她们的情

绪、情感变化，强化其积极的情绪情感，弱化其消极的情绪情感。而积极的情绪情感的培养离不开感化教育，监狱民警应满怀热情地对待女性罪犯的生活、改造和学习，注意发现其心灵深处的“闪光点”，在可能范围内尽最大努力帮助女性罪犯解决情感纠葛、家庭矛盾、孩子抚养、身体疾病等问题。同时应注意恩威并施，掌握其思想动态。对其出现的违规行为及时抓住，准确处理，对其改造中的虚假言行及时揭露，坚决打击，不给其可乘之机。

（四）强化亲情教育和社会帮教力度，努力开发社会教育资源

应当积极主动地与女性罪犯亲属加强联系，利用亲情电话、亲情会见、书信往来，使女性罪犯经常与家人保持联系，增进感情交流，更多地感到家庭的温暖。同时及时地向其亲属介绍女性罪犯的改造情况，特别是思亲想家，惦念父母、子女的情况。与她（他）们共同商讨教育规劝女性罪犯的办法，客观地提出建议，以争取女性罪犯亲属对工作的配合。对女性罪犯家庭中存在的特殊性问题，如丈夫离婚、父母病危、子女入学等，在条件许可的情况下，派人前去调解或通过当地政府或民政等部门协调解决，以我们工作的效果打动她们，使之安心改造。可邀请社会团体、各界知名人士来监内帮教，使她们感受到社会的关怀和温暖，看到改造前途，树立改造信心。

（五）强化心理健康教育和心理咨询工作的力度，培养健康心理和良好人格

女性罪犯既是情绪色彩特别浓的一类罪犯，也是容易发生情绪障碍和人格障碍的一类罪犯。因此，监狱民警要运用心理学的有关知识，以心理健康知识讲座、心理辅导、面谈、电话咨询、书信咨询等方式对女性罪犯进行心理健康教育和心理咨询，以化解她们的郁结情绪，消除她们的压抑感和对立情绪，建立双方信赖的关系，寻求针对性的矫治方法，培养她们健康心理和良好人格。

第三节　对新入监罪犯的教育

一、对新入监罪犯教育的概念和作用

（一）新入监罪犯教育的概念

新入监罪犯的教育，是指对新收监的罪犯进行的以监狱常识、认罪认错、服刑指导为教育内容，使新入监罪犯逐步熟悉和适应监狱环境和改造生活的过渡性专项教育活动。新入监罪犯的教育时间一般为两个月。

新入监罪犯的教育是罪犯入监后接受教育改造的第一课，也是监狱依法改造

罪犯成为守法公民的第一项工作。由于新入监罪犯刚投入改造，对监狱的情况和有关监管改造罪犯的法律、政策不了解，也不懂得监规纪律的要求，更不知道如何去改造自己的犯罪思想和恶习。因此，必须对新入监罪犯进行一定时间的入监教育。通俗地说，对新入监罪犯的教育，就是指对新入监的罪犯进行的以安置、安排、告诉、要求、行为习惯训练为中心的，使罪犯逐步熟悉、适应监狱环境和改造生活的过渡性教育。

对新入监罪犯的教育目的：通过组织新入监罪犯学习有关监狱的性质、任务、工作方针、政策、有关的法律法令、监规纪律、一日生活制及基本行为习惯，向新入监罪犯提出明确具体的改造要求，消除他们各种疑虑、恐惧、反抗和侥幸的思想，使他们尽快适应监狱这一特殊的生活环境，顺利地进入转化思想、矫正恶习、学习知识技能的全面教育改造阶段。

对新入监罪犯的教育是相对于全面教育和对出狱人的指导和教育而言的。入监教育与全面教育不同，其主要区别在于：首先，教育对象不同。前者是新入监的罪犯，后者是入监半年之后到出狱半年之前的罪犯。其次，教育内容不同。对新入监罪犯的教育主要对罪犯进行思想方面的教育，全面教育则除了要对罪犯进行思想教育之外，还要进行文化和技术教育。最后，教育的时间不同。对新入监罪犯的教育只有两个月时间，全面教育则贯穿于罪犯完成对新入监罪犯的教育之后到即将刑满释放的全过程。

入监教育与对出狱人的指导和教育也不同。对新入监罪犯的教育，对象必须是新入监的罪犯，教育的重点是帮助罪犯完成从普通公民到罪犯的“角色”转变。对出狱人的指导和教育的对象则是即将出狱的罪犯，教育的重点是帮助罪犯完成从罪犯到普通公民的“角色”转变。

（二）对新入监罪犯教育的作用

1. 通过对新入监罪犯的教育，能够帮助新入监罪犯了解我国刑罚制度，稳定思想，安心改造

新入监罪犯刚进入监狱时，由于不适应环境，思想情绪波动很大，对前途悲观失望，对监狱环境恐惧、担忧，怀念过去的自由生活和亲友，担心被家庭抛弃或家庭破裂，因而苦恼烦躁，顾虑重重，思想包袱沉重，很难安下心来改造。通过对新入监罪犯的教育，可以使他们了解我国的刑罚制度，明确服从监管和改造的必要性，使他们对今后的改造生活有所了解并做好充分的思想准备。而且能够进一步认清政策，打消顾虑，逐步消除紧张、焦虑和惶恐不安的情绪，安心接受惩罚和改造。

2. 通过对新入监罪犯的教育，强化他们的改造意识

罪犯刚入监时，不遵守监规纪律约束，厌恶和反感艰苦的体力劳动。因而，

对于监狱强迫他们劳动改造和实行严格的军事管制，不同程度地存在对立情绪。在这种情绪的影响和支配下，有的罪犯采取公开的甚至激烈的抗改行为，如抗工闹事、打架斗殴、脱逃等。更多的是采取隐蔽的方式，如阳奉阴违、口是心非、消极改造等。要消除罪犯的这种对立情绪，必须通过系统的入监教育，使其充分认识到刑罚制度的不可抗拒性，真正理解劳动改造和军事管制对于把他们造就成守法公民的重要作用，认识到抗拒改造只能葬送自己的前途，使其老老实实地接受惩罚和改造，从而强化他们的改造意识。

3. 通过对新入监罪犯的教育，尽快了解他们的基本情况、特点和专长，为长期教育改造工作奠定基础

要想掌握教育改造的主动权，提高罪犯教育的效率，就必须掌握罪犯的基本情况、特点及专长。通过对新入监罪犯的教育，可以全面了解罪犯的社会经历、家庭情况、社会关系、兴趣特长、恶习程度等情况，为监狱按照“三分”工作的要求，把罪犯合理地调配到相应的单位服刑改造，提供必要的依据，并为做好安全控制工作和有效地维护改造秩序，推动监狱教育改造工作的发展，打下良好的基础。

二、新入监罪犯的心理和行为特点

入监初期是罪犯熟悉、适应监管改造环境的时期，通常为投入改造以后大约半年的时间。这一时期的罪犯心理和行为主要产生于刑罚剥夺和对新的环境和改造生活的适应，并具体表现为：

（一）刑罚态度的多样性

刑罚态度是指刑罚作用于罪犯后所产生的对刑罚的评价态度，包括对刑罚痛苦的评价态度和对刑罚效用的评价态度。

有的罪犯强烈感受到刑罚惩罚带来的痛苦，同时也承认刑罚的正确性并理解刑罚的意义，认罪悔罪，服判服罪，积极改造；有的罪犯对刑罚的痛苦感受较低，但对刑罚的正确性及其意义持肯定评价；有的罪犯对刑罚的痛苦感受和效用都比较低，对刑罚持不合作的态度；还有的罪犯强烈地感受到刑罚惩罚带来的痛苦，同时对刑罚持激烈的否定态度，不认罪服判，不悔罪服法，与改造相对立。

对罪犯来说，在其刑罚心理中占主要地位的是对“罪”与“罚”的认识和评价，以及依据这种认识和评价，对自己服刑改造行为进行控制和调节。有的罪犯判刑后认罪服法，其人身危险性减弱，能够接受改造；有的罪犯判刑入狱后不认罪服法，其人身的危险性增加，这意味着会给教育改造工作带来一定的难度。但是，罪犯的刑罚感受度不是一成不变的，随着刑期的发展，在主客观因素影响

下，罪犯对刑罚的痛苦感受、刑罚的正确性评价、认罪态度都会有所变化。

（二）监禁反应

监禁反应又称拘禁反应、拘禁综合征，是罪犯因受强制性剥夺自由的监禁生活的刺激而出现的一种不良心理、生理反应。它是罪犯在环境突然变化和突发事件刺激及长期的狱内生活压力下出现的心理——生理适应障碍，表现为不同程度的情绪行为异常反应及多系统身体症状。

1. 对自由的渴望

接受刑罚惩罚的罪犯，不得不离开自己生活的自由社会而进入监狱社会。对于大多数罪犯来说，很难一下子适应监狱生活，但又必须被迫生活其中，被迫接受这种不自由的生活。罪犯不习惯监狱生活，显然与其在监狱内失去自由有关系。渴望自由是罪犯承受刑罚心理中最强烈、最迫切的心理。罪犯对自由的渴望与刑罚的剥夺成正比。剥夺度越高对自由的渴望度越大；剥夺度越低对自由的渴望度也就越小。如果没有剥夺度，罪犯就会“视监如家”“乐不思蜀”，也就没有对自由的渴求，刑罚也会失去意义。刑罚惩罚还使罪犯失去很多，如原有的地位、荣誉、友谊和爱情，耽误了发财致富等，也会带来巨大的痛苦，所以罪犯对自由的渴求特别强烈。

2. 监禁的精神痛苦

罪犯所感受到的痛苦不是肉体上的，而是一种精神上的痛苦。这种监禁生活对其心理打击之大，不仅影响其监禁生活，而且对其出狱后的生活也有不良影响。对于一般人而言，拘禁是一种特殊的经验，这种经验足以使受拘禁者改变其生活的目的、价值观与人生目标，尤其是个人的自尊受到极大损伤，从而引起态度的变化。监禁所引起的精神上的痛苦主要表现为孤独、寂寞、无聊、恐惧、压抑等。

（三）监狱适应

罪犯进入监狱这个新环境，面临的最大问题就是适应问题。监狱是刑罚执行场所，刑罚的严厉性决定了许多罪犯不可能很快适应监狱生活，这个适应过程可能会比社会人到一个新环境的适应过程要长得多。罪犯对监狱环境、监规纪律、监狱民警、其他罪犯都会产生不同程度的紧张、焦虑及不安。所以，寻求适应心理是新入监罪犯在入监初期普遍的心理现象。

一部分新入监罪犯尽管对狱内严峻的生活很不习惯，但由于有愿意接受改造的动机，能够经常反省自己，用相应的意志和理智来敦促自己适应监狱的生活，积极劳动，接受并遵守严格的监规纪律，争取减刑，能够较快适应监狱改造环境。多数新入监的罪犯尤其是刑期较长的罪犯，一方面，由于刑期包袱重，情绪低沉，对前途和人生不抱希望，内心对改造生活和监狱民警都十分厌恶、反感。另一方面，重判对他们产生了深刻的法律威慑效应，他们又不得不面对现实，为求生存而希望采取较好的改造态度。因此，内心矛盾重重，心理脆弱，不能承受意外打击，常会因一点小事而出现严重违规行为，在入监初期常表现为消极适应心理。刑期较短的罪犯则投机取巧心理突出。这类罪犯以狡猾的手段寻找机会，满足犯罪心理延续而产生的不合理需要。比如，在劳动中装病或出工不出力，在改造中欺上瞒下、挑拨离间等，功利心理表现明显。

（四）入监初期的心理现象

1. 忧虑心理

一是忧虑家庭。成年罪犯担心婚姻破裂，家庭生活无着落等，未成年罪犯则担心被父母抛弃，要是久没有家庭音信，他们则会焦虑不安，甚至产生轻生和跑回去看一看的念头。二是忧虑刑期。他们关心能否提前出狱，打听减刑、假释比例、条件等，担心能不能顺利过劳动、学习和生活三关。面对艰苦的改造生活，长刑期的罪犯更是忧虑漫长的刑期该怎么过，而死缓、无期的罪犯在被减刑前还担心自己会不会被枪毙。三是忧虑身体。面对漫长的刑期，繁重的劳动，艰苦的生活，罪犯普遍担心能不能顺利度过刑期。不仅年老体弱的罪犯害怕死在监狱，而且十年以上的长刑期罪犯也担心能否活着出狱，就是那些刑期不长的短刑犯也总是以少干点、吃好点等手段来保存体力。

2. 孤寂心理

新入监罪犯来到一个处处受制约的、完全陌生的环境，一方面，受时空条件的限制，他们无法从原有的亲朋好友处获得正常的情感满足。另一方面，因制度上的约束，心理上的戒备以及交往对象上的限制等原因，他们也无法在短期内与监狱民警和其他罪犯建立起融洽的人际关系。由于缺少知心的交往对象，他们常感到孤独、寂寞、苦闷。因此，既表现出对亲人的强烈思念和依恋，又渴望在罪犯中寻找朋友。

3. 痛苦心理

刑罚的本质是惩罚，而惩罚就体现在给罪犯造成某种痛苦。处于高墙电网之内，在武警的武装看押下，接受监狱民警的严格管理，罪犯不仅强烈地体会到失去自由的痛苦、无助和无能，还会体会到强制参加繁重的体力劳动后的劳累和疲倦带来的痛苦。在这种痛苦心理支配下，还可引发罪犯的抵触、敌对、抑郁等不良情绪。

4. 悔恨心理

有的罪犯能够正确认识自己的犯罪原因和造成的危害，将刑罚的否定转化为自责、内疚等；有的罪犯将自己犯罪原因，归因于刑事政策调整和社会变革等客观原因。由此，对判决不满，对服刑抵触，甚至对社会敌视；有的罪犯将自己遭受刑罚惩罚，归咎于他人陷害、司法不公等。由此，对相关人员产生埋怨，甚至报复心理。

5. 恐惧心理

新入监罪犯的恐惧心理主要是对刑罚惩罚的畏惧。一方面，即将开始的服刑生活的艰苦引起罪犯生理和心理恐惧，怕自己在这种条件下无法生存。另一方面，监规纪律及法律的惩罚引起罪犯的恐惧。尤其是警具戒具的惩罚引起罪犯生理和心理的恐惧较为突出。恐惧心理可能使罪犯感知狭窄、思维缓慢、肌肉紧张、活动刻板、行为僵化，但也会使罪犯冷静思考自己的罪错，从而痛改前非、改恶向前，这也是刑罚最主要的作用。

三、对新入监罪犯教育的内容

（一）监狱的基本教育改造工作制度

1. 阐明我国监狱是国家的刑罚执行机关，惩罚和改造罪犯是监狱的根本任务

监狱是以国家强制力为后盾的刑罚执行机关，是国家的专政工具。其根本任务就是正确执行刑罚，惩罚和改造罪犯。监狱的刑罚执行职能和惩罚与改造的任务，集中体现在改造罪犯的全部活动之中，是通过制定和执行严格的监管制度，对罪犯实施严格的军事管制，并运用教育改造和劳动改造等手段得以实现的。要让罪犯懂得，监狱在任何时候都将毫不动摇地坚持专政的职能，发挥刑罚执行机关的作用。把惩罚与改造的任务落在实处，依法严惩那些藐视法规、拒不服从管理和教育的罪犯，以保证监狱良好的改造秩序、生产秩序和生活秩序。要使罪犯明白，只有老老实实地接受改造，真正改恶从善，才会有光明的前途，如果顽固不化或抱着侥幸心理，抗拒改造，必将受到更严重的法律惩罚。

2. 阐明我国监狱工作的目的是把罪犯改造成为守法公民

在对新入监罪犯的教育中，要明确告诉罪犯，坚持惩罚与改造相结合，以惩罚作为改造的前提条件。把罪犯改造成为守法公民，是我国监狱工作的出发点和归宿，这是我国监狱与资本主义国家监狱的本质区别。要教育罪犯全面而深刻地理解《监狱法》中的各项规定和“惩罚与宽大相结合”等各项政策的精神实质，明确监狱开展以思想教育内容为核心的“三课”教育的根本目的是最大限度地把他们改造成为守法公民。

（二）监规纪律

对罪犯进行监规纪律教育，主要以《犯人守则》和《监狱服刑人员行为规范》为基本内容。

1. 明确监规纪律的强制性和规范性

监规纪律是监狱根据国家有关法规制定的，是具有法律效力的一种强制措

施。它的执行是由国家暴力来保证的，每一名罪犯都必须无条件地遵守。一切违反监规纪律的行为，实质上都是无视或蔑视对抗改造的行为，将会受到行政处分或刑事制裁。要让罪犯懂得，监规纪律是他们判断是非的标准，是他们在改造期间言行的准则。要向罪犯说明，强迫他们遵守监规纪律的目的是要通过令行禁止的行为养成训练来矫正他们的各种恶习，指导和培养他们养成良好的行为习惯，树立法制观念，建立和维护监狱正常的监管改造秩序，促进他们的改造。

2. 强调遵守监规纪律的重要性

由于罪犯入监前长期接触社会的阴暗面，大多形成了多疑虚伪的心理和我行我素的行为习惯。因此要想提高入监教育的针对性和有效性，促使罪犯确立遵守监规纪律的自觉性，就必须在进行教育时密切联系实际。尤其是要联系罪犯的心理实际与表现实际，结合专人专案，反复向罪犯说明加强纪律性的重要意义，使罪犯能够真正从违反监规纪律，造成严重后果的事例中受到教益和警醒。最终强化罪犯遵守监规纪律的观点，使他们自觉地去学习和遵守监规纪律，最终把自己改造成为一个有较强的法制观念，能够适应现代社会需要的自食其力的守法公民。

（三）认罪服法教育

在对新入监罪犯的教育中，必须组织罪犯认真学习有关的法律知识，加强对罪犯进行认罪服法的教育。

1. 说明法与罪、罪与罚以及它们之间的因果关系

对罪犯进行认罪服法教育，首先，要让罪犯了解法律是国家意志的体现，明确法律具有的强制性、连续性和稳定性的特点，树立任何人违法犯罪都必须受到法律制裁的观点；明白什么样的行为构成犯罪应受刑罚处罚，什么样的行为虽然构成犯罪但可免受刑罚处罚。其次，要根据新入监罪犯的具体情况，通过举例分析，说明定罪和量刑的依据。目的是使其懂得他们所犯的罪行，是导致今天受到刑罚处罚的根本原因。最后，要明确告诉罪犯，对于人民法院已经发生法律效力的判决和裁定，每个罪犯都必须无条件地接受，并应端正认罪服判的态度，使罪犯充分认识到拒不执行生效的判决和裁定，同样是妨碍社会管理秩序的犯罪行为，是国家意志和法律所不允许的。罪犯唯一的出路，就是老老实实地承认罪行，认清危害，服从管理，接受教育和改造。

2. 阐明公、检、法、司的关系，明确监狱及监狱民警的法定地位和职责

为了提高罪犯认罪服法的自觉性，促使他们摆正自己的位置。第一，要向罪犯讲清公、检、法、司各自的职责和相互之间的关系，使罪犯明确我国刑罚执行程序，以及保证准确无误地认定犯罪事实和适用刑罚的道理。第二，要向罪犯详细阐述监狱民警的执法、行刑、教育和管理的职能，指出国家对罪犯依法执行刑

罚惩罚和改造，是通过监狱民警的工作来实现的，强调监狱民警与罪犯之间的法律关系，使罪犯明确自己的地位。第三，要向罪犯阐述服从监狱民警的管理教育的重要性。这不仅是对监狱民警个人的态度问题，更是对法律和刑罚的态度问题，是能否早日获得新生的问题。

3. 联系罪犯自身犯罪实际，开展认罪服法活动

通过举办专题讲座、召开专题讨论会、开展法律知识竞赛等活动，让罪犯联系自己的犯罪事实、犯罪情节，查找犯罪原因和危害，引导罪犯站在受害者和维护社会利益的立场上，以及从自己亲人的痛苦感受角度，深刻认识所犯罪行造成的恶果，以促使罪犯在承认犯罪事实，认识犯罪危害的基础上，确立服从法律判决，接受教育改造的意识。鼓励和帮助罪犯消除思想障碍，交代余罪，向政府和同犯表示认罪服法的决心，提出今后认罪服法和积极改造的具体计划。使罪犯能够与旧我决裂，确立罪责感和忏悔感，诚心接受改造奠定基础。

（四）心理健康教育

新入监罪犯是发生监管事故的高危人群，做好新入监罪犯的心理健康教育是消除监所隐患的关键一环。对新入监罪犯在确保心理健康教育时间的条件下，进一步更新内容，普遍开展心理健康知识教育、心理测量和危险程度的预测分析，并建立新入监罪犯集训情况心理状况综合评估。受训结束时，对新入监罪犯认罪态度、集训表现、犯罪恶习、心理特征、危险程度等做出评估，为今后监区和分监区掌握罪犯的基本情况，开展有的放矢的教育改造工作奠定基础。

四、对新入监罪犯教育的工作体系

（一）建立机构，完善设施

1. 建立健全入监教育机构

建立健全对新入监罪犯的教育机构是进行入监教育，促使罪犯接受教育改造的重要保证。需要建立健全的入监教育机构：一是建立三级入监教育网络。三级入监教育网络包括省级监狱管理局设立对新入监罪犯的教育管理机构；监狱设立对新入监罪犯的教育监区（分监区）；监区设立新犯组（入监组）。省局设立的入监教育管理机构的任务是重在收押和分类分流；监狱设立的入监教育队的任务是重在开展对新入监罪犯的教育的各项具体内容；监区设立的对新入监罪犯的教育队的任务是入监教育工作的延续和深化，旨在巩固对新入监罪犯的教育成果。实践证明只有建立健全三级入监教育网络，严格执行管理制度和教育计划，才能为提高入监教育的质量奠定坚实的基础。二是建立入监教育研究室。由于入监教育重在认罪服法和角色教育是为罪犯后期改造打基础的重要环节，具有十分重要的意义。因此，监狱要根据入监教育的内容和课程，设置相应的教研室。组织监

狱民警对入监教育工作进行研究和经验的交流活动，总结、评价入监教育工作的教育质量。只有这样，才能集思广益地搞好入监教育活动。

2. 加强设施建设

教育场所及必要的教育设施、设备，是开展对新入监罪犯的教育的基本条件。它对于提高入监教育的质量具有重要的作用。开展入监教育所需要的设施、设备，是由对新入监罪犯教育的任务决定的，但又要受监狱经济状况的制约。在配备对新入监罪犯的教育设施、设备时，应确立这样一个指导思想：全面教育配备的教育设施、设备，入监教育必须配备；全面教育尚未配备的教育设施、设备，如果入监教育需要，也应尽量为对新入监罪犯的教育单位配备。只有这样，才能为入监教育的开展提供必要的物质条件，才能提高入监教育的质量。

当前，监狱入监教育单位应配备的设施、设备，应参照司法部关于创建现代化文明监狱的有关标准进行配备。即应配备有空气流通、采光好、可满足月最高在押犯数上课所必需的教室以及桌椅和黑板；有教研室、图书室、展览室、娱乐室和训练活动场地；有墙报、报刊栏或其他宣传园地；有广播、电视机、放像机等电化教育设备。

（二）制定新入监罪犯的教育工作计划和教育管理制度

1. 制定教育管理制度

对新监罪犯的教育是在罪犯思想矛盾、情绪焦躁的情况下进行的。因此，如果罪犯失去规章制度的约束控制，就会使入监教育的秩序发生混乱，影响教育的进程和质量；如果教育工作警官在对新入监罪犯教育过程中没有制度的规范，也同样不能完成对新入监罪犯教育的任务。所以，应建立一套较完善的教育管理制度，以保证对新入监罪犯教育活动的规范化和质量的提高。

一套较完善的入监教育制度，一般包括以下三个方面：一是教育工作警官管理制度。这类制度主要包括各种岗位责任制、教研室责任制等。在这类制度中，重点强调对新入监罪犯的教育一律由教育工作警官亲自对罪犯授课的制度。绝不能因为监狱民警配备不足或其他原因而让罪犯代为授课。这是体现对新入监罪犯的教育严肃性和保证入监教育质量的关键。二是对入监教育过程的要求制度化。这类制度主要包括对时间、内容、程序、方法等方面的工作规范，考核验收制度、情况报告制度等。在这类制度中，重点强调入监教育应保证两个月的时间，实行半天学习，半天劳动，如确有必要可全天学习的制度。不应强调入监教育单位的经济效益，延长新入监罪犯的劳动时间，也不应强调各监区的生产任务繁重，而将未完成入监教育的罪犯提前分配到各监区去。三是制定新入监罪犯的管理制度。这类制度主要包括罪犯在入监教育期间应遵守学习的各种规范，如学习考勤制度、考核制度等。在这类制度中，重点强调向政府汇报自己走上犯罪道路过程的制度，以促使罪犯加深对自己犯罪思想和罪行的认识，走好今后的改造道路。

2. 制订入监教育计划

入监教育计划体现并规定了入监教育的基本方向和具体内容，既是开展入监教育的主要依据，也是指导入监教育的基本文件。

对新入监罪犯的教育计划的制定，必须根据上级的要求，结合本单位的具体情况制定。在制订计划时，必须坚持以帮助罪犯适应监狱生活，为走好今后的改造道路奠定基础为原则，精心研究影响入监教育的各种因素与先后程序，做出周密的组织和安排，以达到教育的整体优化。如罪犯入监后的特点是思想包袱沉重，对监狱生活疑虑恐惧，对前途出路悲观失望，教育计划的制订就应从这一特点出发，先进行有关监狱的性质、任务和监狱工作的方针、政策教育，然后再开展监规纪律教育，最后进行认罪服法教育。入监教育是为罪犯今后的全面教育打基础，必须根据对新入监罪犯教育的任务和时间等规定，坚持速成性和科学性有机结合的原则，全盘考虑对教育内容的删减压缩。例如，进行监规纪律教育时，可以只重点讲脱逃行为的危害，其他违反监规纪律的行为和危害后果，可以略讲或留待全面教育阶段详讲。

（三）选配教师，选编教材

1. 选配教师

在对新入监罪犯的教育过程中，教师的选配起着主导和关键的作用。因此，抓好入监教育工作的前提，就是配备足够的政治、业务素质较高的监狱民警担任教师。为做好对新入监罪犯的教育工作，入监教育工作警官（教师）要熟悉入监教育计划，按计划结合罪犯的实际开展教育活动；认真总结开展入监教育的经验教训，学习和研究入监教育的规律，不断提高自己的政治、业务水平；建立和充实包括入监教育鉴定表、罪犯改造分类册、罪犯基本情况登记册、考试考核成绩和罪犯入监教育总结等在内的罪犯入监教育档案。

当前，对新入监罪犯的教育工作警官（教师）的人员配备要求，应参照司法部关于创建现代化文明监狱的有关标准执行。总的来说，从事入监教育工作的警官，在政治素质、业务素质、年龄结构、学历、与在押罪犯人数的百分比等方面，均应优于非从事入监教育工作的警官。

2. 选编教材

选择或编写适合于对新入监罪犯教育的教材，是实施入监教育的必备条件。它的质量直接关系到入监教育效果的好坏。因此，选编适合对新入监罪犯的教育所实用的教材，是做好入监教育工作的重要前提。对新入监罪犯教育的教材，一般由司法部或省级监狱管理局提供。监狱也可以根据本监狱的实际情况，组织编写一些必要的教材或辅助教育资料。监狱在自编教材或辅助资料时，应注意以罪犯的文化程度普遍较低的现状为基础，在通俗易懂、理论联系实际的前提下，突出思想性。在教育中，应以强化罪犯的“角色”意识为目的，着重培训罪犯的改造意识和服从意识，使其提高适应整个改造过程的能力。

（四）加强考核，严格管理

对新入监罪犯教育质量的考核，必须坚持从实际出发的原则，进行公正、客观的评定，绝不能凭印象或感情办事。考核罪犯接受入监教育的情况，一般从以下三个方面进行：一是在罪犯接受入监教育的过程中进行考核。通过观察罪犯的日常行为表现、审阅书信、思想汇报材料及个别谈话等手段，及时掌握罪犯的思想变化情况，并根据变化了的情况及时修改教育内容和方法。这类考核主要由监区组织进行。二是在入监教育结束时进行的验收考核。通过检查罪犯入监教育档案，了解教育时间安排与内容实施情况、罪犯行为养成与认罪服法表现，以及罪犯在接受入监教育过程中违规的情况等，来评定罪犯是否达到接受入监教育所应达到的要求。对于达不到要求的罪犯，应暂缓分配，进行补课教育，直至达到对新入监罪犯的教育应达到的要求为止。此类考核一般由监狱组织实施。三是进行分流后跟踪考察。通过调查、访谈、直接谈话等手段，与监区或分监区及罪犯本人接触，对分配到各监区接受改造半年以内的罪犯进行认真考察，了解他们的思想表现、劳动表现，以及对全面教育改造阶段的适应情况，以便检查入监教育的质量，改进入监教育工作。此类考核一般由监狱教育科（处）组织实施。

第四节　对出狱人的指导和教育

一、对出狱人指导和教育的概念和意义

（一）对出狱人指导和教育的概念

对出狱人的指导和教育是指对即将出监的罪犯进行以介绍社会形势、就业指导、出狱前的心理调适和社会适应等内容的过渡性专项集中指导和教育活动。恢复自由，重返社会，开始新的生活，这是每一名罪犯在改造生活中梦寐以求的事情。然而，一旦梦想即将实现，罪犯的心理又会出现剧烈的波动，产生较多的思想问题，暴露出一系列不能很好地适应即将到来的社会生活的不足之处。因此，为了使罪犯出监后能够真正地融入社会，做一个守法公民，必须对即将出监的罪犯进行出狱指导和教育。对出狱人的指导和教育时间一般为3个月。

对出狱人的指导和教育的目的：第一，全面检查罪犯的改造质量，总结监狱教育改造罪犯的经验教训，对罪犯在出狱阶段及出监后，可能发生的违法犯罪行为做出预测和预防；第二，有针对性地进行心理调适、社会形势教育和就业指导教育，力争把罪犯尚未巩固的法纪观念、某些过激或危险的思想遗留问题、当前的社会形势政策和就业前景、尚未掌握或巩固的谋生技能等问题，在出狱前的指导和教育阶段解决好，帮助罪犯在回归社会后，为适应社会和做守法公民做好充分的思想准备，树立正确的人生信念，保证罪犯全面顺利完成从罪犯到普通公民的最后转变，成为一名守法公民。

（二）对出狱人指导和教育的意义

1. 进一步稳定罪犯情绪，巩固教育改造成果

由于即将获得自由，罪犯会出现情绪波动，心理压力增大，思想趋于复杂的状态，产生一系列的不良心理和行为倾向，如兴奋、焦虑、忧心、恐惧、疑惑等。如果让罪犯这种复杂矛盾的不良心理和行为倾向延续下去，就有给监狱和社会造成新的不安定因素，使罪犯改造成果毁于一旦的可能。所以，必须通过对出狱人的指导和教育，来稳定罪犯的思想，安抚罪犯的情绪，消除罪犯遗留的或新产生的各种不良心理和行为倾向，激发罪犯做一个守法公民的信心，使其愉快地走向自己的新生。

罪犯改造质量的好坏，是一个直接关系到社会安宁的大问题。所以，监狱把即将出监的罪犯集中起来，组织他们回顾自己的改造历程，让他们联系自身的实际情况，谈谈对认罪服法、社会形势和出监后的工作、生活等方面的认识和规划。对他们的言行进行最后阶段的观察和分析，按照改造标准，从思想、文化、技术等方面，对罪犯进行全方位的检查和考核，以了解罪犯思想的转化情况，恶习的矫正程度，以及对知识技能的掌握情况，引导他们认真反思在改造中取得的成绩，吸取犯罪和在改造中出现反复的教训，提高他们分辨是非和自我控制的能力。这不但能使罪犯珍惜自己的改造成果，坚信正确的思想观念，而且能够促进其运用正确的思想观念，自觉地与各种错误思想和行为作斗争，最大限度地避免重新违法犯罪，巩固改造成果。

2. 进一步加强罪犯的法律意识，完善他们的法律知识

尽管监狱对罪犯进行了长时间的法纪教育，绝大多数罪犯已经初步树立了适应社会生活的法纪观念。但是，少数罪犯对法纪的认识仍很模糊，甚至有个别罪犯还没有树立起应有的法纪观念。即使已经初步树立了法纪观念的罪犯，也由于法纪观念不够牢固，很容易在外界不良因素的影响下逐渐淡化。同时，由于监狱在罪犯接受全面教育阶段所传授的法律知识，主要是为罪犯在监内的改造生活服务的，涉及社会上普通公民正常生活的内容不多。而我国社会的法治化建设发展

又非常迅猛，已经覆盖了社会领域与生活领域的方方面面。罪犯如果不掌握新生活所必需的法律知识，就有可能重蹈过去违法违纪的覆辙。因此，必须通过对出狱人的指导和教育，再次强调树立牢固的法纪观念，对于适应现代社会生活的重要意义，以改变其消极的思想意识倾向，澄清其对法纪观念的模糊认识，巩固其多年改造树立起来的守法观念和守法习惯。同时，通过针对罪犯出监后的工作和生活的规划，向他们传授相应的法律知识，可以最大限度地消除他们重新违法违纪的隐患。通过对出狱人的指导和教育的告诫、提示与灌输，使罪犯真正成为具有牢固的法纪观念和各种必备的法律知识的守法公民。

3. 进一步做好罪犯回归社会前的各项准备工作，帮助他们充满信心开始新生活

在对罪犯执行刑罚的过程中，监狱将罪犯与社会之间进行了一定程度的隔离。这就不可避免地产生罪犯在改造多年后回归社会时，如何与社会相适应的问题。对出狱人的指导和教育就是对罪犯实施适应社会的预备教育。当前，罪犯对即将面临的谋职求业、人际关系、家庭关系和社会消极因素等问题，存在很多模糊的、片面的甚至错误的观点，对出狱人的指导和教育正是纠正罪犯这些错误观点的最佳时机和手段。通过对出狱人的指导和教育，可以让罪犯更多地了解社会、熟悉社会，正确认识我国当前的改革状况以及社会发展的现状和趋势，认清社会风气的主流，端正回归社会后谋职求业的态度，能够正确处理各种复杂的社会关系和对待消极因素，进一步做好克服出监后可能会遇到的困难和正确对待社会歧视的思想准备。出监教育还可以利用学习时间较多的特点，进行补课性质的职业技术教育，进一步巩固和提高罪犯在全面教育阶段学到的职业技术，同时，针对罪犯出监后的就业规划进行实用技能应急培训，每一个罪犯都能较熟练地掌握一种至两种谋生就业技能，提高罪犯出监后的就业安置率，帮助罪犯进一步巩固自尊、自信、自强、自重的信念，使罪犯能沉着、理智地迎接困难和挑战，增强重新立足社会的信心和勇气。

二、出狱人的心理和行为特点

即将出监罪犯一般指刑期在半年之内的罪犯，这一阶段，他们主要表现出的是回归社会前的心理和行为，可以分为正常和异常两类。正常的心理和行为主要表现为悔过自新、立功赎罪、努力改造、忧愁戒备。异常心理状态主要表现为报复、混刑度日、逞强好胜、寻求补偿等。

（一）兴奋与忧虑共存

罪犯刑满释放前对未来的前途既兴奋又忧虑。兴奋的是自己即将重返社会，获得自由，与家人团聚，有可能靠自己的双手勤劳致富，因而激动、向往。尤其

是原为知识分子或者有一定社会地位的罪犯，这种归属愿望就更为强烈、急切。当罪犯想到即将刑满释放能够回到亲人身边团聚，心情会非常激动，甚至常常彻夜难眠。急切的归属愿望时时冲击着罪犯心灵，使他们常常表现出欣喜与焦虑交织的心态。

但他们对即将回归社会生活又有一种压力感，担心回到社会后无法就业，怕受到歧视，心理上呈现出对能否适应社会、承受社会评价并能否为社会所容纳的担忧。

（二）自信、自卑与自尊矛盾交织出现

自信、自卑与自尊矛盾交织出现是由罪犯的认知偏差引起的。有的罪犯准备回归社会后经商做生意，赚大钱，期望值较高。认为刑释后没有了严格的纪律制度约束，行动自由，就业如意，把回归社会后的一切想得一帆风顺，尽如人意。另一些罪犯则过于自卑，认为自己是犯过罪的人，对回归社会忧心忡忡，担心受人歧视，精神萎靡不振。他们担心回归社会后与周围的人们难以建立正常的社会关系，其自尊、自爱、自立的自我意识淡化，自暴自弃，自觉或不自觉地与有过劣迹或行为不端的人结为“知己”，形成落后群体。自尊是罪犯在出狱前最强烈的心理活动。因为罪犯尽管被刑法处罚，但他们仍然存在自我尊重的需要，也希望在自己接受改造后被人尊重，不希望被他人歧视、侮辱。这种心理一旦遇到不良刺激，就可能会缺少思想准备，难以正确对待，容易从一个极端走向另一个极端。所以，自信、自卑与自尊的矛盾使他们常常深感不安。

（三）需求心理急剧增长，放松自我约束

服刑期间，由于监狱环境的不自由性，罪犯的某些需要被抑制或剥夺，但随着出监期的临近，需求心理急剧增长，被抑制的需要急想得到满足。罪犯开始放松自我约束，寻找各种机会来满足自己被压抑的需求，罪犯自我控制能力降低。若这种需求过于强烈，就可能采取违背监规纪律的行为去满足自身的需要，从而受到监规纪律的惩罚。

（四）翻案报复心理重现，为出狱复仇做准备

少数罪犯素质差，认识能力低，把被判刑归罪于被害人、检举人、办案人等。随着刑满日期的临近，常常想在回归社会后准备以自由公民的身份重新申诉自己的“冤屈”，挽回犯罪或审判时丧失的面子、尊严与坏影响。因而为出狱后闹翻案、搞报复做思想上的计划和行动上的准备，是危害社会的隐患。

（五）寻求补偿心理强烈，改造出现反复

有些罪犯认为服刑期间生活苦，劳动累，失去的太多，自感吃苦太多，损失严重。面对即将刑满释放，出现了强烈的补偿心理，因而，开始放松改造，不再严格遵守监规纪律，日常改造时好时坏，甚至出现违犯监规纪律的行为，改造出

现反复。

三、对出狱人指导和教育的内容

（一）社会道德和法制教育

1. 履行公民义务，遵守道德规范和纪律制度

一是要加深罪犯对公民的基本权利和义务的认识，进一步明确公民的基本权利和义务是不可分割的两个方面，任何只想享受权利不履行义务的人，最终必然要失去可以享受的权利。要严肃地向罪犯指出，他们之所以被强制改造，并在一定时期内失去某些公民权利，正是因为他们过去只享受权利，不尽义务，给国家和人民造成重大损失。在出监教育中还要强调，他们出监之日，就是新生之时，他们回归社会后，除了某些仍然被剥夺政治权利的人之外，都享有完全的公民权利，当然也应该而且必须履行公民的全部义务。二是要使罪犯懂得道德规范、纪律制度。社会道德是维护正常的社会秩序，指导和协调公民的劳动、学习、生活、娱乐的行为准则，任何公民必须严格遵守。要侧重强调，严格遵守劳动纪律的重要性和必要性，使罪犯认识到不遵守劳动纪律，将会给他们和社会造成什么样的后果，帮助他们确立严格遵守劳动纪律的观念。

2. 学法守法，吸取犯罪教训

首先，我们要根据罪犯长期与社会隔绝的现实，针对罪犯不了解、不熟悉的与他们未来生活密切相关法律法令的现状，组织他们结合未来的工作、生活规划开展学习。其中，重点进行有关民事方面、刑事方面、行政方面的常用法律法规中相关条款的教育，使罪犯明确，我国社会的法治化建设已经进入一个新的时期，在社会生活中的许多领域，都有法律在约束人们的行为，避免罪犯出监后，因不懂法而再次失去宝贵的自由和幸福生活。其次，我们还必须严肃地告诫罪犯，做一名守法公民必须严格按照国家的法律法令办事，使自己的言行符合法律法令的规定。使之懂得，法律具有至高无上的权威，任何组织和个人都没有超越法律的特权。使罪犯认识到学法守法是现代化建设的需要，是社会治安状况进一步好转的需要，是防止罪犯重新犯罪以及在社会上立足，获得幸福生活的需要。从而为罪犯刑满出狱后，用法纪约束自己的行为，进一步增强守法的自觉性指明生活方向。最后，要警示罪犯认真吸取以往犯罪受罚的深刻教训，明确继续违法犯罪将毁掉自己的人生。因此，应选准自己今后的人生道路，学会文明、健康、科学的生活方式，树立正确的消费观念、家庭观念等现代社会生活观念。同时，需要明确指出的是，他们出监后可能会接触到各种违法犯罪诱因，由此可能会引发各种再次违法犯罪的行为。所以，应当有心理准备并自觉加以抵制。从而使罪犯时时警钟长鸣，洁身自爱，不再重蹈覆辙，成为真正受社会欢迎的守法公民。

（二）社会形势教育

对罪犯进行社会形势教育，以帮助罪犯出狱后尽快适应社会，融入社会，着重提高罪犯正确观察和分析形势的能力。在内容选择上，坚持在我国社会主义经济、政治体制改革的背景下，以国内政治、经济形势的现状和发展趋势教育和对罪犯未来生活关系密切的形势教育为主。重点选择本省的材料进行教育。有条件的单位，应收集罪犯出监后居住地相对集中的，所在地区和县的材料进行教育。教育中要注意加强两方面的内容：

1. 当前国内违法犯罪与惩罚的现状及发展趋势

应让罪犯了解，近年来国内的犯罪现象尤其是涉毒、涉恶、涉黑的犯罪现象有所增多，且呈现出低龄化和主要集中在经济领域的趋向，以及给国家和人民的生命财产造成重大损失的情况。重点强调国家对犯罪行为采取的对策和予以坚决打击的情况，从而帮助罪犯理解坚持人民民主专政的必要性和紧迫性，使罪犯出监后，能用正确的态度对待各种犯罪诱因，走上新的正确人生道路。

2. 我国在各个领域所取得的巨大成就和发展趋势

要向罪犯强调，由于我国成功地进行了政治、经济体制的改革，制定和实施了一系列正确的路线、方针、政策和措施，从而使我国在政治、经济、精神文明建设等方面形成了举世瞩目的大好形势。要充分说明，由于是在没有可供借鉴的经验情况下进行的，我国的政治、经济体制改革是一项划时代的创举。同时，我国已经成为 WTO 组织成员，世界经济一体化已经成为当今世界的潮流，这固然给我国的建设提供了极其有利的条件和难得的机遇，给我国的建设注入极大的动力，但是，同时也会带来严峻的挑战，使我们的建设面临更多的不确定因素。所以，我们的改革和建设难免会遇到挫折和困难。但是，在党的正确领导下，在人民的共同努力下，挫折和困难终究是会被克服的，国家的发展前景是美好的，从而进一步坚定罪犯的社会主义信念，增强罪犯追求未来幸福生活的信心，促使罪犯自觉地改造自己的各种陋习，跟上时代发展的步伐。

（三）就业指导教育

对罪犯进行就业指导教育，要以帮助罪犯树立正确的择业观念和职业道德意识为重点。

1. 介绍我国的就业制度、有关政策及就业现状

首先，通过对我国的就业制度、有关政策及就业现状的介绍和讲解，使罪犯认识到，我国的劳动力市场发育已经趋于成熟，劳动者自己择业，企事业自主择人的机制已完全取代过去国家统包统配的机制，从而促进了劳动者的合理流动，强化了劳动就业的公平竞争，又为劳动者充分发挥自己的才干提供了机会，保障了劳动者的合法权益。这是我国实行社会主义市场经济的必然要求。社会的所有

合法公民，只要充分发挥自己的积极性、主动性和创造性，在就业竞争中站稳脚跟，都能用劳动的双手创造出幸福的生活。其次，要使罪犯了解国家，尤其是本省和罪犯刑满释放后居住地所在的地区或县对人才、劳动力需求的现状和下一步的需求趋势，使罪犯懂得现阶段对直接从事具体操作的劳动者需求很大，以便罪犯准确把握局势，明确求职的方向，增强罪犯对未来生活的信心。

通过对社会就业的有关制度、政策、规定的学习，要使罪犯懂得和明白在对刑满释放人员实行各级政府的统一领导下，发动和依靠社会各方面的力量，多渠道、多方面、多层次进行安置就业，这并不是包办就业的安置就业政策。要使罪犯了解当前劳动用工制度的种类和含义，明确通过招工、招聘、考试等途径实现就业的要求，为罪犯刑满释放后求职就业打下良好的基础。

2. 正确分析和认识自身的职业能力，掌握求职技巧

一是要教育和帮助罪犯正确分析和认识自己的职业能力，包括语言表达能力、数据运算能力、心理素质以及身体健康状况、技术特长等方面的能力。通过进行全面的、实事求是的分析评估，以便应对求职，尽快找到适合自己的工作。二是要让服刑人员懂得，影响求职就业的因素既有个人的职业能力，又有职业岗位的需求现状和社会上劳动力的供求情况。要明确告诉罪犯，职业本身没有高低贵贱之分，在选择职业时，应综合考虑影响自己求职就业的各种因素，采取务实的态度，不要过分挑拣，不要患得患失，不要把职业选择倾向，包括劳动内容、劳动地点、劳动强度、劳动报酬等要求定得过高，以便能够顺利地找到工作，发挥自己的才能，找到适合自己的发展道路和生活道路。三是要向罪犯详细解说求职时的具体面试技巧，如穿衣打扮、说话的口气语调，回答的内容等之外，还要组织罪犯从模拟和真正的求职会见中得到更多的知识。

3. 正确对待求职就业中遇到的问题

一是要教育罪犯正确对待求职就业中存在的歧视现象。要明确告诉罪犯，求职就业中出现歧视刑满释放人员的原因很复杂，但他们的犯罪行为给社会造成的危害是重要原因之一，要求他们出监后在求职就业中遇到歧视现象时，应冷静对待，要相信法律和政策，依靠政府和有关部门、组织予以解决，要忍受委屈，绝不能意气用事，更不能用非法手段解决，而是用辛勤劳动和重新做人的实际行动，取得人们的谅解，转变人们的看法。二是要教育罪犯正确对待求职就业中遇到的困难。使罪犯认识到，由于企业用工具有完全的自主权，刑满释放人员本身的素质与社会的要求尚有一定距离，社会上仍有大量的下岗职工和其他未就业人员在等待就业机会。按我国的有关政策，复转军人、残疾人等还需优先安置等原因，因而在求职就业问题上必然会遇到困难。但是不应因此而灰心。正确的做法是一方面相信党的政策是正确的，各级政府是会给落实的，从而积极向政府如实

反映情况，以求得到尽快落实；另一方面要体谅国家的困难，充分发挥个人的主观能动性，选择恰当的就业岗位，准确把握，尽可能做到自谋职业。三是要教育罪犯正确对待政府的就业安置。让罪犯知道，当政府克服各种困难为他们提供就业机会时，他们应该服从安排，不能因为政府提供的就业安排与自己的主观愿望不符而拒绝接受，应该从实际出发，体谅政府的困难，努力把政府安排的工作做好。

（四）心理指导教育

针对罪犯即将重返社会存在的兴奋、紧张、自卑、认知紊乱、心理负荷沉重等心理现象，以及不能很快适应社会，建立和谐的社会关系等情况，必须对他们进行心理指导。

1. 指导和教育他们建立健康、稳定的心理机制，学习和掌握心理自我保护技巧

通过对他们开展心理健康知识的学习，指导他们正确对待社会评价，设定正确的期望值，积极转化消极态度，优化需要心理，建立应付机制和防御机制。指导他们正确认识自身的潜能，严格剖析自己与社会要求的差距，找准自己在社会的位置。通过对他们进行针对性心理辅导，让他们学习和掌握一些基本的自我保护的心理方法和技巧，从而使他们建立健康、稳定的心理机制。

2. 指导罪犯培养挫折耐受力和社会调适力

罪犯出狱后，他们脆弱的自尊心需要人们的理解、宽容、尊重和热情鼓励。但现实生活并不如愿，人情的冷淡、精神的刺激，加之生活的困难，会使他们感到更大的挫折和不适应。如果没有良好的挫折耐受力，很容易做出不理智的行为。因此，必须通过心理的指导和教育，促使他们在出狱前就树立崇高的理想和坚定的生活信念，正确对待生活中的困难和挫折，勇敢地去经受各种巨浪的冲击，磨炼意志，提高挫折承受力。同时，指导他们进行对环境变化的应变能力、自我情绪控制和调节能力训练，正确对待社会评价和社会舆论，从而以积极健康的人生态度适应社会的需要，并不断发展自己。

四、对出狱人指导和教育的实施体系

（一）成立出监人指导和教育机构

对出狱人的指导和教育是改造罪犯的最后一个工作环节。对出狱人的指导和教育工作是否能落实，直接影响到罪犯出监后工作、生活顺利与否。因此，为了对每一个即将出监的罪犯扎扎实实地开展此项工作，监狱要成立出监人指导和教育机构，制定机构的规章制度，抽调政治素质和业务素质高的监狱民警专门做这项工作。根据我国现行的法律规定，罪犯出监有刑满释放、监外执行、假释、法

院裁定减去余刑释放等多种情况。在这些出监的罪犯中，除了刑满释放的罪犯之外，以其他形式出监的罪犯将没有足够的时间开展全面的、系统的指导和教育活动。但是我们不应放弃对他们进行出狱前的指导和教育工作，应该针对他们不同的出监原因，由监狱或监区指定专人，安排相关内容讲授给他们，并做好相应的接茬帮教工作安排。至于刑满释放的罪犯，则应一个不漏的在出狱人和教育机构的指导下接受3个月全面系统的指导和教育。

（二）制定对出狱人指导和教育工作制度

对出狱人的指导和教育的成功，除了必须有针对性地选择教育内容之外，还要努力完善、落实对出狱人的指导和教育的各项制度，使对出狱人的指导和教育科学化、规范化、制度化。首先要制定《出监人学习、劳动的制度》《对出监人的指导和教育工作计划》《出监人一日生活制》《出监人学习、劳动的奖罚制度》等一系列工作制度。使出狱人在最后的指导和教育阶段，在相对宽松的、接近于社会管理形式的环境中接受教育。同时，要使罪犯明白，对出狱人的指导和教育仍然是对他们实施惩罚和改造的重要阶段，他们在接受对出狱人的指导和教育时的身份仍然是罪犯。监狱在对他们实施出狱的指导和教育的过程中，既要增大他们与社会的接触面和机会，适当缩小约束的范围，降低约束的强制性，减少惩罚手段的运用，让他们在相对宽松的，接近于社会管理形式的环境中接受指导和教育；又要用监规纪律约束他们，不允许他们为所欲为，而是通过让他们更多地接触社会，有相对较多的自我管理、自我教育的机会，来改变在长期改造中形成的依赖、顺从、被动的生活习惯，以增强出监后融入社会的适应能力和独立生活的自控能力。此外，由于对出狱人的指导和教育的时间一般为3个月，所要解决的是罪犯在长期改造过程中，未能解决或未能彻底解决的问题。因此，必须严格贯彻和落实对出狱人的指导和教育工作制度，积极组织开展教育活动，以确保有足够的时间和严格的规章制度对罪犯进行有针对性的指导和教育。

（三）正确选择和运用对出狱人指导和教育的形式

对出狱人的指导和教育，一般采用集中教育、分散教育、分段教育3种形式。根据具体情况不同，选择相应的教育形式。

1. 集中教育

集中教育是指将余刑在3个月左右的罪犯，集中在监狱设立的出监教育监区进行教育。运用这一形式进行教育，要注意把握两个环节：一是要合理编组，摸清情况。对各监区、分监区送来的即将出监的罪犯进行混合编组，并加入一定数量的改造积极分子，以强化日常管理，保证教育秩序。同时，充分运用各种手段进行摸底调查，及时掌握罪犯的思想动向，为实施教育打下基础。二是要严密防范，主动进攻。在对出狱人的指导和教育中，教育工作警官要时刻提高警惕，在积极开展各种专项训导教育的同时，要反复向罪犯强调遵纪守法的重要性，以防止个别罪犯利用宽松管理的机会，实施违法犯罪行为，扰乱狱内的改造秩序。

2. 分散教育

分散教育就是根据上级制定的对出狱人的指导和教育的计划，以各监区为单位，将余刑在 3 个月左右的罪犯，单独编组进行教育。运用这一形式进行教育时，一是要选派得力的警官承担教育任务，并尽可能地解决在教育中遇到的教师、教材、教具、经费等困难，以保证教育的正常开展。二是要保证教育的必要时间，坚决执行半天学习、半天劳动的制度，以便完成预定的教育内容和任务。三是要防止和避免交叉感染，在管理上下功夫，严格控制接受对出狱人的指导和教育的罪犯与其他罪犯接触、交流的机会，以保证教育的质量和避免意外事故发生。

3. 分段教育

分段教育是指监区将余刑在 3 个月左右的罪犯单独编组进行一段时间的前期教育。然后再集中到出监监区进行后期教育。运用这一形式进行教育时，一是要在系统教育中突出重点。前期教育侧重解决罪犯的补课教育问题，后期教育要以加强社会形势教育和就业指导教育为重点。二是要分秒必争，及时教育。采用分段教育的形式，要求教育工作警官要端正工作态度，确立紧迫感，要用只争朝夕的精神去工作，力争把罪犯的模糊认识等遗留问题解决在监狱内部。

（四）认真做好罪犯的出监评审鉴定工作

1. 要求罪犯全面总结自己教育改造的实际情况

第一，要求罪犯联系实际，认真总结自己改造收获，存在的问题及今后需要继续努力的方向；第二，要求罪犯认真思考改造过程中的经验和教训及其原因；第三，要求罪犯对自己今后回归社会后的工作、生活做认真规划。

2. 组织开展对每一名即将出狱的罪犯的鉴定工作

在组织开展这项工作时，监狱民警首先要制定鉴定的标准和方法。其次要求每一名罪犯都要如实地、负责地对其他罪犯进行讲优点、摆问题、提希望的评议。最后要求，监狱民警对每一名罪犯做出书面鉴定。要采用查阅罪犯改造档案、正面谈话、侧面了解、观察言行等手段，综合全部材料，进行集体研究，对罪犯的思想改造状况、恶习残留程度、重新犯罪的可能性等有关方面做出符合实际的书面鉴定，提出罪犯出监后社会帮教的努力方向。

（五）做好接茬帮教工作

在做好接茬帮教工作上，要注意侧重做好两方面的工作：

1. 及时做好与有关部门的衔接沟通工作

一是监狱在罪犯刑满释放之前，主动及时地将他们在改造过程中的表现，特别是仍然存在的不良思想和行为表现，他们回归社会后可能出现的思想问题、重新违法犯罪的预测等情况，向当地公安机关及有关部门和组织作详细的通报，并提出进行接茬帮教的具体建议，及时移送有关的档案材料。二是监狱根据罪犯出监后的安置方向，尽可能地协助有关社区、部门建立帮教组织，制定和落实帮教制度、措施，尽可能做到不漏帮、不失控、不脱管。通过主动地与公安机关及有关部门和组织加强联系，密切配合，把监狱对罪犯的教育改造工作，与社会帮教工作紧密地衔接起来，把“再送一程”的工作真正落在实处。

2. 尽量帮助罪犯解决好将回归社会时在生活、就业等方面可能会遇到的困难

为了使罪犯出监后立即得到社会、家庭的关心和帮助，迈好新生活的第一步。一是在罪犯接受对出狱人的指导和教育期间，与罪犯家属取得联系，向他们宣传党和国家关于刑满释放人员在政治上不歧视、生活上给出路，就业上妥善安置的各项政策，要求家庭不嫌弃刑满释放人员，并尽可能到监狱迎接他们的新生，使罪犯一出监狱大门，就得到亲属的热情接待和帮助，从而既可解除刑满释放人员的后顾之忧，又可为他们走好新生之路注入强大的动力。二是在政策和条件允许的范围内，尽量帮助刑满释放人员解决好刚出监时在生活、就业等方面遇到的困难。帮助刑满释放人员解决应当而又可能解决的实际问题。

典型案例剖析

罪犯徐某，16岁，因故意杀人被判无期徒刑。入监时目光呆滞，疯疯癫癫，自言自语，生活不能自理，连大小便都要别人帮助，浑身上下臭气冲天，回答问题答非所问，根本不能进行正常交流，对其家庭、简历等基本情况一无所知，更无法掌握其思想和心理状态，对这样的未成年罪犯我们应该怎样进行教育呢？

女犯马某，故意杀人，死缓，入监改造已有11年。该犯各方面的能力都比较差，经常还有一些不切合实际的想法，遇事唠唠叨叨，猜疑别人，看问题也很偏执，而且容易记仇。心灵扭曲，性格古怪，常常因为心理的原因而烦躁不安，情绪失控。对这样的女犯，我们又要采取什么样的教育方式方法呢？

实训设计

调查研究不同类型罪犯

一、实训目的

通过一周实训和监狱的民警讲解和介绍，了解不同年龄、性别、阶段的罪犯

的特点、表现及教育方式方法，激发学生的探究精神和学习热情。

二、实训内容和要求

（一）实训内容

深入监狱罪犯的教育现场、了解不同年龄、性别、阶段的罪犯的基本情况和改造情况。

（二）实训要求

1. 学生以区队为单位（15 人）前往实训基地，由基地罪犯教育部门安排专人讲解和介绍。

2. 学生应听从指导老师的统一指挥，认真实训，观察、注意听讲并做好记录。

三、实训课时

40 课时。

四、实训步骤

1. 由校内任课教师将学生带到实训基地。

2. 基地罪犯教育部门安排专人，按照事先确定的内容进行实训，同时监狱民警进行介绍讲解。

3. 学生提出在现场观察和发现的疑问，由基地指导老师给予解答。

五、实训作业

完成下表的调研内容。

不同年龄、性别、阶段罪犯教育

类别	特点	改造态度	教育内容	教育方法
少年犯				
女犯				
入监犯				
出监犯				

第九章

罪犯教育效果的评估

第一节　罪犯教育效果评估概述

罪犯改造质量是衡量监狱工作效能的指标，提高罪犯改造质量是促进监狱提高工作效能的根本性要求，罪犯教育效果对监狱改造质量有着至关重要的影响。科学准确地评估罪犯教育效果，不仅是罪犯教育工作的重要一环，也是监狱整体改造质量评估工作的重要组成部分，评估的结果对于监狱教育工作及整体改造工作有着重要的评价和促进作用。本章从罪犯教育效果评估的作用、评估指标体系的建立以及评估的组织实施等方面进行阐述，为罪犯教育效果评估构建一个简明的框架。

一、罪犯教育效果评估的基本内涵

所谓罪犯教育效果评估，是指依据罪犯教育的目标，运用定性和定量的方法，对罪犯教育的结果进行测量和做出价值判断的过程。[①] 这一概念的含义包括：

（一）罪犯教育效果评估具有较强的目标指向性

罪犯教育效果评估工作根据罪犯教育内容的不同而具有综合性，但评估内容的选择、评估标准的确定都应以罪犯教育目标为依据。根据《监狱法》的规定，监狱的任务是将罪犯改造为守法公民。这是监狱任务的法定性规定，而且理论界也普遍认为，“守法公民”是对罪犯改造的目标要求。[②] 所以，具体到罪犯教育

① 参见王秉中主编：《罪犯教育学》，群众出版社 2003 年版，第 263 页。

② 参见夏宗素主编：《监狱学基础理论》，法律出版社 1998 年版，第 98 页。

工作中，就是要求对罪犯在法制道德、文化知识、职业技术和心理健康方面进行全面教育，以达到将罪犯转化为“守法公民”的目标要求。

（二）罪犯教育效果评估是对罪犯个体和群体教育效果及监狱教育工作的价值进行判断的活动

罪犯教育效果评估既包括对罪犯个体的教育效果进行评估，也包括对罪犯群体在接受教育后的效果进行评估。通过对罪犯个体的教育效果评估，可以掌握罪犯接受教育后的转变程度。个体评估结果的综合，也可以影响或决定群体教育的结果；群体教育效果评估的结果，可以用来评价监狱罪犯教育工作的质量与成效。罪犯教育效果的评估，是对在押罪犯个体及整体在接受教育后的“状态程度”的评价和测量，这种“状态程度”应反映罪犯接受教育状况的全貌，以此得出的价值判断才科学、客观和全面。

（三）罪犯教育效果评估是一项综合性的活动过程

罪犯教育效果评估是一个整体的、全面的、各部分有机联系的综合性活动过程。

首先，评估的内容具有综合性，对罪犯教育评估的内容涉及法制道德、文化技术、心理健康等诸多方面，内容是非单一的，所以评估的内容范围是综合性的。

其次，评估的方法具有综合性，即采用定量与定性相结合的方法，突出“以适当数量化为主，以必要的定性结论为辅”的组合式评定方式。对于评估的各项内容，能分值化的尽量分值化，这样便于通过数学计算或计算机统计分析，得出具体的数据和结论，避免主观臆断。如法律知识教育、文化教育、职业技术教育具有明显的可知性，可以通过常规的考试、考查和实际操作的方法来具体量化。鉴于心理矫治技术在监狱的应用已日渐成熟，罪犯的心理健康也可以通过测试进行量化统计并辅之以必要的定性分析。对难以实施量化的，如德育的内容，就不可避免地要采取一定的定性描述，这就要求监狱干警在罪犯教育工作中，必须深入观察、记载和了解，掌握翔实的一手材料，本着客观、科学、求实的精神，对罪犯教育效果进行定性评价并给出结论。

最后，评估的过程具有综合性，即评估是一项包含制定评估方案、确定评估指标、分析评估结果等一系列工作的活动过程，不是一项单一的活动。

二、罪犯教育效果评估的类型

罪犯教育效果评估的类型因评估所依据的标准的不同而不同：

（一）以评估的目的为标准，罪犯教育效果评估分为形成性评估和终结性评估

1. 形成性评估

形成性评估是指通过诊断罪犯教育方案或计划、教育内容和方法中存在的问

题，为正在进行的罪犯教育活动提供反馈信息，以提高正在进行的教育活动质量而进行的评估。例如，在推广新的职业技术培训项目时，从培训的罪犯中抽取一定数量的人员进行测试，将评估结果与预期目标进行比较、分析，找出存在的问题并及时修正，为项目的推广普及创造可行性条件。一般情况下，形成性评估结果不以区分评估对象的优良程度为目的。

2. 终结性评估

终结性评估是在罪犯教育活动结束后对教育效果的评价，终结性评估考察的是罪犯教育的最终结果，是对罪犯教育全过程的检验，其评价也是综合性的，其获得的结果具有较高的概括性。

（二）以评估的对象为标准，罪犯教育效果的评估分为罪犯个体教育效果评估和罪犯群体教育效果评估

1. 罪犯个体教育效果评估

罪犯个体教育效果评估，是对罪犯个体教育效果的好坏、优劣所进行的判断和测量。① 罪犯个体是罪犯教育的核心对象，每个罪犯在教育活动中的行为和状态表现，既是罪犯教育活动开展的前提条件，也是教育效果评估的首要依据。

2. 罪犯群体教育效果评估

罪犯群体教育效果评估是在确定的时间内，通过选定对整体罪犯教育效果有重要影响的测定点来对监狱教育工作加以评价和检测，它反映的是罪犯教育的宏观效果。

罪犯个体和群体教育效果评估，是罪犯教育效果评估实践中最为重要的两种评估类型。两种评估具有关联性，对罪犯个体的全面评估，影响罪犯群体的评估结果，个体教育效果评估的结果，可以作为群体教育效果评估的重要指标。

（三）以评估的方法为标准，罪犯教育效果的评估分为定量评估和定性评估

1. 定量评估

定量评估是通过对罪犯在教育活动中的行为表现和受教育的状态程度进行数量化的分析和计算，从而对教育的效果和价值做出判断。定量评估有助于评估的精确化，加强评价的区分度，降低评估的主观性和模糊性，增强评估结果的说服力。

2. 定性评估

定性评估是对罪犯在教育活动中的行为性质和受教育的状态程度进行的分析、评定和说明。定性评估比定量评估简便易行，但容易受主观意识的支配而有失客观性，加上评估工作中，有些评估内容可以量化，有些不能或不易量化，所

① 参见王秉中主编：《罪犯教育学》，群众出版社 2003 年版，第 275 页。

以一般都将定量评估和定性评估结合起来使用。

三、罪犯教育效果评估的原则

罪犯教育效果评估的原则是监狱在开展教育效果评估过程中必须遵循的准则。罪犯教育效果评估反映罪犯教育的多方面内容，是一个具有综合效应的活动，反映的是监狱教育改造的成效，在评估过程中要遵循导向性、科学性、适时性、标准化和可操作性的原则，[①] 了解和贯彻这些原则，对做好罪犯教育效果评估工作有着非常重要的指导作用。

（一）导向性原则

导向性原则是指监狱在罪犯教育效果评估工作的各个环节中，以罪犯教育目的为出发点和落脚点，保证罪犯教育始终坚持明确的发展方向。导向性原则主要包含以下两方面的内容：

1. 目标定位

把罪犯改造成为“守法公民”是罪犯教育的最终目标，这一目标在罪犯教育实践中可以具体细化为：以解决罪犯思想问题为核心，以满足社会的需要、使罪犯成功的社会化为归宿，把罪犯塑造成为认同社会主流文化，具有一般社会人的道德水平、审美情趣和健康人格，自觉遵守社会法律规范的自食其力的社会公民。[②] 罪犯教育效果评估，应重点考核教育具体目标的实现情况，保障监狱教育改造罪犯的目标不偏离监狱工作的宗旨，避免监狱宗旨的异化。

2. 工作指导

罪犯教育的具体工作应突出“守法公民”的宗旨，教育效果评估应反映罪犯教育工作的宗旨要求，从而对监狱的教育工作起到指导作用。长期以来，监狱工作存在“重监管、轻教育，重日常管理、轻思想转化，重显性改造表现、轻隐性心理活动”的倾向，监狱民警在教育改造罪犯的过程中，对教育在改造罪犯中的作用认识不足，对教育改造规律摸索与应用不重视，从而出现了思想教育空洞说教、文化教育走形式、职业技能教育纸上谈兵的不良现象，导致罪犯教育以敷衍而告终。实施罪犯教育效果评估，将结果作为衡量监狱改造质量水平高低的重要参数，能约束并指导监狱的罪犯教育工作，使罪犯教育工作始终围绕教育矫正罪犯的核心宗旨进行。

（二）科学性原则

科学性原则是指在罪犯教育效果评估工作中，通过建立科学的评价标准和考

---

① 参见于爱荣主编：《罪犯改造质量评估》，法律出版社 2004 年版，第 18 页。

② 参见王秉中主编：《罪犯教育学》，群众出版社 2003 年版，第 42 页。

核体系，运用科学的考评方法，对罪犯教育的效果加以科学的评定和运用。评估工作中贯彻科学性原则，应注意把握以下两点：

1. 客观公正，实事求是

在罪犯教育评估工作中，要坚持实事求是的精神，遵循罪犯教育的规律，依据罪犯在教育活动中的表现和取得的实际成绩，通过科学合理的评估手段、方法和技术，实现科学评价监狱罪犯教育工作的目的。在评估的实际工作中，监狱民警要以科学的态度、严谨的作风和专业的技术水平开展评估，避免主观臆断和个人感情色彩，不受外界因素干扰，不受罪犯表面现象迷惑，不迁就任何组织和罪犯个人的要求，力争做到评估标准科学、准确，评估过程和结果客观公正，从而提高评估结果的可信度，保证评估工作质量。

2. 定性与定量相结合

影响罪犯教育效果的因素很多，既有罪犯的主观因素，又有监狱教育条件的客观因素；既受罪犯的生理、智力因素的影响，又受教育内容、形式和方法等因素的影响。科学的罪犯教育效果评估指标体系，是罪犯教育评估的重要内容。定性与定量相结合就是说可以量化的应尽量选择定量指标，如文化教育、职业技能教育、法律常识教育可以通过分值加以量化；对于难以数量化的内容指标，如思想、道德教育等可以通过分值加以量化；对于难以量化的内容指标，如思想、道德教育的内容就要采取一定的定性描述。监狱民警必须深入了解罪犯，掌握罪犯思想表现的真实材料，按照评估指标体系的要求，采取定性评价和定量分析相结合的方法，才能对罪犯教育效果做出科学评定。

（三）适时性原则

适时性原则是指在罪犯教育效果评估工作中，为了引导罪犯向预期的教育目标发展，根据教育的内容、形式和方法，结合教育的时限，适时加以评估。适时性原则主要体现在以下几个方面：

1. 适时地对某阶段各项教育所取得的成效进行评价

对监狱开展思想道德、文化、职业技术、心理健康等方面的教育，为了检验各项教育内容、形式和方法是否达到预期效果，可以在各项教育活动结束后及时组织考核评估；针对罪犯服刑的不同阶段所开展的专项教育，如入监阶段的法制教育，服刑中期的文化和职业技术教育等，可以在相应的专项教育阶段结束后，适时进行评估。通过不同阶段、不同项目的考核比对，可以发现罪犯接受教育的前后变化，有利于及时掌握罪犯的教育效果。

2. 及时调整教育方案，重新确立评估指标

确立适时评估原则，一方面是为了了解罪犯教育是否达到了预期的教育效果，另一方面是帮助监狱教育机关及时发现罪犯教育的内容、教育环节、教育方

法方面是否存在问题，以利于监狱及时调整教育方案，发挥教育应有的功能。同时，通过适时评估，可以检验评估指标体系中的各项要素是否科学、合理，便于及时调整，促进评估指标体系的科学化。

（四）标准化原则

标准化原则是指在罪犯教育效果评估工作中，应尽量减少人为因素的干扰，对可能出现的误差予以最大限度的控制，以保证评估指标体系和方法的有效性以及评估结果的准确性。标准化应具备以下几个方面的内容：

1. 评估指标体系的标准化

评估指标体系的建立应能反映罪犯教育工作的基本要求，通过其实施能实现对罪犯教育活动的管理，最终达到完成罪犯教育工作任务的目的。因此评估指标的选择应考虑上述要求，根据不同指标在罪犯教育效果评估中作用的大小程度定量化，结合定性评价，制定相应的评价标准，对罪犯的教育效果做出标准评价。

2. 评估方法的标准化

评估方法的标准化，也决定了教育效果评估的效度和信度，为了提高教育效果评估的效度和信度，在对罪犯教育进行评估时，必须统一测评方法要求，能通过计算机数据处理的，尽量通过计算机进行数据汇总和分析，形成标准的评估结果。

3. 评估结果应用的标准化

罪犯教育效果评估结束后，要对评估结果进行系统分析，并将评估结果与监狱改造质量和罪犯奖惩挂钩，作为评定监狱改造工作质量和罪犯教育矫正效果的依据。

（五）可操作性原则

可操作性原则是指罪犯教育效果评估指标体系的设计、评估方法的采用以及评估方案的运用等应符合罪犯和监狱工作的实际，易于掌握和实践运用，简明扼要、切实可行。其具体要求是：

1. 教育效果评估指标体系要有针对性

反映罪犯教育改造质量的评估指标和标准内容很多，一级指标还可以下设二级、三级指标，如果不加选择，单纯罗列，甚至相关内容相互抵触、自相矛盾，就会影响评估的效果。因此，要在充分调研分析的基础上，对评估体系和内容有所取舍、有所侧重，要选择那些能够反映罪犯教育效果程度的评价指标，便于有目的、有针对性地对罪犯教育进行评估。

2. 评估项目要有完备性

确定评估项目时，所选择的内容应能覆盖罪犯教育效果评估所涉及的全部范围，防止漏项。

3. 评估内容要有可测性

评估体系所包含的内容要能够定性和定量分析，可以分值化的教育内容尽量分值化，通过数学计算或计算机统计分析，得出具体数据和结论。同时还要注意定量分布控制的合理，既要涵盖罪犯教育的全部流程，又要照顾罪犯教育的全部内容；定性表述要明确，语言描述要准确，防止产生歧义，还要注意避免定性评价太多而影响评估的客观效果。

4. 评估指标体系要简明

选择的评估指标不是越多越好，关键在于指标在评估中所占作用的大小。如果评估指标太多、太复杂，不仅会增加结果的复杂性，有时甚至会影响评估结果的客观性和准确性。因此，评估指标体系要简单明了，易于监狱民警操作，也要利于罪犯理解和接受。

四、罪犯教育效果评估的作用

（一）评估过程的作用

1. 检测作用

一方面，罪犯教育工作是以罪犯教育目标为出发点，通过一系列有计划、有组织、系统的教育影响活动，达到把罪犯改造成为“守法公民”的目的。为切实保障这一目的的实现，监狱通过组织实施评估，可以及时发现监狱教育活动和教育目标之间是否存在偏差以及偏差的程度，并在评估过程中加以修正。另一方面，罪犯教育活动贯穿于刑罚执行的全过程，罪犯教育活动中两大参与者——监狱民警和罪犯个体（群体）有必要确切知晓他们参与教育活动的效果，罪犯教育效果评估过程提供了很好的检测途径。教育者（监狱民警）在评估过程中，可以及时了解和掌握哪些教育内容、教育措施和教育方法收到了多大程度的效果，会获得大量教育活动中有关教育效果的信息，这些信息的反馈对于教育者修正教育的内容、措施和方法提供了客观必要的依据，有利于加强罪犯教育工作的针对性，提高和改善监狱教育工作水平。而罪犯个体（群体）在评估过程中，能及时了解自身在教育改造中的表现，做到心中有数，自我调整，更好地接受教育改造。

2. 显示作用

一方面，罪犯教育效果评估过程为罪犯展示教育改造表现提供了机会。由于罪犯的教育改造结果直接关系到罪犯本人的切身利益，是罪犯在监内处遇级别、奖惩的重要依据之一，因而，罪犯对自己的改造表现，特别是监狱民警对自己表现的评价和印象十分关心。有的表现良好、积极进步，但怕监狱民警看不到；有的态度不端正、消极敷衍，又怕监狱民警知道；有的制造假象、表里不一，以为监狱民警不知道。通过评估，罪犯的改造表现真实、客观地呈现出来，既可以打消罪犯的种种顾虑和担忧，又可以杜绝蒙混现象。另一方面，评估过程还可以显示监狱民警的评价是否公正客观。监狱对罪犯教育效果的评估应坚持公开的原则，形成定期记载评议和公布制度，通过公开监督，客观上能有效防止对罪犯教育改造表现的评价受监狱民警个人素质高低、感情好恶的影响和干扰，从而使罪犯的教育改造表现的定性描述更趋于公正、准确。

3. 评价作用

一方面，罪犯教育效果评估通过对罪犯个体和罪犯群体不同时期内法制道德、文化知识、职业技术、心理健康等方面进行测量，反映出罪犯经过综合教育后发生变化的程度，从中找出规律，并经过比对来说明教育改造的效果。从而衡量和评价罪犯个体和群体的改造效果。另一方面，罪犯教育效果评估通过建立评估指标体系来完成，在评估过程中，可以适时检验罪犯教育效果评估指标体系的科学性，促进评估指标体系的调整、改进和提高。

（二）评估结果的作用

1. 评估结果可以作为监狱对罪犯待遇的依据

客观真实的评估结果，可以准确地反映罪犯在法律道德、文化知识、职业技术和心理健康方面的缺陷与不足，监狱可以根据评估结果，调整教育矫正方案，因人施教，对罪犯施以区别待遇，提高教育矫正的质量和效益。如通过综合评估，发现罪犯个体或群体在某方面存在严重不足时，就要及时在教育内容安排、教育方法选择上突出待遇的差异性和针对性，这样才能既节约教育资源，又提高教育改造的质量。

2. 评估结果可以促进监狱教育矫正绩效的提高

评估结果实际上对监狱的教育工作起到监督检查和督促的作用，通过评估结果，检查验证教育方案的制定、实施和执行情况，防止教育效果不佳的现象恶性循环，也可以使监狱对一定时间内的教育改造工作进行盘点，从中发现问题和总结经验，促使监狱不断改进相应的罪犯教育工作。通过这种必要的检查督促，无疑有助于监狱不断提高教育矫正工作的绩效，保证罪犯教育目标的顺利完成。

3. 评估结果可以调动罪犯接受教育改造的积极性

评估结果的公开，实际上就是给罪犯在一定时期内接受教育的表现进行“排队”，每个罪犯都可以清楚地了解自己在“队伍”中的位置，这样罪犯之间就有了比较与竞争，加之罪犯教育改造成绩是记分考核的重要组成部分，直接关系到罪犯的刑事奖惩，从而促进了罪犯为获得各种切身利益而展开合法有序的竞争，充分调动了罪犯改造的积极性。

4. 评估结果可以影响社会对监狱教育的评价

长期以来，社会公众的观念一直认为教育改造罪犯是监狱的职责，对重新犯罪，监狱应负全部责任。虽然重新犯罪的原因与犯罪一样，都取决于多种因素的综合影响和作用，监狱理应负一定责任，但不是全部责任。不可否认的是，监狱作为国家刑罚机关，必然应满足社会需要，包括社会公众的期盼。所以，罪犯教育效果的好坏，改造的成功与失败，不仅关系到监狱工作，也关系到社会对监狱形象的评价，毕竟社会公众纳税兴建监狱，他们有资格要求监狱履行教育矫正职责，有效控制重新犯罪。

第二节　罪犯教育效果评估指标体系的建立

对监狱教育工作的效果进行评估，必须建立一个系统科学的评估指标体系，没有完善的评估指标体系，就不能科学、准确地对罪犯教育工作实施评估。评估指标体系既是一个方法论，又是对各种教育资源、教育内容和教育方法加以确定并整合的系统，评估指标体系由评估指标、指标权重和评估标准三部分构成。

一、建立罪犯教育效果评估指标体系的目的

（一）指导监狱的罪犯教育工作，促进罪犯教育工作的科学化

罪犯教育效果评估指标体系将罪犯教育的重点内容明确化、具体化，便于监狱民警掌握罪犯教育内容的整体要求与个别侧重，避免了教育的盲目性和随意性。同时，罪犯教育效果评估指标体系将评估的标准统一，便于监狱民警依照评估标准对罪犯教育的过程进行监督和控制，规范罪犯教育工作的各个环节，保证评估结果的客观、公正。科学的指标体系，采用定量与定性相结合的方法：定量的方法将各种理性、定性的要求细化为定量的规定，避免了人为主观因素的影响；定性分析的方法通过监狱民警的经验判断，弥补了定量法的不足，使罪犯教育的不同层面、不同角度，都置于一个科学、标准的测评体系内，促进罪犯教育工作的科学化。

（二）规范监狱的罪犯教育工作，提高罪犯的教育改造质量

衡量监狱罪犯改造工作的质量，最重要的指标之一就是监狱罪犯教育的效果。罪犯教育效果是一个综合指标，是对罪犯接受教育全过程的表现的综合评定，它既包括罪犯法制、道德、文化知识水平的提高，职业技能的掌握，还包括罪犯心理健康、审美情趣的提升等诸多方面，通过罪犯教育效果评估指标体系确

立的评价标准和考核尺度，形成罪犯教育改造工作的导向和标杆，规范罪犯教育工作的全部内容，整体提升罪犯教育工作的质量。

（三）评价和检验罪犯教育工作，促进罪犯教育工作的不断完善与发展

建立罪犯教育效果评估体系是提高罪犯改造质量的基础工作之一，一个科学、严谨、周密、切实可行的罪犯教育效果评估体系，可以使监狱对罪犯教育的全过程实行动态管理，促使监狱教育部门对罪犯的教育进行全方位、全过程的把握，依据评估结果，科学、客观地评价罪犯教育工作，检验罪犯教育的针对性和目标完成情况，及时发现罪犯教育工作中存在的问题与不足，不断调整工作思路和工作重心，探索罪犯教育的有效方法和途径，促进监狱罪犯教育工作内容和方法的创新，实现罪犯教育工作的协调发展和完善提高。

二、建立罪犯教育效果评估指标体系的要求

建立并完善罪犯教育效果评估指标体系，是罪犯教育评估的一项基础性工程。完成这一基础工程，重要的是对评估指标体系中的评估指标、评估指标权重分配和评估标准的相关要求予以明确。

（一）评估指标

罪犯教育效果评估指标是指那些能够准确反映罪犯教育效果的各方面因素。[①] 在实践中，影响罪犯教育效果的因素很多，选择因素作为评估指标时应注意：（1）作为评估指标的因素既能涵盖罪犯教育的主要内容，又能突出反映罪犯教育效果评价的要求，因素的选择要周全，构成因素的内容不能缺省或漏项。（2）作为评估指标的因素在影响罪犯教育效果方面的作用是有差异的，应根据各因素在影响教育效果方面的差异程度，在指标的常规设计和分值处理上确定各因素应有的分数和额度。（3）各因素在整个评估指标体系中应相互协调，不互相矛盾。

根据上述要求，结合监狱罪犯教育工作的实际，影响罪犯教育效果的因素主要包括以下几方面的内容：

法制观念与守法行为因素。这一指标旨在反映罪犯社会化程度和规则意识。法律、法规是社会规则，能否遵守这些规则反映了个体社会化的程度。罪犯在接受教育矫正之后，应能主动遵守社会法律的约束，行为举止应能体现出与社会的亲和性，能主动适应社会，重犯的可能性较小，表明其再社会化成功；反之，则表明罪犯社会适应能力差，法律观念淡漠，反社会行为倾向尚存或加剧，容易犯罪或重新犯罪。所以，法制观念和守法行为因素是罪犯教育效果评估的重要指标。

① 参见王秉中主编：《罪犯教育学》，群众出版社2003年版，第266页。

道德素质。道德素质对罪犯整体素质的提高起着促进和导向作用，罪犯通过对道德的认识、体验和实践，会把社会的道德规范转化为公德习惯和规则意识。这有助于罪犯转变错误的人生观和世界观，树立对国家、社会、自己及家庭的责任感和义务感，具备良心、同情心等基本的人类情感，养成尊重社会礼仪风俗、遵守道德和法律规范的习惯，从而达到预防犯罪的目的，所以道德素质同样是评估罪犯教育效果的重要指标。

文化素质。文化素质的高低制约着人的认识能力，也是罪犯教育的基础和重新社会化的条件。罪犯经过有目的、有计划、有组织的文化教育，具备一定的文字和数学运算能力，逐渐积累并形成抽象思维的能力，认识和思维方式会逐渐趋于理性，可能接受并容易形成正确的人生观和世界观，使罪犯的再社会化成为可能，所以文化素质应成为罪犯教育效果评估的指标。

职业技能水平。职业技能既是个体谋生的重要手段，也是罪犯顺利回归社会的重要条件。具有一定的生存技能，罪犯才可能就业，职业是个体与社会相联系的重要纽带。它不仅解决了罪犯的生存问题，也为罪犯是否成功的再社会化提供了检验的机会，是检验罪犯社会化是否成功的平台。拥有一技之长，罪犯才能生存发展，才有机会内化和巩固再社会化的内容。因此，职业技能水平是罪犯教育效果评估体系中不可缺少的指标。

心理健康水平。心理健康是指个体在各种环境中能保持良好的心理效能状态。心理健康水平影响个体社会生活的方方面面，文化水平再高、职业技能再熟练，如果心理出现障碍，都可以导致各种不良行为的发生，严重的甚至是违法犯罪。重视对罪犯的心理健康教育，尤其要注重对监禁环境下不良的监禁心理进行矫治和干预，可以提高罪犯的心理适应能力，形成正确的认知方式，提高行为的自控能力，使其在任何环境下，都能保持健康良好的心态，发挥最好的心理效能，从而提高社会适应能力，为罪犯再社会化提供健康的心理保障。随着人们对心理健康的认识和重视程度的加深，心理健康水平必然成为衡量罪犯教育效果的重要指标。罪犯心理健康所涉及的内容专业而复杂，鉴定难度较大，确立其为指标时应注意细化，这样在实施过程中才可能简单易行。

以上是影响罪犯教育效果的主要因素，在确立罪犯教育效果评估指标体系时，可以将这几个方面确定为一级指标，作为罪犯教育效果评估的内容范围，为了保证评估的信度和效度，还要对一级指标加以细化，根据一定的标准分化出二级、三级指标，同时注意确立同一级指标必须具有独立性，不能互相包含或交叉。

（二）评估指标权重分配

权重即对各指标在指标体系中的重要性程度的数值规定。权重规定了每一项指标在整个评估指标体系中的重要程度，规定了各指标间的相互关系，同时也规定了相互的量化方法。具体地说，权重分配应注意以下几方面的要求：(1) 确定评估指标权重大小的依据，是各指标要素在指标体系中的地位和重要程度。某项指标对应的罪犯教育工作非常重要，对教育的效果影响非常突出，就应该给予该指标较高的权重，以确定它在整个指标体系中的重要地位。需要强调的是，某项指标所对应的实际工作相对来说是次要的，但在某个特定时期对整体的影响性较大，为了突出它的地位，也应当给予该指标较高的权重。(2) 评估指标体系中的所有要素的权重之和应该是一个定值，即1或满分值。指标权重分配重要的是对影响罪犯教育效果的各因素进行全面分析，根据其在罪犯教育中的实际作用，确定合理的分值，各项分值相加之和为一个定值。这就要求各项指标的权重值定位合理，不能过高或过低，否则会影响其他指标权重值的上升或下降，出现权重分配不合理，影响评估结果的科学性和准确性。(3) 确定指标权重时应尽量将指标内涵转化为可以量化的因素，对于难以量化的指标，应采用定量与定性相结合的方法，即在定量测量的同时进行记分式的定性评价，如对罪犯道德水平的量化，可以通过道德理论考试测量得出分值；对于道德实际状况的隐性特征，难以把握和测量，这就需要监狱民警深入罪犯生活实际，观察体验，做出定性评价，定性评价的优、良、中、下可对应记分为90分、80分、70分及60分以下的分值。这样，评估指标经过量化后，便于统计和考核，使评估结果最大限度地避免主观随意性，保证权重的精确度和可信度。

(三) 评估标准

1. 评估标准的要求

评估标准是鉴定评估对象优劣、好坏程度的尺码，是划定等级的标准和依据。罪犯教育效果的好坏，直接影响监狱教育改造工作的绩效，因此在制定罪犯教育效果评估标准时，要充分考虑下列要求：

(1) 标准的制订应适用于所有的评估对象，即标准应具有普适性。对罪犯而言，不应因为个体与整体的差异和特殊性而造成对标准的不适用，这是确定标准的基本要求。

(2) 构成标准的要素要周全。罪犯教育是一个系统工程，对其质量评定必须作为一个系统工作来考核，标准的要素也要按照系统论的要求进行构建，做到不漏项，每一项的界定都准确明晰、语义连贯，不含交叉关系。

(3) 标准的构建应在科学的前提下予以简化。罪犯教育效果评估涉及罪犯思想道德、文化技能、心理健康等多方面的内容，对此进行测评是一个复杂的过程，应在调查研究和统计分析的基础上，剔除多余的、交叉重复的因素和环节，精练并确定满足评估全面需要的因素，保持标准整体的精简合理，提高评价功效。

（4）构成标准的因子之间要协调。在构建标准时，要协调好其构成因子之间的统一性和平衡性，根据各因子对标准影响作用的大小确定分值，从而达到标准设计的最优化。

2. 评估的结论

按照标准进行评定之后，要做出优秀、良好、合格、不合格的等级评定结论。

三、罪犯教育效果评估指标体系的建立

根据上述关于评估指标、评估指标权重分配、评估标准的具体要求，结合监狱罪犯教育工作的实际，设计并建立罪犯个体和整体两大教育效果评估指标体系，具体评估指标、权重分配和等级标准参见表9－1和表9－2。

表9－1　罪犯个体评估指标和等级标准

一级指标	二级指标	考核内容	参考权重	等级标准	
				优秀	中等
文化素质25分	1. 学习态度	到课情况、听课情况、作业完成情况	0.2	出满勤、听课认真、笔记完整、作业完成质量高	出勤较好、听课和作业完成情况一般
	2. 文化课考试	各科文化考试分数	0.4	各科文化考试平均分90分以上	各科文化考试平均分60分左右
	3. 文化程度的提高	原有文化程度基础上的提升程度	0.4	文化程度提升两级以上	文化程度有所提升
职业技能水平25分	1. 学习态度	到课情况、听课情况、作业完成情况	0.1	积极参加职业技能培训，态度积极、出满勤、笔记完整、作业完成质量高	参加职业技能培训情况较好
	2. 职业技能理论掌握情况	职业技能理论考试成绩	0.2	90分以上	60分左右
	3. 职业技能实际操作情况	职业技能实践操作考试成绩	0.3	成绩优秀	成绩合格
	4. 职业技能提升情况	获得有效资证情况	0.4	获2个以上有效资证	具有1项成熟的技能

续表

一级指标	二级指标	考核内容	参考权重	等级标准	
				优秀	中等
法制观念与守法行为因素25分	1. 法律知识的掌握情况	法律知识考试成绩	0.2	90分以上	60分左右
	2. 对定罪量刑的认识	法律知识的运用	0.2	正确认识并承认犯罪事实、由衷地承认法院定罪准确、量刑适当	对法院的定罪、量刑有一定的理解和认识
	3. 悔罪程度	对自身犯罪行为的认识、醒悟程度	0.3	正确认识犯罪原因、认罪悔罪、全面认识犯罪危害，罪责感强烈、能与违反监规纪律的行为做斗争	对犯罪行为有一定的认识，有一定的悔过，但不深刻
	4. 守法意识的形成	行为的方向性、守法自觉性、行为约束性及控制能力	0.3	守法意识强烈、有良好的行为控制能力、将守法观念牢固内化到日常行为中	形成一定的行为自制力，但偶尔有违纪行为
心理健康水平15分	1. 情绪	情绪体验是否正常	0.2	善于调节和控制情绪、心境良好	一般情况下能把握处理好个人情绪
	2. 适应能力	适应环境能力的高低	0.2	能面对现实，较好适应监禁环境，对社会环境的适应较好	能适应监禁环境，刑满释放后对社会环境的适应不确定
	3. 人际关系	人际关系是否良好	0.2	有良好的人际关系	人际关系一般
	4. 自我意识	自我意识完善程度	0.2	有正确的自我意识	有一定正确的自我意识，但仍需完善
	5. 人格	人格健全程度	0.2	人格完整、和谐	人格较健全，但仍需完善

续表

一级指标	二级指标	考核内容	参考权重	等级标准	
				优秀	中等
道德素质10分	1. 道德观念	道德知识、道德情感	0.4	对道德知识、规范的理解、掌握透彻，道德理论考试成绩优秀，有强烈的道德感	对道德知识、规范有一定的正确认识，考试成绩及格
	2. 道德行为	道德修养、道德行为表现	0.6	成功将道德规范内化、形成良好的道德修养，在日常生活中能践行道德规范	形成一定的道德观，有正确的道德评价标准，但缺乏实践行动

注：本评估指标体系中一级指标5项、二级指标18项，评估等级评定为优秀、良好、中等、差四级，评估标准中给出优秀（90分以上）和中等（60分）两级，介于优秀和中等之间的为良好，低于中等的为差。

表9-2　罪犯群体教育效果评估指标和等级标准

一级指标	二级指标	权重分配	等级标准总评	
			A级	C级
个体教育合格率（70分）	1. 个体教育效果评估等级优秀占有率	0.1		
	2. 个体教育效果评估等级良好占有率	0.2		
	3. 个体教育效果评估等级中等占有率	0.7		
脱逃率（10分）	1. 一年至三年内又犯罪率	0.3		
	2. 三年至五年内又犯罪率	0.7		
重新犯罪率（10分）	1. 一年至三年内重犯率	0.2		
	2. 三年至五年内重犯率	0.8		

注：A级、C级对应的是监狱整体教育效果的优秀与合格，介于A级、C级之间的为监狱整体教育效果良好，C级以下为不合格。

四、建立罪犯教育效果评估指标体系需注意的问题

（一）评估等级的分值区间要合理

罪犯教育效果评估结束后，应对评估结果做出不同的等级划分，如将个体教育效果评估分为优、良、中、差四级，每个等级有不同的分值区间。在确定该分值区间时一定要科学，最好是在实际评估后再确定不同的区间值，这样能较准确地反映罪犯教育的实际状况。

（二）评估的标准要科学

评估标准是设计出来的理想状态，但不能脱离实际随意设定。罪犯个体间的差异很大，标准太高，实现太难，不利于调动罪犯接受教育的积极性；标准太低，实现起来过于容易，不利于引起罪犯对教育的足够重视。所以要根据罪犯教育各项内容的具体目标要求，结合在押罪犯的实际，统筹兼顾，制定出以平均水平为基数，上下适中浮动的评估标准。

（三）合理确定评估的考核点

对罪犯教育效果进行评估，确定合理的评估考核点很重要，如果考核点的确定缺乏合理性和针对性，考核结果就不能准确反映罪犯接受教育的真实状况。所以在确定评估标准后，要围绕标准仔细筛选，选择那些能真实反映罪犯教育状况的考核点，再权衡各考核点对教育效果的影响程度，再分层分解，不同层次赋予不同分值，既要突出代表性，又要避免面面俱到，同时还要考虑科学性和可操作性。

（四）客观对待评估技术及工具

随着评估技术的不断发展，各种简评表、量化表应用于教育评估中，增强了评估结果的效度和信度，提高了评估的科学性和技术含量，但由于基层教育干警认识上的偏差以及工作不到位等问题，现实中常发生过分依赖各种量表测评的结果，忽略综合分析评定的现象。毕竟量表测量存在一定的相对性、不确定性和误差等缺陷，必须要结合罪犯的真实动态，进行综合分析评定，这样的评估结果才更真实、更客观。

第三节　罪犯教育效果评估的组织实施

一、罪犯教育效果评估组织实施的基本保障

（一）机构保障

罪犯教育效果评估是一项系统工作，要对罪犯教育的全过程进行监控和评

定，对罪犯教育的结果做出科学、客观、准确的评价，必须有专门的机构来完成，建立有效的评估组织机构是对罪犯教育进行评估的重要前提，因此，从省监狱管理局到基层监狱，都应设立相应的罪犯教育效果评估机构，评估机构的设立应分为三个层次：

1. 省监狱管理局设罪犯教育效果评估办公室

省监狱管理局设罪犯教育效果评估办公室，负责研究、部署、协调、指导全省的罪犯教育评估工作，负责拟订全省罪犯教育评估的规则、检查和督促办法，定期对所属监狱的罪犯教育效果评估工作进行验收。

2. 监狱设罪犯教育效果评估科室

监狱设罪犯教育效果评估科室，按在押犯比例配备检测人员，接受省监狱局罪犯教育效果评估办公室的领导，向省局教育效果评估办公室和监狱长报告工作。指导、检查和监督监区、分监区的罪犯教育效果评估工作，审核罪犯教育改造与行政奖惩和法律奖惩的符合情况，建立罪犯教育效果评估档案库，定期向省局主管部门汇报评估工作的开展情况。

3. 在监区或分监区设罪犯教育效果评估组

在监区或分监区设罪犯教育效果评估组，负责指导本单位的罪犯教育评估工作，拟订罪犯教育方案，制定罪犯教育的具体实施规划，贯彻落实上级领导机关的各项教育规则和措施。

（二）人员保障

罪犯教育效果评估工作对技术要求较高，包含大量的测量和评定，需要专业人员如心理专业工作者、计算机专业人员才能完成，而普通工作人员难以胜任。因此在省监狱管理局和各直属监狱应成立罪犯教育效果评估专家组，负责对评估工作中的技术问题进行修订、完善和检测工作，并负责对罪犯教育效果评估工作进行理论研究。专家组应聘请在罪犯教育理论与实践中有一定水平的专业人员和学者，专家组的构成应有一定的代表性，结构尽可能地完整，使教育学、心理学、法学、社会学等学科比例科学、合理。专家组的职责是对有关罪犯教育评估指标的内容、评估标准、权重分配等技术问题进行修订、完善和抽检，对罪犯教育效果评估的工作人员进行培训和工作指导，对罪犯教育工作进行评审等。

二、罪犯教育效果评估的基本步骤

罪犯教育效果评估是一项专业性和技术性都很强的工作，按照科学的程序组织教育效果评估，对于保证罪犯教育效果评估的质量，达到罪犯教育的目的有重要的意义，按照罪犯教育效果评估的过程顺序，其评估步骤分为准备阶段、实施阶段和总结阶段三大阶段，每一阶段有若干项工作。

（一）准备阶段

准备阶段是罪犯教育效果评估具体实施前的预备阶段，它是成功开展罪犯教育效果评估的前提和基础，准备工作的好坏直接影响罪犯教育效果评估的质量。准备阶段的具体工作大致包括制订罪犯教育效果评估方案、建立罪犯教育效果评估指标体系、准备罪犯教育评估的相关工具和资料、确定评估工作人员四方面的具体工作。

1. 制订罪犯教育效果评估方案

评估方案的设计是罪犯教育效果评估的基础和前提，直接影响罪犯教育效果评估工作的成败。其具体准备工作包括评估的对象和目的要求，表现为对罪犯个体和整体进行评估的目的、要求的具体细化；评估的组织和领导；评估指标体系的建立；确定评估方法、程序；评估的时间安排；评估的注意事项等。良好的罪犯教育效果评估方案一般具有切实可行、周密完整、时限明确等特点，对评估的程序、规划、实施起到明确的指导作用，能使评估工作程序化、规范化和具体化。

2. 建立罪犯教育效果评估指标体系

建立罪犯教育效果评估指标体系，是罪犯教育效果评估准备阶段中一项复杂而艰巨的工作，专业性和技术性要求很强，应在罪犯教育评估的专门机构、专业人员的配合下，依照罪犯教育的目标和工作实践具体制定（详见本章第二节），还要通过实施、复检等环节不断调整、改进与完善。

3. 准备罪犯教育评估的相关工具和资料

准备评估工具和相关资料是准备阶段的一项重要工作，它是依据具体的罪犯教育效果评估方案和评估指标体系进行的。它的主要工作内容包括：根据罪犯教育效果评估指标体系的项目和要求，设计各种有关的量表，如专家评审表、干警评定表、罪犯自评表、文化、技术、法律常识等测试的数据统计表、心理健康水平测试量表及评价表、文化技术等级审核验证表等；还要为罪犯准备相关的考核、测试提纲，使罪犯能按照教育效果评估的各项要求，提供评估所需的资料和信息；同时还应为评估准备必要的调查、测量、计量用具、文件、材料纸、计算器等工具。

4. 确定评估工作人员

其一，要聘请专家。要求聘请的专家具有与罪犯教育效果评估范围相称的专业知识；具有与罪犯教育效果评估相符合的专业理论和技术水平；同时具有公正客观的职业道德和品质。其二，要选择有丰富罪犯教育工作经验的监狱民警作为评估的组成人员。监狱民警应通晓罪犯教育的内容及方法，定期接受评估的专业技能培训，掌握一定的评估理论与评估技术，熟悉评估工作的内容、方法和基本要求，与专家组协调配合，共同完成评估工作。

（二）实施阶段

实施阶段是罪犯教育效果评估的实际考核、测评阶段，既是整个评估程序中的中心环节，也是评估组织管理工作的重点。这一阶段主要有以下几个方面的工作：

1. 做好评估的宣传动员工作

首先，要使评估工作人员充分认识罪犯教育效果评估的意义，调动工作人员的积极性。其次，要使有关工作人员掌握评估的方法和步骤，理解各项评估指标在评估工作中的作用，并能按照相关评价标准及程序参与评估活动。最后，要使评估工作人员了解评估活动的具体进程安排，使其在工作中彼此能有效协调和配合，保证罪犯教育效果评估工作有效开展。

2. 进行试评

为了使评估结果真实可信，最好在正式评估之前，先选择好试点监区进行试评，以便取得经验，改进工作，提高罪犯教育效果评估的水平与质量。

3. 正式开展评估

正式开展评估是罪犯教育效果评估实施的关键阶段。首先，要根据罪犯教育效果评估指标体系中的各项要求，收集罪犯教育的相关信息。这些信息要能重点反映出罪犯在接受系统教育矫正后的变化情况，罪犯教育效果评估就是借助罪犯教育的相关信息对罪犯教育效果进行分析、判断、定性和描述。所以，罪犯教育的相关信息是罪犯教育效果评估的客观依据，对罪犯教育的相关信息占有越多，就越能使评估准确、合理。否则，罪犯教育效果评估就会陷入主观随意性和片面性，所以实施阶段重点要采集大量有关罪犯教育的信息并按评估指标的要求加以分项。其次，要对收集到的全部罪犯教育评估信息加以整理。重点工作是对罪犯教育相关信息的全面性、准确性以及收集信息方法的可靠性进行检查、分析和整理，为评价工作做好准备。最后，判断罪犯经监狱系统教育后所达到的程度。这是评估实施阶段的核心工作，也是整个罪犯教育效果评估中最重要、最关键的工作。为了做好这一工作，评估工作人员要反复学习和研究罪犯教育效果评估指标和评价标准，统一方法，实事求是，按罪犯个体和整体评价的指标及标准，分项得出评定结果。

4. 做出综合评价

做出综合评价工作，主要是根据分项评定的结果，运用教育学、统计学、数学的有关理论和方法，把各个分项评定结果汇总成整体的综合评价，这是评估实施阶段的最后一项工作。这项工作要求评估的组织机构和人员，根据汇总的评估结果，对罪犯个体或群体做出准确的、客观的、定量或定性的评价结论，形成评估意见，对罪犯个体或群体教育效果做出优、良、中、差的等级程度区分，或做出是否达到应有的教育标准的相关结论。

实施阶段的主要任务是尽可能地全面收集罪犯教育的各项信息，并对信息进行评议评分和汇总整理，考核罪犯教育目标的实现程度。

（三）总结阶段

1. 形成综合判断

综合判断以罪犯个体和群体教育效果评估结果为基础，对监狱罪犯教育工作的质量做出定性与定量相结合的鉴定性结论，以判明罪犯教育工作的实际与罪犯教育总目标的距离，并写出等级，区分优劣。

2. 分析诊断问题

罪犯教育效果评估具有诊断的功能，因此不能停留在做出综合判断的阶段。还必须对罪犯教育的得失成败做出系统的分析，尤其需要对存在的问题进行深入的研究，找出原因，提出改进意见，以便改进罪犯教育工作，提高罪犯教育改造的质量。

3. 分析评估的质量

评估工作结束后，评估的组织者应就评估结果与评估过程中遇到的问题，如评估方案、评估指标体系的科学性、可行性，工具、技术的适用性，结论的准确性，程序的合理性等问题，逐一做出分析，以提高罪犯教育效果评估工作本身的科学性。

4. 反馈信息

评估信息要及时反馈。一是要向主管的上级部门报告，为修改罪犯教育的决策提供依据；二是要向罪犯教育的基层单位反馈，使其认清问题，有针对性地改进罪犯教育工作；三是要在一定范围内公布结果，以便互相借鉴，改进罪犯教育工作，促进罪犯教育工作的持续发展。

三、罪犯教育效果评估的具体方法

（一）考试法

考试法是监狱教育部门根据罪犯教育的内容及要求，通过书面笔答或实际操作的方式，对罪犯经过教育后所具备的素质、能力进行的有组织、有目的的测评或甄别活动。对罪犯教育的效果，特别是文化教育及采用课堂教育方式进行的法制、道德等方面的教育内容，通常使用常规的书面考试的方法进行考核，通过书面成绩，了解罪犯教育的效果，而职业技术教育，可通过书面考试和实际操作来考核，以掌握罪犯技业技能知识的多少和技术娴熟程度的高低情况。需要注意的是：(1) 考试试题应全面反映教育的内容及对受教育者能力的要求程度，使分数能有效代表受教育者的实际水平，否则会影响测验的效果。（2）建立试题库。书面考试的试题如果反复使用，就会引起可信度差的负效应。因此罪犯教育评估机构应对书面考试项目分科规划，分别组建试题库，确保考核的真实性。

（二）问卷法

问卷法是采用专家或监狱民警设计的各种问卷对教育效果进行评价的方法，通过罪犯对问题的回答掌握罪犯教育效果的基本情况。问卷设计应注意以下事项：（1）问卷的问题应符合罪犯实际情况，简单易懂，并且与罪犯教育效果评估有关；（2）问卷的措辞要准确，涉及法律问题，措辞应符合法律规范，语意标准，规范简洁，不使用方言土语；（3）减少问题的抽象性，抽象的问题罪犯不易回答，即使回答在评估分区中作用也不大；（4）避免诱导性，问题应由罪犯思考后独立回答，避免人为的诱导因素；（5）问题设计应尊重罪犯的人格和权利，避免引起罪犯的反感。①

（三）观察记录法

观察记录法是指监狱民警根据对罪犯在各种教育活动中的态度和言行等方面的观察记录，对照评估指标体系中的标准要求进行评价的方法。观察记录法的优点是简便易行，不需要特别的工作与设备，随时随地就可以观察记录。但由于监狱民警的思维习惯甚至偏见，判断容易产生主观性，所以要和其他方法配合使用。运用观察记录法要注意以下方面的问题：

1. 注意意识与表象间的关系，即思想与行为之间的关系

在罪犯教育实践中，经常会出现思想和行为脱节的现象，所以监狱民警对罪犯的观察要深入、细致，只有这样才能使评估结果真实可信。

2. 记录要客观

对罪犯的观察记录要尽可能使用陈述或描述性方式，直接还原罪犯行为表现的原始状态，避免夹杂个人情感及主观倾向性。

3. 出示供解释用的记录

出示供解释用的记录目的是使观察记录者以外的参阅人能直观感受到记录的客观性与合理性，不需要联想或猜测，以增强记录的客观性程度。

（四）心理测验

心理测验是根据客观的、标准化的程序来测量个体的某种行为，判断个别差异的一种方法。心理测验是由一系列能引起个体反应的项目所组成，然后给每一个项目的反映评分，根据得分的解释来间接推定其心理特征。② 标准化的心理测

① 参见王秉中主编：《罪犯教育学》，群众出版社 2003 年版，第 276 页。

② 参见姜祖桢：《矫正教育心理学》，中央司法警官学院 2004 年暂编教材，第 210 页。

验应满足以下条件：（1）要有一套科学的问卷项目，即按照心理测验的性质及要求，选定能够代表所要测试的心理特征或行为特征的问题。（2）要有常模，即根据对被试集团的标准化样本的施测而获得的具有代表性的结果。（3）要有一定的信度、效度和区分度，即经多次、多人的初试或再试，结果都大致相同。（4）实施方法要标准化，即要统一实施的方法、指导语及施测时间。（5）记分标准明确，即无论记分人是否变动，结果都无须变动。

（五）面谈法

面谈法是指监狱民警和罪犯面对面的通过问答方式把握或测验罪犯教育某方面实态的评价方法。面谈时应注意以下几个方面的问题：（1）要事先准备好面谈的问题，问题设计应紧紧围绕测验的内容。（2）要使罪犯明确面谈的目的，避免答非所问。（3）要注意面谈场所和时机的选择，保证使面谈能轻松开展，使罪犯能如实回答。

（六）定性与定量相结合的方法

为了能够科学、客观地评价罪犯教育的效果，必须采用定性与定量相结合的方法。通过定量分析，可以提高评估效果的可见性及可比性，但罪犯教育中有些内容是无法量化的，如道德水平、思想意识等，则只能采取定性评估的办法，对罪犯进行综合评定，并以一定分值表现出来。只有将定性评价与定量分析结合使用，才能科学、客观地评价罪犯教育效果。

四、罪犯教育效果评估需完善的问题

（一）建立罪犯教育信息档案

罪犯教育效果评估，贯穿于罪犯服刑的全过程，甚至延伸到罪犯刑满释放后的若干年，而评估是基于罪犯个体或群体的相关信息资料的基础上做出的综合评价。对罪犯教育效果评估的准确性和客观性，很大程度上取决于对罪犯相关教育信息的占有量。在罪犯教育实践中，经常出现为评估凑材料或凭经验下结论的不规范现象，因此，建立罪犯个体和群体的教育信息档案应成为评估工作的制度性要求。监狱教育部门应按照罪犯教育评估指标体系的要求，分门别类，建立资料库，有条件的监狱应采用微机管理，建立电子档案，及时增补相关内容，做到评估的每一项内容都有据可查，既保证了评估的质量，又增强了评估的公正性和透明度，保障评估工作向科学化、规范化方向发展。

（二）建立罪犯教育评估的量表库

为了避免评估中定性评价的主观臆断对评估客观真实性的影响，应尽量将罪犯教育的各项目标通过科学的量化，制作成统一的量表。这样既能统一评价标准，又能保证评估的科学性和客观性。为避免同一量表反复测量所带来的弊端，应建立与考核相关的量表库，随机抽取，防止弄虚作假。在条件允许的情况下还可以对罪犯同时做两份测评目标一致但量表内容不同的测试，以便互相印证，提高测评结果的真实性。

（三）成立以专业人员为主的评估专家组

罪犯教育效果评估是一项专业性很强的工作。首先，罪犯教育的内容涉及文化、技术、法制、道德和心理等领域的内容，各项内容的教育目标及考核依据应由相关学科的专业人员制定；其次，评估指标体系的制定也需要专业人员，如评估指标权重的分配与计算，涉及数学、统计学的知识，对人员的专业性要求很高。所以，评估工作应建立以专业人员为代表的评估组，以解决评估工作中遇到的学科评价问题和评估技术问题。

（四）完善罪犯教育效果评估工作的保障机制

评估的结果必须及时作用到监狱教育工作的实践中，才能发挥检验、修正、指导和激励的作用，否则，就变成“走过场”。不仅浪费人力、财力和物力，还会给罪犯和监狱造成不良影响。一方面，使罪犯轻视教育活动，视教育为儿戏；另一方面，容易造成社会对监狱的负面评价，把监狱看成是收留罪犯的“中转站”。首先，要完善奖惩制度。将罪犯个体评估结果与罪犯个体的行政、刑事奖惩挂钩，将群体教育效果与监狱改造绩效挂钩，并作为衡量监狱改造质量高低的重要参考指标。其次，要建立责任追究制度。评估结果与利益挂钩后，受利益驱动，会产生弄虚作假和舞弊现象。如帮助罪犯造假，为罪犯教育成绩加分，以求换取行政或刑事奖励；为提高监狱改造绩效，伪造教育改好率、重新犯罪率等现象都时有发生。所以应建立责任追究制度，杜绝教育评估工作中的违纪违法现象。最后，建立必要的人员组成和财力保障制度，确保罪犯教育评估工作在人、财、物方面获得充分保障。

延伸阅读

表9－3是某监狱罪犯教育改造质量评估信息汇总表。

表9－3　××监狱十监区一分监区

评估时间	2009年12月30日	评估人数	40人
评估方法	定量评估与定性评估相结合	参与评估人员	监狱罪犯改造质量评估办专职成员
评估结果	良好		
文化素质	出勤率、考试及格率及文化课作业完成情况整体良好，文化程度提升情况整体较高，文化知识教育组织管理落实得当		

续表

<table>
<tr><td>职业技能水平</td><td colspan="8">职业技能培训普及率100%，中级技能占有率达到70%</td></tr>
<tr><td>法制观与道德观念</td><td colspan="8">法制、道德教育计划课时全部完成，理论考试成绩良好，出勤率高，教育组织管理得当，无严重违反监规纪律和重新犯罪记录，受行政、法律奖励比例较高，法制教育和普法教育合格证获得率达97%</td></tr>
<tr><td>心理健康水平</td><td colspan="8">通过比对在押人员不同服刑阶段的心理、认知和行为测评结论，在押人员情感和能力基本正常，认知、行为测验值达到或接近临界值，认知和行为控制能力明显增强，心理健康水平及社会适应整体较好</td></tr>
<tr><td rowspan="2">改造状态指数</td><td>受行政奖励人数</td><td>28人</td><td>受法律奖励人数</td><td>16人</td><td>宽管级人数</td><td>12人</td><td>严管级人数</td><td>无</td></tr>
<tr><td>受行政奖励比例</td><td>70%</td><td>受法律奖励比例</td><td>40%</td><td>普管级人数</td><td>28人</td><td>受处罚人数</td><td>无</td></tr>
<tr><td>评估结论及建议</td><td colspan="8">教育改造效果良好，三课教育与心理健康教育达到改造目标要求。建议对达到教育改造目标的在押人员给予不同程度的待遇，以调动其参与教育活动的积极性</td></tr>
<tr><td>备注</td><td colspan="8"></td></tr>
</table>

表9－3反映了××监狱十监区一分监区40名在押罪犯群体教育效果的评估信息，其结论是在40名在押人员个体教育效果数据的基础上所作的综合判断。在罪犯教育改造评估这个系统工程中，罪犯个体、罪犯群体的教育改造质量是教育改造评估系统工程的要素，这个系统工程的要素、内容及其相互间的关系，也是本章研究的重点内容。

第十章

罪犯教育管理

第一节　罪犯教育工作管理机制

一、罪犯教育工作组织

罪犯教育工作组织是为了实现对罪犯教育工作的领导、管理而设立的组织机构形式。我国监狱罪犯教育工作组织的设立受制于现行监狱系统的领导体制，即中央、地方和监狱三级管理体制。国家司法部监狱管理局负责组织领导全国各地的罪犯教育工作；各省、自治区、直辖市监狱管理局负责组织管理其辖区范围内的罪犯教育工作；各监狱负责组织本监狱的罪犯教育工作。

我国罪犯教育的这种三级管理体制，从形式上说，是一种垂直式的管理体制。这种垂直式的管理体制，既有利于在全局范围内统一罪犯的教育政策、罪犯教育内容和罪犯教育活动，也有利于发挥地方及各监狱的积极性和主动性，使罪犯教育的内容和措施、方法更有针对性，更能收到较好的教育改造效果，争取降低刑满释放人员的重犯率，实现刑罚的目的。

二、罪犯教育工作组织机构及其职能

（一）司法部监狱管理局罪犯教育机构的职能

司法部监狱管理局教育改造处是负责全国监狱系统教育改造工作的管理机构，其主要职能为：

1. 制订罪犯教育规划

司法部监狱管理局教育改造处负责制订全国范围内的罪犯教育规划。这是统一教育内容和教育工作步调的需要。制订规划有三个方面的依据：一是国家在一定时期内的社会政治、经济及科学、教育和文化事业的发展状况；二是全国社会

治安状况、在押犯构成特点及罪犯改造状况；三是有关的政策和法律法规。制订规划的目的是实现对全国监狱罪犯教育工作进行宏观管理和指导。

2. 选择和组织编写罪犯教育教材

为了统一教育内容，司法部监狱管理局教育改造处组织编写全国统一的思想教育系列教材，并提出选择或编写文化知识和职业技术教育教材的意见。

3. 组织开展罪犯教育调查研究工作

罪犯改造不断会有新情况、新问题、新特点出现，组织对罪犯的教育改造调查研究工作，是司法部监狱管理局教育改造处的一项重要职能。开展调查研究的途径，一是组织有关专家、学者等深入基层调查研究，为上级领导进行新的决策和制定罪犯教育规划提供依据；二是组织举办全国性或重点区域性罪犯教育研讨会，开展学术交流活动；三是召开罪犯教育经验交流会，宣传和推广典型经验。

4. 检查和评估罪犯教育工作

检查是管理工作中控制职能的实现形式。司法部监狱管理局教育改造处定期和不定期地检查各省监狱管理局实施罪犯教育计划，开展教育工作的情况，并按照有关标准进行考核、评估，以更好地指导全局性的工作。

5. 开展舆论宣传活动

对罪犯的行刑改造，是我国社会治安综合治理的重要内容。司法部监狱管理局教育改造处应通过新闻媒体等多种形式，广泛进行舆论宣传，以获得社会各界以至海外对我国犯罪教育改造工作的了解、理解和支持。

（二）省、自治区、直辖市监狱管理局罪犯教育机构的职能

省、自治区、直辖市监狱管理局罪犯教育改造处是负责本辖区内监狱系统罪犯教育工作的管理机构。其主要职责为：

1. 掌握和指导各监狱罪犯教育工作

省、自治区、直辖市监狱管理局罪犯教育处应了解和掌握下属各监狱的罪犯教育改造情况，并根据本地监狱工作实际，制定统一的罪犯教育管理制度，并使其逐步达到规范化、科学化。

2. 制订本地罪犯教育工作计划

应根据司法部监狱管理局的规划意见，结合本辖区内的在押犯构成特点和罪犯改造实际，拟制罪犯教育工作计划。所定计划，不应违背上级规划的精神，符合本省监狱工作的实际，具有针对性和可行性。

3. 选择或组织编写本地罪犯教育材料

应根据司法部监狱管理局的主导意见，做好罪犯文化教育教材的选择或编写工作，并报上级审定后，方可使用。

4. 检查、指导、评估各监狱罪犯教育工作情况

省、自治区、直辖市监狱管理局教育处应定期或不定期检查下属各监狱的罪犯教育计划的实施情况，及时提出指导和改进意见。在此基础上认真做好罪犯教育的考核、评定、总结、交流和表彰工作，宣传、推广先进经验。

5. 组织开展罪犯教育研究工作

组织开展罪犯教育研究工作也是省、自治区、直辖市监狱管理局教育处的一项重要职能。开展研究工作的形式：一是经常深入基层，了解当前罪犯教育工作存在的问题和情况；二是组织召开本地范围内的罪犯教育研讨会和经验交流会。

6. 开展狱内外的宣传舆论活动

省、自治区、直辖市监狱管理局教育处应办好本地的监狱工作刊物，及时传递罪犯教育信息，加强各监狱、监狱民警之间对罪犯教育的信息和经验的交流、学习，并通过本地新闻媒体，宣传罪犯教育工作的情况。

7. 开展心理矫治工作

设立罪犯心理矫治指导中心，定期或不定期组织研讨，开展经验交流，应用性研究；到监狱对顽危犯、重点犯进行集体会诊，拟定心理矫治方案。

8. 对从事罪犯教育工作警察的教育培训

加强对监狱中的从事罪犯监狱工作的人员和各级监狱管理机关中罪犯教育机构的管理人员的培训和教育，切实提高罪犯教育警官队伍的专业化水平。这是提高罪犯教育质量的需要，也是实施罪犯教育管理的重要内容。

（三）监狱罪犯教育机构的职能

我国监狱一级的罪犯教育机构教育改造科，是负责本监狱罪犯教育工作的专门职能部门。其主要职责包括：

1. 了解和掌握罪犯的基本情况、思想动态和改造工作。

2. 根据上级教育改造计划的要求，结合本监狱实际，制定罪犯教育的工作制度、程序、教育改造计划；组织、监督制度和计划的落实。

3. 负责对本监狱罪犯进行思想、文化和技术教育的组织工作。运用信息环境、模式和手段提升罪犯教育改造的质量。

4. 选调教育教学人员；落实教育管理工作，包括教师管理、课程设置、安排和检查教学以及测评、考核。

5. 加强对教育设施、图书阅览室的管理；抓好辅助教育工作等。

6. 培训监区、分监区从事罪犯教育、管理的监狱民警。

7. 制定服刑指导工作的程序、内容、方法，进一步提高服刑指导中心工作的质量。

8. 制定并完善开展罪犯心理矫治工作的制度，充分发挥罪犯心理矫治工作

在罪犯教育工作中的优势和效能。

另外，监狱教研室是根据教学内容和学科而建立的基层教学组织，它接受监狱教育改造科的领导和指导，具体负责对教学计划的实施。其主要职责包括组织教师制订本学科的教学计划，规定教学进度；指导、检查教师备课、授课和作业的批改，评估教学质量；组织开展教学研讨活动，改进教学方法，提高教学水平等。

第二节　罪犯教育工作计划方案

一、罪犯教育计划方案的作用

方案是对即将开展或未来一段时间工作的安排和打算。罪犯教育计划方案是指负责罪犯教育的组织机构，为了实现罪犯教育的目的和任务，而对未来某一阶段的工作目标、工作步骤以及方法、措施等预先进行谋划和安排而制定的指导性文件。在监狱工作的实践中，简称为罪犯教育工作计划。从时限方面划分，罪犯教育计划各分为年度计划、半年计划和月计划等；从内容方面划分，罪犯教育计划可分为思想教育计划、文化教育计划、技术教育计划、心理矫治计划和社会教育计划；从教育形式方面划分，罪犯教育计划可分为集团教育计划、分类教育计划和个别教育计划等。计划是管理活动的重要内容。上级通过制订计划指导下级工作，下级则依计划开展工作。罪犯教育计划既有利于上级罪犯教育机关对下级工作进行科学而有效的管理，也有利于下级机关有条不紊地开展罪犯教育工作。

（一）罪犯教育计划方案是指导罪犯教育活动的重要手段

一般地说，上级机关对下级工作的指导，主要通过政策指导和计划指导来实现。国家和地方监狱管理机关的罪犯教育部门，指导下级工作的一个重要手段就是制订罪犯教育计划，这也是其工作的一项重要职责。从司法部监狱管理局的罪犯教育部门来说，其制订计划往往都能根据党和国家的有关政策和法律规定，并综合全国各地罪犯改造的普遍性情况，制订出能够指导全国罪犯教育的规划或计划；而地方监狱管理局的罪犯教育部门则在此基础上，结合辖区内罪犯改造的实际，制订相应的罪犯教育计划以指导辖区各监狱的罪犯教育工作；监狱教育科也要结合狱情，充实、细化上级的罪犯教育计划，以更有针对性、更有效地指导罪犯教育工作。所以说，制定罪犯教育计划是上级指导下级工作的重要手段。

（二）罪犯教育计划方案是开展罪犯教育活动的重要依据

罪犯教育计划阶段性目标和任务、为实现所定目标和完成任务所应采取的措施和方法以及时间安排或工作步骤等，对于开展罪犯教育活动的内容、形式、方法等都有具有重要的指导意义。如职业技术教育计划一经制定，就应以所定计划为指导，在教育目的、内容、方法和步骤等方面严格按照所定计划去实施，以保证其目标的实现和任务的完成。如果丢开计划，或者随意改变计划，就会影响教育的效果，教育的目的则很难实现。

（三）罪犯教育计划方案是使罪犯教育活动有序进行的重要保证

罪犯教育工作头绪多，且教育的时间又往往与罪犯的劳动时间相冲突，可供利用的时间较少。在这种情况下，只有预先做出教育计划方案，明确目标和任务，并制定出切实可行的步骤安排，才能保证罪犯教育活动的正常开展。做到虽然头绪多但中心不乱，虽然时间少却能统筹安排，分解出用于教育的时间，保证教育的质量和效果。

二、罪犯教育计划方案的内容

罪犯教育计划方案的内容主要包括任务和目标、方法和措施、步骤和时间安排三方面。

（一）任务和目标

任务和目标指关于“做什么”，以及达到怎样的程度方面的问题。某项工作计划所要达到的预期目的，是一份计划的核心内容，任何计划都须具备。把罪犯改造成为社会主义建设的有用之材和维护社会主义制度的守法公民，是改造罪犯的总任务、总目标。但在对罪犯进行某方面的教育时，往往要明确一个具体任务和具体目标。如在入监教育中，就应确定一个通过教育使罪犯基本认罪服法的大致比例；对罪犯进行文化教育，就应确定一个罪犯某一阶段文化课程学习考试的及格率等。这些具体任务、具体目标为达到改造罪犯的总任务、总目标服务，而又受总目标和总任务的制约。在制订罪犯教育计划时，明确这些具体目标，就会使计划的实施有一个努力的方向，从而提高教育的效果。

（二）方法和措施

方法和措施是关于“怎样做”的问题。在任务和目标即“做什么”的问题确定之后，怎样去完成这些任务，并达到某个目标就成了计划的关键。没有确切可行的方法和措施，完成任务、达到目标就是一句空话。所以，在制定罪犯教育计划时，必须把围绕任务和目标所应采取的方法和措施作为计划的重要内容。在制定对各类罪犯的分类教育计划时，应根据其犯罪和改造特点，设计所应采取的方法、措施。如针对盗窃犯罪罪犯责任感差、羞耻感淡漠、恶性深的特点，主要从引导罪犯深挖犯罪的主观根源、认识犯罪危害、树立正确的人生观、强化劳动意识等方面去预设切实可行的方法和措施。

（三）步骤和时间安排

步骤和时间安排指为达到计划目标所做的阶段性任务、目标的设想与时间安排。一个涉及时间较长的计划或一个较大目标的实现，往往都是分步骤、分阶段实施的。阶段性小目标的实现是达到所预想的大目标的基础和保障。所以在制定罪犯教育计划时，应当明确先做什么，后做什么，什么时间完成什么工作等，以使整个计划有条不紊、有步骤地实施。应根据罪犯的犯罪情况以及改造初期、中期和后期三个不同阶段的改造特点，明确各阶段教育改造的基本目标，即改造初期促其认罪、中期促其稳定改造、后期促进巩固改造成果等，并明确相应的方案和措施。

三、罪犯教育计划方案的制订

罪犯教育计划方案对实际工作具有重要的指导意义，因而必须制定得周密、具体、可行。应当注意以下几点：

（一）明确指导思想

制订罪犯教育计划方案必须以国家有关改造罪犯的法律、法规和有关政策为依据，并符合改造罪犯的总目标的要求，即必须坚持“惩罚与改造相结合，以改造人为宗旨”，围绕“将罪犯改造成为守法公民”这个总目标来确定教育目的、教育内容和方法、措施等。各级罪犯教育管理机构制订计划时都应明确这个指导思想，不容许有丝毫的偏离。

（二）坚持实事求是

实事求是是我们党制定大政方针的思想路线，也应是我们制定罪犯教育计划必须坚持的一条原则。坚持实事求是，就是要求制订计划既要以国家有关法律、法规和政策为依据，同时也应结合本系统、本地方或本监狱的实际情况来确定工作任务和目标。所确定的目标，既要给监狱警察明确的努力方向，也要让他们充满信心。工作目标过高则难以实现，过低则对工作起不到应有的促进作用。

（三）便于操作实施

制订的罪犯教育计划方案须便于操作实施，即提出的任务和指标以及措施、方法和步骤等一定要具体、明确、具有可操作性。同时又不能定得太死，要留有余地，以便在实施过程中根据情况的变化，对计划进行调整、修改，使之更符合实际。

第三节　罪犯教育工作文书制作

一、对罪犯教育讲话稿

（一）适用范围及法律依据

对罪犯教育讲话稿是监狱民警对罪犯开展集体教育时使用的讲话文稿。

《监狱法》第61条规定："教育改造罪犯，实行因人施教、分类教育、以理服人的原则，采取集体教育与个别教育相结合、狱内教育与社会教育相结合的方法。"第62条规定："监狱应当对罪犯进行法制、道德、形势、政策、前途等内容的思想教育。"上述法条阐明了监狱对罪犯教育改造工作的原则、方法和内容，为监狱对罪犯开展集体教育提供了直接的法律依据。

对罪犯开展集体教育，是监狱民警的基本功，是教育改造罪犯的重要手段。集体教育比较灵活，在内容上，可以是日常管理教育、专题活动教育、传授知识教育；在形式上，可以是队前即兴教育、每周固定教育、专题活动教育；在规模上，可以是以分监区、监区或监狱为单位。

提前拟定教育讲话稿可以确保讲评内容的正确性、完整性、条理性，控制好会议时间，收到良好的教育效果。所以，对内容比较严肃、场合比较正式的集体教育，主讲人必须事先拟制教育讲话稿。

（二）文书制作的主要方法及注意事项

1. 文书制作的主要方法

对罪犯教育讲话稿没有固定的格式，可以根据不同的教育内容、不同的教育对象、不同的教育要求，选择合适的教育讲话稿结构。但从教育讲话稿的功能看，讲话稿的结构一般包括标题、导语、正文和结尾四个部分。

（1）标题。标题来点明教育内容的主题，体现讲话教育稿的主旨。标题不是所有讲话教育稿必有的，一般视教育内容而定，对于主题明确的专项教育，要配有标题；对于常规性的点评教育，不需要标题。

（2）导语。导语是讲话稿的开场白，在教育稿中起到承上启下，为正文点题或铺垫的作用。导语包含的要素有称谓、教育的中心内容、背景材料、教育目的以及对会场纪律的要求等。

称谓不是所有集体教育都必须使用的，是否使用称谓要取决于场景、氛围，在较为正规、严肃的教育场景中，一般要使用称谓；在较为轻松、日常性的教育场景中，一般可以不使用称谓，有时可以直接用问候语“大家好”代替。集体教育中对教育对象最规范的法律称谓是“全体服刑人员”，该称谓既不刺激也不伤害罪犯的自尊，又能提醒罪犯牢记服刑人员的身份。

导语中教育的中心内容是提领式的，可以开门见山，直奔主题。如“最近，上级对罪犯的考核奖惩办法作了修改，罪犯中各种议论都有，有说有利的，有说不利的，那么，大家应该怎么看待新的考核奖惩办法呢？这就是我今天的讲话主题”。也可以引而不发，旁敲侧击，以唤起罪犯对教育讲话的注意和思索，如“最近，我发现罪犯普遍在关心和议论一个话题，因为，这与大家的改造前途息息相关，有充满信心的，有感到失望的，也有觉得无所谓的。今天，我就大家热衷关心的这个话题作一讲评”。

背景材料视教育内容而定，需要交代背景的，可以适当铺垫，没有必要交代背景的，就不要硬凑，恰到好处的背景材料可以衬托主题，增强教育的感染力。

导语中提出教育目的，可以使罪犯了解教育讲话的中心思想和意图，思想上引起足够的注意和重视，起到提纲挈领的作用，如“今天讲评的目的，就是向大家介绍新考核奖惩办法的修改原因、基本内容、考核办法，使大家消除错误认识，坚信党的政策，安心改造”。某些活动的教育，如果与主体内容联系密切，教育目的也可以放入主体。

为确保教育现场有良好的会场秩序，可以在导语中对会场纪律提出具体的要求，如“在我正式开始讲评前，提几点要求，希望大家严格遵守”。

导语不在长，在于精，精彩的导语可以瞬间抓住罪犯的注意力，并吸引罪犯迫切希望知道下文。组织构思导语要注意以下几点：一是要短小精悍，不能啰唆冗长，喧宾夺主；二是要紧扣主题，不能海阔天空，漫无边际；三是要情真意切，不能言过其实，哗众取宠。

（3）正文。正文即教育讲话稿的主干，正文内容自成体系，形成完整、独立的结构，通常包含提出问题、分析问题、解决问题三个基本结构要素，形成对事物论述的逻辑程序。像前面提到的罪犯对新的考核奖惩办法有诸多议论的教育讲评事例，其正文内容可以分层表述为：①罪犯对新考核奖惩办法存在种种疑虑的表现；②新老考核奖惩办法的比较，修改原因、意图；③坚信国家法律政策，积极接受改造。

（4）结尾。结尾与导语一样，是为正文服务的，它对全文进行概括，使罪犯对教育讲话形成一个清晰、完整、深刻的印象。其基本要素有：归纳正文内容、提出教育要求、营造现场氛围，如“今天的讲评教育，重点分析了新考核奖惩办法的特点、内容，归纳到一点，国家的刑事法律和政策，对积极改造的罪犯始终是利好的；对投机改造、抗拒改造的罪犯则会更加严厉。希望大家打消顾虑，坚信政策，取得更好的改造成绩。大家有没有信心?”结尾要与导语前后呼应，烘托正文，简洁、含蓄、有力。

2. 文书制作的注意事项

撰写教育讲话稿应当注意以下几点：

（1）作为教育讲话的主题要真实、鲜活，是罪犯普遍关注的，要搜集充足的相关材料。

（2）在撰写讲话稿前，一定要了解教育对象的情况及内容与教育对象之间的关联性，这样，教育讲话的内容、语言的表达方式才能更好地适应教育对象。

（3）讲话稿的观点要正确，对事物评判的态度要鲜明，不能含糊其词、模棱两可。同时，也要避免信口开河、乱表态、乱许愿；否则，会给具体工作带来被动，甚至带来负面影响，损害监狱警察的信服和权威。

（4）讲话稿要把握主题，突出中心，层次清楚，逻辑性强，详略得当。

（5）对于有丰富管教工作经验、讲评有基础的民警，在某些场合可以通过列讲评要点的方式进行教育讲评。以列要点的方式进行教育，由于不受文稿的框定，讲话内容更宽泛，语言更自然，讲评效果自然不差。

二、个别谈话记录

（一）适用范围及法律依据

个别谈话记录是监狱民警对罪犯开展个别谈话教育工作中形成的书面材料，记载谈话教育的时间、地点、对象、内容及分析处理意见，反映个别谈话教育工作的质量和实效。

《监狱法》第61条规定：“教育改造罪犯，实行因人施教、分类教育、以理服人的原则，采取集体教育与个别教育相结合、狱内教育与社会教育相结合的方法。”《监狱教育改造工作规定》第14条规定：“监狱应当根据每一名罪犯的具体情况，安排监狱人民警察对其进行有针对性的个别教育。”第16条规定：“监狱各监区的人民警察对所管理的罪犯，应当每月至少安排一次个别谈话教育。”第18条规定：“监狱人民警察对罪犯进行个别谈话教育，应当认真做好记录，并根据罪犯的思想状况和动态，采取有针对性的教育改造措施。”上述规定表明，个别谈话教育是监狱民警对罪犯进行个别教育、解决罪犯思想、心理问题的一种行之有效的教育方式。了解整理、记载形成的个别谈话记录，有利于实现教育改造工作的正规化、制度化；有利于帮助民警了解罪犯的思想动态，心理活动规律；有利于掌握罪犯改造工作规律，制定相应的教育策略和措施，开展有针对性的教育工作。

（二）文书制作的主要方法及注意事项

1. 个别谈话记录制作的主要方法

个别谈话记录在文书体裁上属于工作笔记一类，记载比较灵活，目前尚未有统一的格式。从个别谈话教育工作的要求和功能看，其基本格式包括首部、谈话原因或目的、谈话内容、谈话效果、分析处理意见五个部分。本书范文的格式就是依据个别谈话教育工作的要求和功能设定的。

（1）首部。包括被谈话人的姓名、谈话时间、谈话地点。这些栏目必不可少，反映个别谈话工作的基本要素。

（2）谈话原因或目的。民警对罪犯进行个别谈话总是带有一定的目的性，在谈话前一定要明确本次谈话的目的，要解决什么问题。这样，才能把握谈话的重点，达到预期的教育效果。《监狱教育改造工作规定》第 17 条列举了应当对罪犯进行个别谈话教育的十种情形，要求民警及时对罪犯进行个别谈话教育。填写时可对照列举的情形，或根据实际情况写明谈话的原因或目的。

（3）谈话内容。该栏目用于记载谈话的主要内容。记录方式分为问答式和追记式两种。问答式适用调查核实，当场制作。追记式适用谈话教育，事后补记。实践中个别谈话记录更多地采用追记式，采用这种方式，谈话双方的思维都可以保持全神贯注的状态，特别是被谈话罪犯可以消除紧张不安的心理。谈话结束后，民警应当将谈话的中心内容及时地进行归纳记载。

（4）谈话效果。谈话后，民警对该次谈话的效果应当做一个基本的评估，可以从谈话是否达到预期的效果作为评判标准。文书设定了“好”“较好”“一般”“差”四个选项，在选定的对应项目下打“√”。谈话效果直接关乎下步工作的思路和对策，判定必须客观准确。

（5）分析处理意见。该栏目是个别谈话教育的落脚点，个别谈话教育不能只停留在形式上，而是要切实寻找对策，解决罪犯的思想问题，消除监管安全隐患。民警应对谈话内容进行认真梳理，根据谈话中掌握的罪犯的思想问题及可能带来的安全隐患，制定有针对性的教育和控制措施。措施必须具有针对性，个别化，能解决实际问题，切忌不着边际，高谈阔论。

2. 个别谈话记录制作的注意事项

（1）民警在谈话前必须认真准备，明确谈话目的，对谈话的内容、方法、步骤做到心里有谱，对谈话对象的基本情况、改造表现、性格爱好事先应当有所了解，尤其是对棘手问题应该有相应的对策。要有掌控谈话主题的能力，避免泛泛而谈。

（2）个别谈话记录反映民警教育罪犯的工作情况，记录内容必须保持准确性和真实性，字迹清晰工整。

（3）个别谈话记录的内容涉及罪犯的思想动态，有些甚至是检举揭发材料，控制顽危犯的工作方案，民警对罪犯教育改造工作的策略、措施和方法。这些都是需要保密的内容，因此，谈话记录本要妥善保管，谨防泄密。

（4）目前部分监狱采用录音的方式对罪犯的个别教育或教育谈话进行记录，即使采用此种方式记录，也须制作书面形式的个别谈话记录。

（三）个别谈话记录制作示例

【案例】 一监区二分监区罪犯赵晓东的妻子来信，因孩子长期患病欠下不少债务，本人又没有固定工作，加之婆媳关系不好，生活矛盾突出，提出离婚要求。分管民警李俊伟分析了该犯的具体情况，认为该犯性格内向，心胸狭窄，家庭是他生活的希望，一旦家庭破裂，对他打击很大。但该犯的刑期还十分漫长，刚从无期徒刑减为有期徒刑20年，而且家庭关系、婚姻基础都很脆弱，离婚在所难免。于是，民警李俊伟决定对该犯进行个别谈话教育，谈话目的是引导该犯正确看待妻子的离婚要求，面对漫长的刑期及家庭矛盾突出的现实，懂得换位思考，对离婚要有足够的思想准备。

【范文】 以下是根据该案例制作的个别谈话记录。

××省××监狱
个别谈话记录本

单　　位　一监区二分监区

使用人姓名　李××

被谈话人姓名		赵××	谈话时间	2010.5.8	谈话地点	值班室
谈话原因或目的	该犯妻子来信，因孩子长期患病，她本人又没有固定工作，家庭生活十分困难，再加上婆媳关系紧张，提出了离婚要求。该犯性格内向，心胸狭窄，家庭是他生活的希望，一旦家庭破裂，对他打击很大。但该犯的刑期还十分漫长，刚从无期徒刑减为有期徒刑20年，而且家庭关系、婚姻基础都很脆弱，离婚在所难免。 将其妻提出离婚的想法告诉他，引导该犯面对漫长的刑期及家庭矛盾突出的现实，懂得换位思考，对离婚要有足够的思想准备。					

续表

谈话内容	1. 向他了解家庭情况，重点是婚姻基础、婆媳关系、孩子的身体状况。该犯承认两人的婚姻基础较差，从认识到结婚才3个月时间，由于母亲不认可儿媳，两人结婚后婆媳关系一直紧张。儿子生下来就体弱多病，每年的医药费开销较大，已欠了许多债。 2. 教育内容： “由于你的犯罪，使本来就脆弱的家庭更是雪上加霜。如果你不犯罪，你可以在婆媳之间作一些缓冲；如果你不犯罪，可以挣钱给儿子治病；如果你不犯罪，可以给妻子带来依靠。今天，给家庭带来罪孽的不是别人，正是你自己。” “在你们的婚姻问题上，有过错的是你，是你没有尽到一个做丈夫的责任，没有尽到一个做父亲的责任，正因为你缺失家庭责任感，走上犯罪道路，使家庭濒临解散的境地。你现在要把关注的视点转到孩子的抚养和医疗上来。可以听听你父母的意见，你可以提出自己的想法和正当的要求。”			
谈话原因或目的	“你的刑期还很漫长，家庭的困难刚刚开始，我得提醒你，对离婚要有足够的思想准备。如果妻子愿意为你守住这个家，那是最好的，也是你改造的动力；如果妻子认为有许多现实问题，执意提出分手，那也是情理之中的，你得有这个思想准备。” 3. 该犯承认他对家庭的现状负有责任，但对妻子提出离婚感到难以接受，认为今后要再成家是十分困难了。最后他也谈到，如果妻子一定要离婚也没有办法，只要儿子留下来就行。 4. 希望他回去好好地深思一下，多为父母、孩子考虑，多一些理智，少一分偏执，放下思想包袱，在改造道路上轻装前进。特别提示“任何时候你都可以将真实的想法找民警交谈，相信你会正确对待和处理”。			
谈话效果	好	较好	一般	差
		√		
分析处理意见	1. 尽管该犯对离婚不是很情愿，但对自己的过错给家庭造成的损害有所触动，并对离婚有一定的思想准备，谈话已达到预期的目的。 2. 与其妻取得联系，要求其近期来监，通过面谈全面了解两人感情是否确已破裂，有否调解和好的可能，尽最大努力做好调解和好的工作。 3. 如果调解失败，及时为其提供相关法律援助，维护其正当要求和合法权益。 4. 将此情况在分监区民警犯情分析会上通气，要求各值班民警对他多加关注。要求监督岗罪犯加强监督，安排罪犯组长注意他的情绪变化。			

三、顽危犯确立审批表

（一）适用范围及填写说明

1. 本表是监狱对那些严重抗拒改造，有脱逃、自杀等现实或潜在危险因素的罪犯拟确立为顽危犯进行教育转化而进行审批时所用的文书。

2. 本表由负责教育转化的民警填写，顽危性质要准确，列控理由要充分。本表一式四份，一份留顽危犯教育专档，一份由审批主管科室留存，另两份送相关科室。

（二）文书参考样式

顽危犯确立审批表

单位：　　　　　　　　　　　　　　　　　　　　　　　　编号：

<table>
<tr><td>姓　名</td><td></td><td colspan="2">出生年月</td><td colspan="2"></td><td colspan="2">民　族</td><td></td><td>籍　贯</td><td></td></tr>
<tr><td>家庭住址</td><td colspan="5"></td><td colspan="2">罪　名</td><td colspan="3"></td></tr>
<tr><td>原判刑期</td><td></td><td colspan="3">原判刑期起止</td><td colspan="6"></td></tr>
<tr><td>刑期变动情况</td><td colspan="4"></td><td colspan="2">现刑期起止</td><td colspan="4"></td></tr>
<tr><td>前科情况</td><td colspan="10"></td></tr>
<tr><td>改造期间
奖惩情况</td><td colspan="10"></td></tr>
<tr><td>犯罪
事实</td><td colspan="10"></td></tr>
<tr><td>个人
简历</td><td colspan="10"></td></tr>
<tr><td>家庭
情况</td><td colspan="10"></td></tr>
<tr><td>社会
关系</td><td colspan="10"></td></tr>
<tr><td colspan="2">本次列控属第　次列控</td><td>顽危性质</td><td colspan="8"></td></tr>
<tr><td>列控
理由</td><td colspan="10"></td></tr>
<tr><td>包教民警</td><td></td><td></td><td colspan="8"></td></tr>
<tr><td>包夹罪犯</td><td></td><td></td><td colspan="8"></td></tr>
<tr><td>分监区意见</td><td colspan="10">领导签名：
年　　月　　日</td></tr>
<tr><td>监区意见</td><td colspan="10">领导签名：
年　　月　　日</td></tr>
</table>

续表

主管科室意见	领导签名： 年　　月　　日
监狱意见	领导签名： 年　　月　　日

四、顽危犯管理教育动态记录表

（一）适用范围及填写说明

1. 本表是顽危犯专管民警每月记载工作情况、罪犯改造表现以及教育转化效果等情况时所用的文书。

2. 本表由顽危犯专管民警每月填写一次，一式两份，一份留存顽危犯教育专档，一份报监狱教育改造部门。

（二）文书参考样式

顽危犯管理教育动态记录表

（　年　月）

编号：

单　位		罪犯姓名		专管民警	
民警当月所做的工作					
罪犯当月改造表现					
教育转化效果评估及下一步对策措施					
分监区（监区）意见					
备　注					

五、顽危犯转化解脱审批表

（一）适用范围及填写说明

1. 本表是对达到转化标准的顽危犯呈报予以解脱时所用的文书。

2. 本表由负责顽化犯转化工作的专管民警填写。本表一式四份。一份留存顽危教育专档，一份留存审批主管科室，另两份送相关科室。

（二）文书参考样式

顽危犯转化解脱审批表

编号：

罪犯姓名		出生年月	年　月	民族		籍贯	
家庭住址					罪名		
原判刑期		原判刑期起止			入监时间		
刑期变动情况			现刑期起止				
顽危类型			确立顽危犯时间				
确立顽危犯的原因							

改造表现趋势	月份	思想改造分		生产劳动分		累积分	违规违纪情况	奖惩情况
		加分	扣分	加分	扣分			

续表

转化解脱依据	包教民警： 年 月 日
分监区意见	领导签名： 年 月 日
监区意见	领导签名： 年 月 日
教改科意见	领导签名： 年 月 日
监狱意见	领导签名： 年 月 日

六、罪犯文明小组审批表

（一）适用范围及填写说明

1. 本表是监狱开展罪犯文明小组评比活动时所用的文书。

2. 小组总结栏由罪犯小组长填写。经分监区、监区审核后报教育改造科审批。

（二）文书参考样式

罪犯文明小组审批表

编号：

组　别		小组成员	
小组总结	签字：		
分管民警意见	签字：		
分监区 意见	签字：		
监区 意见	签字：		
教育改造科 意见	签字：		
备　注			

七、优秀学员审批表

（一）适用范围及填写说明

1. 本表是监狱在每年开展评比优秀学员活动时所用的文书。

2. 罪犯改造与参加“三课”学习的情况由分管民警填写。经分监区、监区审核后报教育改造科审批。

（二）文书参考样式

优秀学员审批表

编号：

<table>
<tr><td rowspan="2">姓名</td><td colspan="3" rowspan="2"></td><td rowspan="2">单位</td><td colspan="2" rowspan="2"></td><td rowspan="2">改造
考核分</td><td>加分</td><td></td></tr>
<tr><td>扣分</td><td></td></tr>
<tr><td>课目</td><td>政治</td><td>语文</td><td>数学</td><td>技术</td><td>出监
教育</td><td>缺课</td><td colspan="3"></td></tr>
<tr><td>成绩</td><td></td><td></td><td></td><td></td><td></td><td>旷课</td><td colspan="3"></td></tr>
<tr><td rowspan="2">违规</td><td>一般</td><td>次</td><td rowspan="2">好事</td><td>次数</td><td colspan="5">典型事例</td></tr>
<tr><td>严重</td><td>次</td><td></td><td colspan="5"></td></tr>
<tr><td>改造与
劳动生
产情况</td><td colspan="9"></td></tr>
<tr><td>完成学习
任务情况</td><td colspan="9"></td></tr>
<tr><td>任课教
员意见</td><td colspan="9">签字：
年　　月　　日</td></tr>
<tr><td>分监区
意见</td><td colspan="9">签字：
年　　月　　日</td></tr>
</table>

续表

监区 意见	签字： 年　　月　　日
教育 改造科 意见	签字： 年　　月　　日

八、罪犯优秀报道员审批表

（一）适用范围及填写说明

1. 本表是监狱每年开展罪犯优秀报道员评比活动时所用的文书。

2. 本表由分监区负责宣传报道工作的民警填写。经分监区、监区合议后，报教育改造科审批。

（二）文书参考样式

罪犯优秀报道员审批表

编号：

<table>
<tr><td rowspan="2">姓名</td><td rowspan="2"></td><td rowspan="2">单位</td><td rowspan="2"></td><td rowspan="2">改造
考核分</td><td>加分</td><td></td></tr>
<tr><td>扣分</td><td></td></tr>
<tr><td>完成报道
任务情况</td><td colspan="6">签字：
年　　月　　日</td></tr>
<tr><td>分监区意见</td><td colspan="6">签字：
年　　月　　日</td></tr>
</table>

续表

监区意见	签字： 年 月 日
教改科意见	签字： 年 月 日
备 注	

九、罪犯年终“双评”评比合议审批表

（一）适用范围及填写说明

1. 本表是监狱开展罪犯年终“双评”活动时对罪犯进行年终评比时所用的文书。

2. 本表年度的各类考核数据由罪犯分管民警如实填写。评比奖励分为“年度表扬”“年度记功”“改造积极分子”三个等级，罪犯小组评比意见由罪犯小组长填写，经各级集体合议后报监狱领导批准。

（二）文书参考样式

罪犯年终“双评”评比合议审批表

编号：

<table>
<tr><td>姓 名</td><td></td><td>罪 名</td><td></td><td>原判刑期</td><td></td><td>剩余刑期</td><td></td></tr>
<tr><td>入监日期</td><td></td><td>管理等级</td><td></td><td colspan="2">年内奖惩情况</td><td colspan="2"></td></tr>
<tr><td colspan="8">考核情况</td></tr>
</table>

总加分	改造加分	生产加分	总扣分	一次性最高扣分

续表

<table>
<tr><td colspan="5">“三课”学习</td></tr>
<tr><td>到课率</td><td>政治课成绩</td><td>文化课成绩</td><td>技术课成绩</td><td>平均成绩</td></tr>
<tr><td></td><td></td><td></td><td></td><td></td></tr>
<tr><td colspan="5">生产劳动</td></tr>
<tr><td>出勤率</td><td>产量完成情况</td><td>质量情况</td><td>原材料节约情况</td><td>安全文明生产情况</td></tr>
<tr><td></td><td></td><td></td><td></td><td></td></tr>
<tr><td colspan="5">生活卫生</td></tr>
<tr><td colspan="2">个人卫生</td><td colspan="2">承包分监区卫生完成情况</td><td>年度消费支出（元）</td></tr>
<tr><td colspan="2"></td><td colspan="2"></td><td></td></tr>
<tr><td>罪犯小组评比意见</td><td colspan="4"></td></tr>
<tr><td>分监区意见</td><td colspan="4"></td></tr>
<tr><td>监区意见</td><td colspan="4"></td></tr>
<tr><td>教育改造科意见</td><td colspan="4"></td></tr>
<tr><td>监狱意见</td><td colspan="4"></td></tr>
<tr><td>备　注</td><td colspan="4"></td></tr>
</table>

十、帮教协议书

（一）适用范围及法律依据

帮教协议书也称帮教协议，是监狱为更好地依靠社会力量，对罪犯进行教育改造活动，或者为罪犯刑满释放落实安置帮教，依据有关法律规定，与有关国家机关、社会团体、组织、个人协商，就帮教工作达成的一种相互协作的文书。

《监狱法》第68条规定："国家机关、社会团体、部队、企业事业单位和社会各界人士以及罪犯的亲属，应当协助监狱做好对罪犯的教育改造工作。"《监狱教育改造工作规定》第40条规定："监狱应当与罪犯原所在地的政府、原单位（学校）、亲属联系，签订帮教协议，适时邀请有关单位和人士来监狱开展帮教工作；监狱也可以组织罪犯到社会上参观学习，接受教育。"

签订帮教协议书是监狱工作向外延伸的重要组成部分，对监狱依靠社会力量，促使罪犯安心服刑、积极改造，稳定监管改造秩序，切实落实帮教措施，提高改造质量，有着十分重要的现实意义。

（二）帮教协议书制作的主要方法及注意事项

1. 帮教协议书制作的主要方法

帮教协议书在文书体裁上属于契约书一类，格式比较灵活。帮教协议书的结构一般包括标题、正文、结尾。

（1）标题

标题直接表明文书的主旨，有两种表达形式：一种是"事由＋文种"，如"帮教协议书"；另一种是"签约单位名称＋事由＋文种"，如"峨山监狱、玉溪司法局帮教协议书"。

（2）正文

正文包括导语（协议说明）和协议事项。导语通常是用来说明签订协议书的目的、过程。通常的表述方式是，为达到什么目的，就何事宜，经双方协商，达成以下协议。协议事项，即双方共同达成的各自权利和义务的条款。契约的内容实质是明确双方的权利和义务，一方的权利是另一方的义务，一方的义务是另一方的权利。在确定条款内容时，双方的权利和义务要基本保持平衡，协议的内容可以按层次列点表示。

（3）结尾

结尾用来对与协议书有关又不属于条款内容的事宜进行说明，内容包括协议书的份数、生效规定和时间、有效期限、执行规定、未尽事宜处理、双方单位名称、代表人签名、签订日期等事宜。协议方是单位的，必须在落款处加盖公章。单位代表人一般应是单位的负责人，代表单位在协议书上签名或盖章，注明日期，对协议书内容的实施负责。根据有关规定，没有特别约定，经双方共同签字后协议书生效。

2. 帮教协议书制作的注意事项

（1）协议双方必须遵循自愿原则，任何一方都不能把自己的意志强加于另一方，即使与罪犯家属签订帮教协议书，同样应当遵循这一原则。

（2）条款内容不得违反国家的法律、法规、方针、政策，要充分考虑各方履约的实际能力，注重可行性和可操作性。对条款内容的用词要准确、严密，不产生歧义。

（三）文书制作示例

【案例】 为认真贯彻执行省委政法委社会治安综合治理的要求，提高罪犯改造质量，巩固改造成果，2009 年 11 月，某省某监狱与某省某市××区公安局，就该籍罪犯服刑期间的帮教工作及刑释后的安置等事宜，经双方协商达成帮教协议意向。

【范文】 以下是根据该案例制作的帮教协议书。

帮教协议书

甲方：××省××监狱

乙方：××省××市××区公安局

根据《监狱法》第 68 条的规定，"国家机关、社会团体、部队、企业事业单位和社会各界人士以及罪犯的亲属，应当协助监狱做好对罪犯的教育改造工作"。为认真贯彻落实省委政法委实施社会治安综合治理，提高罪犯改好率，降低刑释人员重新犯罪的要求，促使服刑罪犯安心、积极改造，提高、巩固改造质量，全面落实刑满释放人员的安置帮教工作，维护社会稳定，甲乙双方经共同商定，制定以下帮教协议：

1. 甲方严格按照法律的规定，对乙方地区的罪犯实施管理、教育。每年的一月，甲方督促乙方地区的罪犯向家乡政府汇报上年度的改造情况。

2. 每年甲方邀请乙方组织帮教团来监狱开展帮教活动一次，帮教团成员由当地的政府部门、知名人士、罪犯亲属代表组成。甲方负责向帮教团介绍乙方地区罪犯的服刑情况；乙方负责向本地区罪犯介绍家乡社会、经济、人民生活发展的情况，鼓励他们安心、积极改造。

3. 乙方地区的罪犯临刑释前一个月，甲方负责向乙方寄发《刑满释放人员通知书》，乙方负责在释放当日派车将刑释人员接回原籍。

4. 乙方负责安置本地区的刑释人员，只要刑释人员对工作不挑不拣，在刑释之日起一个月内安排就业。待业期间，家庭确有困难的，可以享受当地居民最低生活保障。对在服刑期间改造表现突出的或者获得专业技术证书的刑释人员，就业岗位优先考虑。

5. 乙方对刑释人员的帮教纳入社区的日常管理，每月落实专人了解思想，帮助解决实际困难和合理要求。并依约向甲方提供刑释人员适应社会情况的信息。

6. 乙方地区的罪犯在服刑期间家庭发生特殊困难的，甲方可以随时与乙方取得联系，乙方积极配合，尽力给予妥善解决。

7. 乙方为开展法制教育，需要组织有关人员到监狱接受警示教育，甲方予以协助。

本协议书一式两份，经双方签字后生效，协议内容双方应严格遵守。协议书自生效之日起三年内有效，期满后重新签订协议。未尽事宜或为适应新情况需要增加协议内容的，双方可协商补充。

甲方：××省××监狱
（公章）
代表人签名（盖章）：张某
日期：二〇〇九年一月五日

乙方：××省××市××区公安局
（公章）
代表人签名（盖章）：钱某
日期：二〇〇九年一月五日

实训设计

制作《帮教协议书》

一、实训的条件设计

甲方通过政治教育和劳动改造，促使罪犯认罪服法。当前，为配合严打，开展政治攻势，教育罪犯交代隐瞒的漏罪，检举揭发同伙和其他违法犯罪分子，教育罪犯严格遵守监规纪律，纠正犯罪恶习和其他不良习惯，树立社会主义道德风尚，使他们成为遵纪守法的新人。教育罪犯积极劳动，保质保量完成生产任务。加强对罪犯的政治思想教育，清除犯罪思想，并抓好文化教育。促使罪犯在服刑期间都参加文化学习，提高文化水平。罪犯在刑满释放后，所属分监区每季度到乙方联系一次，并进行家访，协助做好刑满释放人员的教育工作，争取一年内不重新犯罪，巩固改造成果。为保证协议的有效实施，将每个罪犯的管理教育落实到具体民警，分工管教罪犯的民警每月做出汇报，及时交流经验，不断改进工作。

乙方在接到甲方有关本责任范围内刑释解教人员的信息后，两日内核实该人员的情况并及时向甲方反馈。在刑释解教人员回归后，乙方应在一个月内协调村委会落实责任田，对于在生产生活中有困难的，应积极提供扶助并向村委会及上级反映，给予解决。为切实做好刑释解教人员的安置帮教工作，预防和减少重新犯罪，维护社会稳定，经甲乙双方协商，制定帮教协议如下：乙方应做好帮教对象的日常帮教工作，做到一个星期一访视，半个月一访谈，做到人员在家现状清，外出务工动向明。乙方应积极配合甲方开展安置帮教工作，并将平时掌握的情况半月向甲方反馈一次。

二、实训的操作步骤

1. 仔细阅读给定的材料。

2. 注意“标题＋正文＋结尾”的格式。

3. 结构按照“××监狱争取做到”“××镇派出所争取做到”的顺序排列，在写法上采用分条列项的形式。

4. 要求用语准确，内容具体，条理清楚，表述严谨。

参考书目

1. 王秉中主编：《罪犯教育学》，群众出版社 2003 年版。

2. 刘世恩主编：《中国罪犯改造理论与实践研究》，吉林人民出版社 2002 年版。

3. 夏宗素：《罪犯矫正与康复》，中国人民公安大学出版社 2005 年版。

4. 王祖清、赵卫宽主编：《罪犯教育学》，金城出版社 2003 年版。

5. 王秉中主编：《罪犯教育学》，群众出版社 2007 年版。

6. 吴宗宪主编：《中国服刑人员心理矫治》，法律出版社 2007 年版。

7. 周雨臣：《罪犯教育专论》，群众出版社 2010 年版。

8. 吴方桐主编：《社会学教程》，华中师范大学出版社 2002 年版。

9. （宋）朱熹撰：《四书章句集注》，齐鲁书社 1992 年版。

10. （清）孙希旦撰：《礼记集解》，中华书局 1989 年版。

11. （春秋）老子：《道德经》，徐澎、刘浩注译，安徽人民出版社 1990 年版。

12. 沙莲香主编：《社会心理学》，中国人民大学出版社 2004 年版。

13. 申荷永主编：《社会心理学：原理与应用》，暨南大学出版社 2004 年版。

14. 王道俊、王汉澜主编：《教育学》，人民教育出版社 2003 年版。

15. 南京师范大学主编：《教育学》，河海大学出版社 1990 年版。

16. 南京师范大学教育系编：《教育学》，人民教育出版社 1984 年版。

17. 王祖清主编：《罪犯教育学》，中国民主法制出版社 1998 年版。

18. 费广和、林国军、秦春元：《犯罪与矫治》，群众出版社 2005 年版。

19. 陈立成主编：《罪犯心理障碍》，群众出版社 2008 年版。

20. 于爱荣主编：《罪犯改造质量评估》，法律出版社 2004 年版。

21. 姜祖桢：《矫正教育心理学》，中央司法警官学院 2004 年暂编教材。

22. 周金浪主编:《教育学》，上海教育出版社 2006 年版。

23. 田伟明、韩宏西主编:《监狱执法文书》，金城出版社 2003 年版。

24. 王秉中主编:《罪犯教育学》，群众出版社 2008 年版。

25. 严浩仁、应朝雄主编:《监狱文书制作与使用》，法律出版社 2010 年版。

26. 韩宏西、陈志林、刘世模主编:《司法应用写作实训教程》，四川大学出版社 2010 年版。

27. 高莹主编:《矫正教育学》，教育科学出版社 2007 年版。